2024 전기핵심완성 시리즈 6

2024

제어공학

전기기사 필기

ENGINEER ELECTRICITY

KB135853

김명규 편저

머리말

"기초수학부터 자격증 취득까지 여러분을 인도합니다."

전기공부는 산을 오르는 것과 같습니다. 급한 마음으로 공부한다면 어렵고 힘든 길이 되겠지만 좋은 교재로 차근차근 공부한다면 재미있게 실력을 키울 수 있습니다.

효과적인 학습과 수월한 목표 달성을 위하여 기본에 충실한 교재를 만들기 위해 노력하였습니다. 어려운 내용과 문제보다는 기초를 다진 후 이를 응용하고 적응할 수 있도록 내용을 구성하였습니다. 충분히 기초를 쌓아야 어려운 문제도 풀 수 있습니다.

본 교재는
-전기를 처음 접하는 수험생
-오래전에 전기를 공부한 수험생
-기초수학이 부족한 수험생
을 위해 꼭 필요한 내용을 담았으며 되도록 계산기를 이용하여 풀도록 하였습니다.

자격증 취득 시험은 100점을 맞아야 합격하는 시험이 아니라 60점 이상만 맞으면 합격하는 시험입니다. 문제를 보고 필요한 공식을 즉시 떠올려 적용하는 것이 빠른 합격의 지름길입니다. 이를 위해서는 내용을 여러 번 반복해야만 합니다. 이 교재는 합격에 필요한 내용을 효과적으로 반복할 수 있도록 하여 전기자격증이라는 산의 정상에 쉽게 오를 수 있도록 돕는 길잡이가 될 것입니다.

본 교재의 다소 미흡한 부분은 추후 개정판을 통해 수정 보완해나갈 것을 약속드리며 출간을 위해 애써주신 예문사에 진심으로 감사드립니다.

저자 일동

시험 가이드 / GUIDE

❶ 전기기사 개요

전기를 합리적으로 사용하는 것은 전력부문의 투자효율성을 높이는 것은 물론 국가 경제의 효율성 측면에도 중요하다. 하지만 자칫 전기를 소홀하게 다룰 경우 큰 사고의 위험이 있기 때문에 전기설비의 운전 및 조작 · 유지 · 보수에 관한 전문 자격제도를 실시하여 전기로 인한 재해를 방지하고 안전성을 높이고자 자격제도를 제정하였다.

❷ 시험 현황

① 시행처 : 한국산업인력공단

② 시험과목

구분	시험유형	시험시간	과목
필기 (CBT)	객관식 4지 택일형 (총 100문항)	2시간 30분 (과목당 30분)	1. 전기자기학 2. 전력공학 3. 전기기기 4. 회로이론 및 제어공학 5. 전기설비기술기준
실기	필답형	2시간 30분 정도	전기설비설계 및 관리

② 합격기준

- 필기 : 100점을 만점으로 하여 과목당 40점 이상, 전과목 평균 60점 이상
- 실기 : 100점을 만점으로 하여 60점 이상

❸ 시험 일정

구분	필기접수	필기시험	합격자 발표	실기접수	실기시험	합격자 발표
정기 1회	24.1.23. ~24.1.26.	24.2.15. ~24.3.7.	24.3.13.	24.3.26. ~24.3.29.	24.4.27. ~24.5.12.	1차 : 24.5.29. 2차 : 24.6.18
정기 2회	24.4.16. ~24.4.19.	24.5.9. ~24.5.28.	24.6.5.	24.6.25. ~24.6.28.	24.7.28. ~24.8.14.	1차 : 24.8.28. 2차 : 24.9.10.
정기 3회	24.6.18. ~24.6.21.	24.7.5. ~24.7.27.	24.8.7.	24.9.10. ~24.9.13.	24.10.9. ~24.11.8.	1차 : 24.11.20 2차 : 24.12.11

※ 자세한 내용은 한국산업인력공단 홈페이지(www.q-net.or.kr)를 참고하시기 바랍니다.

❹ 검정현황

연도	필기			실기		
	응시	합격	합격률(%)	응시	합격	합격률(%)
2022	52,187	11,611	22.2	32,640	12,901	39.5
2021	60,500	13,365	22.1	33,816	9,916	29.3
2020	56,376	15,970	28.3	42,416	7,151	16.9
2019	49,815	14,512	29.1	31,476	12,760	40.5
2018	44,920	12,329	27.4	30,849	4,412	14.3

도서의 구성과 활용

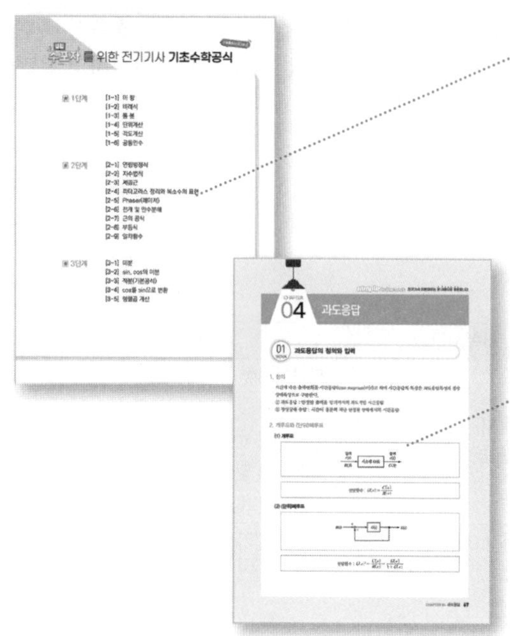

STEP 1 수포자를 위한 전기기사 기초수학공식

- 계산문제가 많은 전기기사 시험에 대비하기 위해 기반이 되는 수학공식을 수록하였습니다.
- 1~3단계로 나누어 체계적인 학습을 할 수 있도록 하였습니다.

STEP 2 핵심이론

- 효율적인 학습을 위해 최신 출제기준에 따라 핵심이론만을 정리 · 분석하여 체계적으로 수록하였습니다.
- 다양한 도표를 통해 쉽게 이해하여 문제를 보고 필요한 공식이 즉시 떠오를 수 있도록 하였습니다.

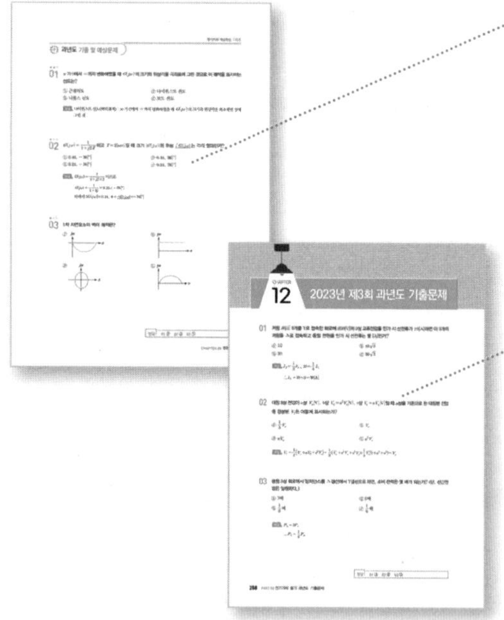

STEP 3 단원별 과년도 기출 및 예상문제

- 전기기사 및 산업기사의 과년도 기출문제를 철저히 분석하여 구성한 단원별 기출 및 예상문제를 제공합니다.
- 문제 아래 해설을 배치하여 빠른 학습이 가능하도록 구성했습니다.

STEP 4 과년도 기출문제

- 2023년 포함, 2020~2023년 기출문제를 수록하였습니다.
- 2022년도 2회 이후 CBT로 출제된 기출문제는 개정된 출제기준과 해당 회차의 기출 키워드 분석 등을 통해 완벽 복원하였습니다.

CBT 모의고사 이용 가이드

STEP 1 로그인 후 메인 화면 상단의 [CBT 모의고사]를 누른 다음 시험 과목을 선택합니다.

STEP 2 시리얼 번호 등록 안내 팝업창이 뜨면 [확인]을 누른 뒤 시리얼 번호를 입력합니다.

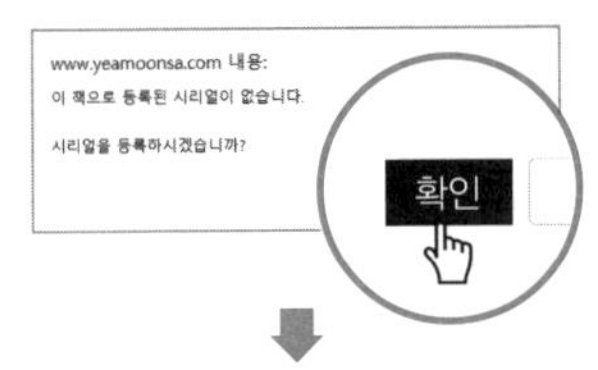

STEP 3 [마이페이지]를 클릭하면 등록된 CBT 모의고사를 [모의고사]에서 확인할 수 있습니다.

시리얼 번호
S138-6022-0BO1-LC03

목차

수포자를 위한 전기기사 **기초수학공식**

■ 1단계

[1-1] 이 항
[1-2] 비례식
[1-3] 통 분
[1-4] 단위계산
[1-5] 각도계산
[1-6] 공통인수

■ 2단계

[2-1] 연립방정식
[2-2] 지수법칙
[2-3] 제곱근
[2-4] 피타고라스 정리와 복소수의 표현
[2-5] Phaser(페이저)
[2-6] 전개 및 인수분해
[2-7] 근의 공식
[2-8] 부등식
[2-9] 일차함수

■ 3단계

[3-1] 미분
[3-2] sin, cos의 미분
[3-3] 적분(기본공식)
[3-4] cos를 sin으로 변환
[3-5] 행렬곱 계산

Hidden Card

▣ 1단계

1 - 1 이항

1. +, − 의 이항

① +을 이항하면 −

② −를 이항하면 +

2. ×, ÷ 의 이항

① ×를 이항하면 ÷

② ÷를 이항하면 ×

3. +, − 곱의 계산

① (+) × (+) = +

② (−) × (−) = +

③ (+) × (−) = −

④ (−) × (+) = −

1 - 2 비례식

1. $A : B = \frac{A}{B}$

2. $A : B = C : D \Rightarrow \underset{(\text{내항의 곱} = \text{외항의 곱})}{BC = AD} \Rightarrow \frac{A}{B} = \frac{C}{D}$

3. ① $\dfrac{\frac{A}{B}}{\frac{C}{D}} = \dfrac{AD}{BC}$ ② $\dfrac{A}{\frac{C}{D}} = \dfrac{\frac{A}{1}}{\frac{C}{D}} = \dfrac{AD}{C}$ ③ $\dfrac{\frac{A}{B}}{C} = \dfrac{\frac{A}{B}}{\frac{C}{1}} = \dfrac{A}{BC}$

1-3 통분(분모를 일치시킨다.)

1) 방법 1

① $\frac{m}{a} + \frac{n}{b} = \frac{m\times b + n\times a}{a\times b}$ ② $\frac{m}{a} - \frac{n}{b} = \frac{m\times b - n\times a}{a\times b}$

2) 방법 2

① $\frac{m}{a} + \frac{n}{b} = \frac{m\times b}{a\times b} + \frac{n\times a}{b\times a} = \frac{mb + na}{ab}$

② $\frac{m}{a} - \frac{n}{b} = \frac{m\times b}{a\times b} - \frac{n\times a}{b\times a} = \frac{mb - na}{ab}$

1-4 단위 계산

작은 값		큰 값	
c(센치)	10^{-2}		
m(밀리)	10^{-3}	K(킬로)	10^{3}
μ(마이크로)	10^{-6}	M(메가)	10^{6}
n(나노)	10^{-9}	G(기가)	10^{9}
p(피코)	10^{-12}		

※ $1[cm^2] = 10^{-4}[m^2]$

1-5 각도계산

1. 계산기 사용시 "Deg"로 사용하면 편하다.

$$\pi = 180°$$

1) [Rad]을 [Deg]로 표현하는 방법 : π 값 대신 180°을 대입한다.

$\frac{\pi}{2}[\text{Rad}] = 90°[\text{Deg}]$

$\frac{\pi}{4}[\text{Rad}] = 45°[\text{Deg}]$

$\frac{\pi}{3}[\text{Rad}] = 60°[\text{Deg}]$

$\frac{\pi}{6}[\text{Rad}] = 30°[\text{Deg}]$

2) 각도계산

$\sin\frac{\pi}{2} = \sin\frac{180°}{2}$

$\sin\frac{\pi}{4} = \sin\frac{180°}{4}$

$\sin\frac{\pi}{3} = \sin\frac{180°}{3}$

$\sin\frac{\pi}{6} = \sin\frac{180°}{6}$

1-6 공통인수 : 공통문자나 상수를 맨 앞으로 끄집어 낸다.

$$ma - mb + mc = m(a - b + c)$$

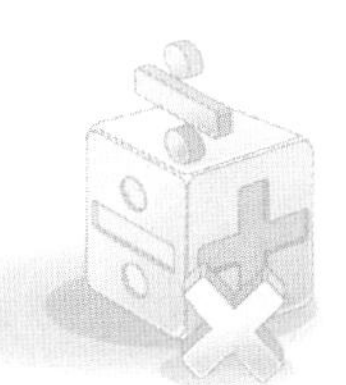

▣ 2단계

2-1 연립 방정식

1. 가감법

$$\begin{array}{l} 119 = \mathrm{L}_1 + \mathrm{L}_2 + 2\mathrm{M} \\ \ 11 \ = \mathrm{L}_1 + \mathrm{L}_2 - 2\mathrm{M} \ \ (- \\ \hline 108 = \qquad\qquad 4\mathrm{M} \end{array}$$

$$\therefore M = \frac{108}{4} = 27$$

2. 대입법

예 $\lambda = \dfrac{2\pi}{\beta}$, $\beta = \omega\sqrt{\varepsilon\mu}$ 일 때, 파장 λ의 값을 구하면?

β에 $\beta = \omega\sqrt{\varepsilon\mu}$를 대입하면

$$\lambda = \frac{2\pi}{\beta} = \frac{2\pi}{\omega\sqrt{\varepsilon\mu}}$$

2-2 지수법칙

지수법칙은 계산기를 이용하는 것보다, 손으로 푸는 것이 더 빠르다.

1) $a^m \times a^n = a^{m+n}$

2) $a^m \div a^n = a^{m-n}$

3) $(a\,b)^m = a^m\, b^m$

4) $\left(\dfrac{a}{b}\right)^m = \dfrac{a^m}{b^m}$

5) $a^m = \dfrac{1}{a^{-m}}$, $a^{-m} = \dfrac{1}{a^m}$

6) $a^0 = 1$

7) $\sqrt[m]{a^n} = a^{\frac{n}{m}}$

8) $10^6 \times 10^{-6} = 10^3 \times 10^{-3} = 1$

Hidden Card

2-3 제곱근

1) $X^2 = a \Rightarrow X = \sqrt{a}$

2) 제곱근의 성질

① $\sqrt{a^2} = a$, $\sqrt{a} = \sqrt[2]{a}$: 제곱근은 2가 생략된 것과 같다.

② $\sqrt{a^2 b} = a\sqrt{b}$: 제곱이 있으면 밖으로 나올 수 있다.

③ $\sqrt[3]{a^3 b} = a\sqrt[3]{b}$, $\sqrt[6]{a^6 b} = a\sqrt[6]{b}$

④ $(\sqrt{a})^2 = \sqrt{a}\sqrt{a} = a$

⑤ $\sqrt{a}\sqrt{b} = \sqrt{ab}$

⑥ $\sqrt{\frac{a}{b}} = \frac{\sqrt{a}}{\sqrt{b}}$

※ $\sqrt{\frac{a}{b}} = \frac{\sqrt{a}}{\sqrt{b}} = \frac{\sqrt{a}\sqrt{b}}{\sqrt{b}\sqrt{b}} = \frac{\sqrt{ab}}{b}$

⑦ $\sqrt[m]{a^n} = a^{\frac{n}{m}}$

3) 복소수

$i = \sqrt{-1}$, $i^2 = -1$

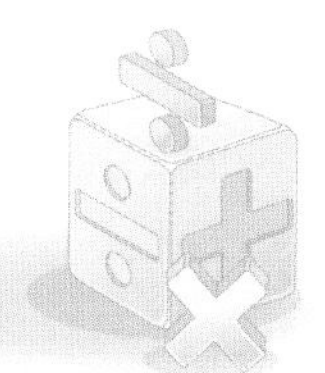

2-4 피타고라스 정리와 복소수 표현

1. 피타고라스 정리

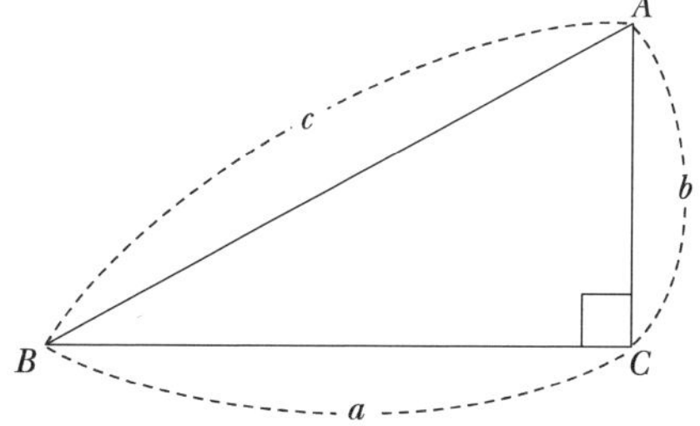

1) $c^2 = a^2 + b^2$

$c = \sqrt{a^2 + b^2}$

2) $\sin\theta = \dfrac{b}{c}$

$\cos\theta = \dfrac{a}{c}$

$\tan\theta = \dfrac{b}{a}$

3) $\sin^2\theta + \cos^2\theta = 1$

$\sin\theta = \sqrt{1 - \cos^2\theta}$

2. 복소수 표현

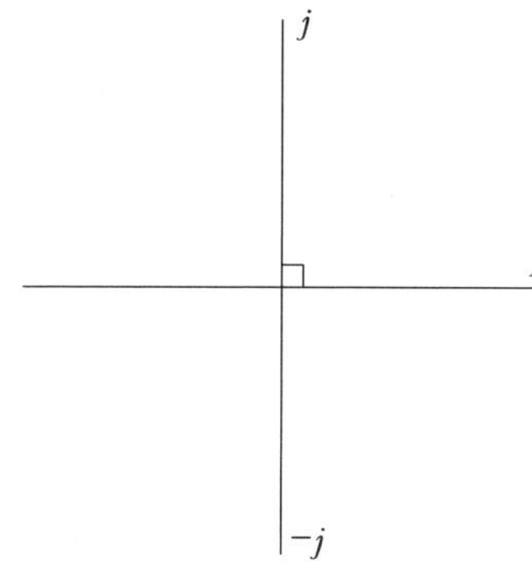

$j = \sqrt{-1} \Rightarrow j^2 = -1$

전기이론에서 많이 나오는 복소수

① **임피던스** : $Z = R + jX[\Omega]$

② **피상전력** : $P_a = P + jP_r$

2 – 5	Phaser(페이저)

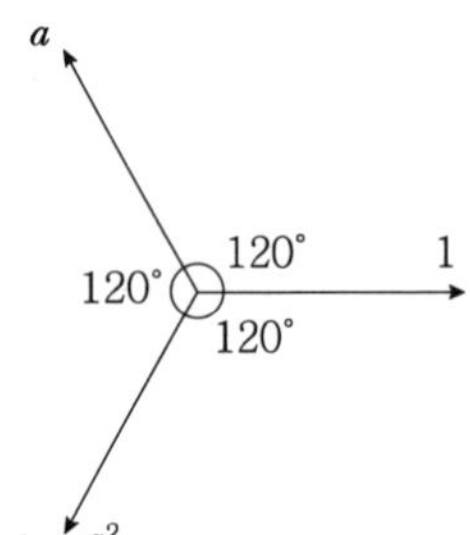

1) $a = 1\angle 120° = -\dfrac{1}{2} + j\dfrac{\sqrt{3}}{2}$

2) $a^2 = 1\angle 240° = 1\angle -120° = -\dfrac{1}{2} - j\dfrac{\sqrt{3}}{2}$

3) $a = 1\angle 360° = 1$

4) $a^2 + a + 1 = 0$

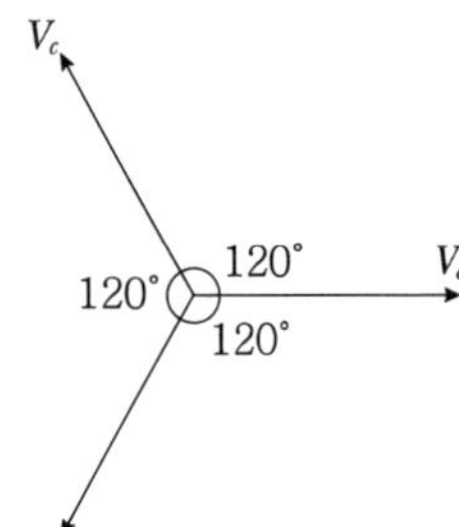

1) $V_a = V_a$

2) $V_b = a^2 V_a$

3) $V_c = a V_a$

2 – 6	전개 및 인수분해 공식

1) $(a+b)^2 = a^2 + 2ab + b^2$

2) $(a-b)^2 = a^2 - 2ab + b^2$

3) $(a+b)(a-b) = a^2 - b^2$

4) $(aX+b)(cX+d) = acX^2 + adX + bcX + bd$

2-7 근의 공식

1) 방정식 $ax^2+bx+c=0$를 푸는 방법

① 인수분해를 이용하는 방법

② 완전제곱식을 이용하여 푸는 방법

③ 근의 공식을 이용하여 푸는 방법

$$ax^2+bx+c=0 \qquad\qquad ax^2+2bx+c=0$$

$$x=\frac{-b\pm\sqrt{b^2-4ac}}{2a} \qquad\qquad x=\frac{-b\pm\sqrt{b^2-ac}}{a}$$

2) $i=\sqrt{-1},\quad i^2=-1$

2-8 부등식

1) S는 2보다 작고, 3보다 크다.

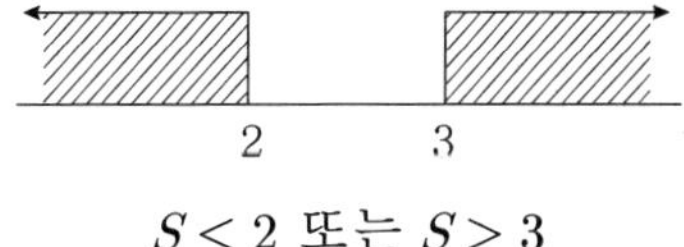

$S<2$ 또는 $S>3$

2) S는 2보다 크고, 3보다 작다. 또는 S는 3보다 작고 2보다 크다.

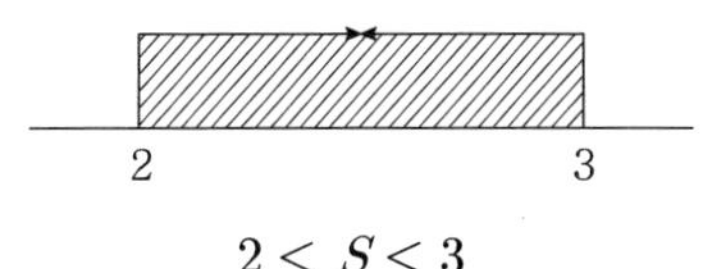

$2<S<3$

Hidden Card

2-9	**일차 함수**

1) 원점을 지나는 1차 함수의 일반형

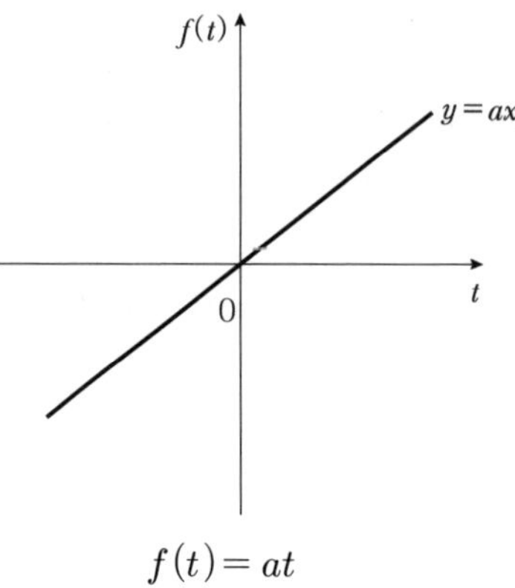

$$f(t) = at$$

a : 기울기

▣ 3단계

3-1 미분

1. 기본공식

1) $f(x)=ax^m$ 의 미분 ⇒ $\frac{d}{dx}ax^m = a \cdot m x^{m-1}$

2) $f(x)=a$(상수)의 미분 ⇒ $\frac{d}{dx}a = 0$

3) $f(t)=be^{at}$ 의 미분 ⇒ $\frac{d}{dt}be^{at} = b \cdot a e^{at}$

4) 편미분 : $\frac{\partial}{\partial x}f(x)$

3-2 sin, cos의 미분

1) $\frac{d}{dt}\sin\omega t = \omega \cos \omega t$

2) $\frac{d}{dt}\cos \omega t = -\omega \sin \omega t$

3-3 적분(기본공식)

1) 일반식 적분 : $\int a x^m dx = a\frac{1}{m+1}x^{m+1}$

2) 상수 적분 : $\int E\,dS = ES$

3) 지수함수 적분 : $\int e^x dx = e^x$

4) 지수함수 적분 : $\int e^{at} dt = \frac{1}{a}e^{at}$

5) $\int \frac{1}{\mathrm{x}} \mathrm{dx} = \ln x + c$

3-4 cos를 sin으로 변환하는 법

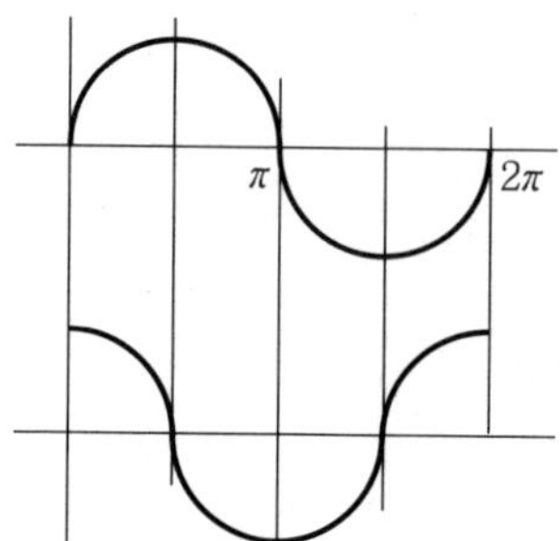

$$v = V_m \cos \omega t = V_m \sin(\omega t + 90°)$$

3-5 행렬

1) 단위행렬

$$I = \begin{bmatrix} 1 & 0 \\ 0 & 1 \end{bmatrix} = \begin{vmatrix} 1 & 0 & 0 \\ 0 & 1 & 0 \\ 0 & 0 & 1 \end{vmatrix} = 1$$

예 $sI - A = s\begin{bmatrix} 1 & 0 \\ 0 & 1 \end{bmatrix} - \begin{bmatrix} 0 & 1 \\ -3 & 4 \end{bmatrix} = \begin{bmatrix} s & 0 \\ 0 & s \end{bmatrix} - \begin{bmatrix} 0 & 1 \\ -3 & 4 \end{bmatrix} = \begin{bmatrix} s & -1 \\ 3 & s-4 \end{bmatrix}$

2) 곱 행렬 계산 : <u>칙칙폭폭, 칙칙폭폭, 곱하고, 더한다.</u>

$$\begin{bmatrix} I_a \\ I_b \\ I_c \end{bmatrix} = \begin{bmatrix} 1 & 1 & 1 \\ 1 & a^2 & a \\ 1 & a & a^2 \end{bmatrix} \begin{bmatrix} I_0 \\ I_1 \\ I_2 \end{bmatrix} = \begin{bmatrix} 1I_0 + 1I_1 + 1I_2 \\ 1I_0 + a^2 I_1 + aI_2 \\ 1I_0 + aI_1 + a^2 I_2 \end{bmatrix} = \begin{bmatrix} I_0 + I_1 + I_2 \\ I_0 + a^2 I_1 + aI_2 \\ I_0 + aI_1 + a^2 I_2 \end{bmatrix}$$

$$\begin{bmatrix} V_0 \\ V_1 \\ V_2 \end{bmatrix} = \frac{1}{3} \begin{bmatrix} 1 & 1 & 1 \\ 1 & a & a^2 \\ 1 & a^2 & a \end{bmatrix} \begin{bmatrix} V_a \\ V_b \\ V_c \end{bmatrix} = \frac{1}{3} \begin{bmatrix} 1V_a + 1V_b + 1V_c \\ 1V_a + aV_b + a^2 V_c \\ 1V_a + a^2 V_b + aV_c \end{bmatrix} = \frac{1}{3} \begin{bmatrix} V_a + V_b + V_c \\ V_a + aV_b + a^2 V_c \\ V_a + a^2 V_b + aV_c \end{bmatrix}$$

3-6 로그의 성질

1) $\log a^n = n\log a$

2) $\log 10 = 1$

3) $\log 1 = 0$

PART

01

전기기사 필기 핵심이론

CRAFTSMAN

ELECTRICITY

CHAPTER 01

Laplace 변환

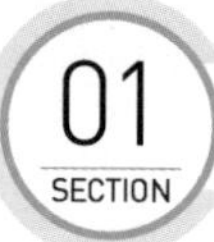

01 SECTION 라플라스 변환

1. 라플라스 변환의 정의

$$F(s) = \mathcal{L}[f(t)] = \int_0^\infty f(t)\, e^{-st} dt$$

2. 간단한 라플라스 변환

$f(t)$	$F(s)$	비고
$\delta(t)$ (단위 임펄스 함수)	1	면적이 1이고 지속시간이 짧은 펄스 함수(중량함수)
$u(t)=1$ (단위 계단 함수)	$\frac{1}{s}$	크기가 1인 함수(인디셜 함수)
t	$\frac{1}{s^2}$	단위램프(속도함수)
t^2	$\frac{2!}{s^3}=\frac{2}{s^3}$	가속도 함수
t^3	$\frac{3!}{s^4}=\frac{6}{s^4}$	–
t^n	$\frac{n!}{s^{n+1}}$	–
e^{-at}	$\frac{1}{s+a}$	–
e^{at}	$\frac{1}{s-a}$	–

$f(t)$	$F(s)$	비고
$\cos\omega t$	$\frac{s}{s^2+\omega^2}$	–
$\sin\omega t$	$\frac{\omega}{s^2+\omega^2}$	
$\cos h\,\omega t$	$\frac{s}{s^2-\omega^2}$	–
$\sin h\,\omega t$	$\frac{\omega}{s^2-\omega^2}$	

단위 임펄스 함수	단위 계단 함수(인디셜함수)
$\delta(t)$, $\frac{1}{\varepsilon}$, 0, ε, t	$u(t)$, 1, 0, t

과년도 기출 및 예상문제

★☆☆

01 함수 $f(t)$의 라플라스 변환은 어떤 식으로 정의되는가?

① $\int_{-\infty}^{\infty} f(t)\,e^{-st}dt$　　② $\int_{-\infty}^{\infty} f(t)\,e^{st}dt$

③ $\int_{0}^{\infty} f(t)\,e^{-st}dt$　　④ $\int_{0}^{\infty} f(t)\,e^{st}dt$

해설 시간 $t \geq 0$의 조건에서 시간함수 $f(t)$에 관한 적분을 라플라스 변환이라 한다.

$F(s) = \mathcal{L}[f(t)] = \int_{0}^{\infty} f(t)e^{-st}dt$

★★☆

02 단위 계단 함수 $u(t)$에 상수 5를 곱해서 라플라스 변환식을 구하면?

① $\frac{s}{5}$　　② $\frac{5}{s^2}$

③ $\frac{5}{s-1}$　　④ $\frac{5}{s}$

해설 $F(s) = 5\int_{0}^{\infty} u(t)e^{-st}dt = 5\int_{0}^{\infty} u(t)e^{-st}dt = 5\left[\frac{1}{-s}e^{-st}\right] = \frac{5}{-s}\left(\frac{1}{\infty}-1\right) = \frac{5}{s}$

★★☆

03 $f(t) = 10t^3$의 라플라스 변환은?

① $\frac{60}{s^4}$　　② $\frac{30}{s^4}$

③ $\frac{10}{s^4}$　　④ $\frac{80}{s^4}$

해설 $F(s) = 10\frac{n!}{s^{n+1}} = 10\frac{3!}{s^{3+1}} = 10\frac{3\times2\times1}{s^4} = \frac{60}{s^4}$

정답 01 ③ 02 ④ 03 ①

★★☆

04 $e^{j\omega t}$의 라플라스 변환은?

① $\frac{1}{s-j\omega}$　　② $\frac{1}{s+j\omega}$

③ $\frac{1}{s^2+\omega^2}$　　④ $\frac{\omega}{s^2+\omega^2}$

해설 $f(t)=e^{at}=e^{j\omega t}$에서 $a=j\omega$이므로 $F(s)=\frac{1}{s-a}=\frac{1}{s-j\omega}$

★★☆

05 $f(t)=\delta(t)-be^{-bt}$의 라플라스 변환은? [단, $\delta(t)$는 임펄스 함수이다.]

① $\frac{b}{s+b}$　　② $\frac{s(1-b)+5}{s(s+b)}$

③ $\frac{1}{s(s+b)}$　　④ $\frac{s}{s+b}$

해설 $F(s)=\mathcal{L}[f(t)]=\mathcal{L}[\delta(t)-be^{-bt}]=1-b\frac{1}{s+b}=\frac{s+b}{s+b}-\frac{b}{s+b}=\frac{s+b-b}{s+b}=\frac{s}{s+b}$

★★★

06 주어진 시간함수 $f(t)=3u(t)+2e^{-t}$을 라플라스 변환하면?

① $\frac{s+3}{s(s+1)}$　　② $\frac{5s+3}{s(s+1)}$

③ $\frac{3s}{s^2+1}$　　④ $\frac{5s+1}{(s+1)s^2}$

해설 $F(s)=\mathcal{L}[f(t)]=\mathcal{L}[3u(t)+2e^{-t}]=\frac{3}{s}+\frac{2}{s+1}=\frac{3(s+1)+2s}{s(s+1)}=\frac{5s+3}{s(s+1)}$

★★☆

07 $f(t)=1-\cos\omega t$를 라플라스 변환하면?

① $\frac{\omega}{s(s^2+\omega^2)}$　　② $\frac{s}{s(s^2+\omega^2)}$

③ $\frac{s^2}{s(s^2+\omega^2)}$　　④ $\frac{\omega^2}{s(s^2+\omega^2)}$

해설 $F(s)=\mathcal{L}[f(t)]=\frac{1}{s}-\frac{s}{s^2+\omega^2}=\frac{s^2+\omega^2-s^2}{s(s^2+\omega^2)}=\frac{\omega^2}{s(s^2+\omega^2)}$

정답	04 ① 05 ④ 06 ② 07 ④

★★★

08 $f(t) = \sin t + 2\cos t$를 라플라스 변환하면?

① $\dfrac{2s}{s^2+1}$

② $\dfrac{2s+1}{(s+1)^2}$

③ $\dfrac{2s+1}{s^2+1}$

④ $\dfrac{2s}{(s+1)^2}$

해설 $F(s) = \mathcal{L}[f(t)] = \mathcal{L}[\sin t] + \mathcal{L}[2\cos t] = \dfrac{1}{s^2+1} + 2 \times \dfrac{s}{s^2+1} = \dfrac{2s+1}{s^2+1}$

① $\mathcal{L}[\sin\omega t] = \dfrac{\omega}{s^2+\omega^2}$ 이므로 $\mathcal{L}[\sin 1t] = \dfrac{1}{s^2+1^2}$ 가 된다.

② $\mathcal{L}[\cos\omega t] = \dfrac{s}{s^2+\omega^2}$ 이므로 $\mathcal{L}[\cos 1t] = \dfrac{s}{s^2+1^2}$ 가 된다.

★☆☆

09 $\mathcal{L}[\dfrac{d}{dt}\cos\omega t]$의 라플라스 변환은?

① $\dfrac{s^2}{s^2+\omega^2}$

② $\dfrac{-s^2}{s^2+\omega^2}$

③ $\dfrac{\omega^2}{s^2+\omega^2}$

④ $\dfrac{-\omega^2}{s^2+\omega^2}$

해설 **실미분 정리**

$$\mathcal{L}[\frac{d}{dt}\cos\omega t] = sF(s) - f(0) = s\frac{s}{s^2+\omega^2} - 1 = \frac{-\omega^2}{s^2+\omega^2}$$

별해

$\dfrac{d}{dt}\cos\omega t = -\omega\sin\omega t$ 이므로

$$F(s) = \mathcal{L}[\frac{d}{dt}\cos\omega t] = \mathcal{L}[-\omega\sin\omega t] = -\omega\frac{\omega}{s^2+\omega^2} = \frac{-\omega^2}{s^2+\omega^2}$$

정답 | 08 ③ 09 ④

기본정리

1. 기본정리

복소 추이 정리	$\mathcal{L}[e^{at}f(t)] = F(s)\|_{s \Rightarrow s-a}$
	$\mathcal{L}[e^{-at}f(t)] = F(s)\|_{s \Rightarrow s+a}$
실미분 정리	$\mathcal{L}\left[\frac{d}{dt}f(t)\right] = sF(s) - f(0^+)$
	$\mathcal{L}\left[\frac{d^2}{dt^2}f(t)\right] = s^2F(s) - sf(0) - f'(0^+)$
실적분 정리	$\mathcal{L}\left[\int f(t)\,dt\right] = \frac{1}{s}F(s) + \frac{1}{s}f^{-1}(0)$
초깃값 정리($t \to 0$, $s \to \infty$) 분모, 분자의 최고차로 구한다.	$\lim\limits_{t \to 0} f(t) = \lim\limits_{s \to \infty} sF(s)$
최종값 정리(정상값 정리)($t \to \infty$, $s \to 0$) 분모, 분자의 최저차(상수항)로 구한다.	$\lim\limits_{t \to \infty} f(t) = \lim\limits_{s \to 0} sF(s)$
시간지연정리(=시간추이정리)	$\mathcal{L}[f(t-a)] = F(s)e^{-as}$
	$\mathcal{L}[f(t+a)] = F(s)e^{+as}$
상사 정리	$\mathcal{L}[f(at)] = \frac{1}{a}F\left(\frac{s}{a}\right)$
	$\mathcal{L}\left[f\left(\frac{t}{a}\right)\right] = aF(as)$
복소 미분정리 ※ $\frac{d}{ds}\frac{f(s)}{g(s)} = \frac{f'(x)g(x) - f(x)g'(x)}{\{g(x)\}^2}$	$\mathcal{L}[tf(t)] = (-1)^1 \frac{d}{ds}F(s)$
	$\mathcal{L}[t^2f(t)] = (-1)^2 \frac{d^2}{ds^2}F(s)$
	$\mathcal{L}[t^nf(t)] = (-1)^n \frac{d^n}{ds^n}F(s)$

과년도 기출 및 예상문제

★★☆

01 $e^{-2t}\cos 3t$의 라플라스 변환은?

① $\dfrac{s+2}{(s+2)^2+3^2}$ ② $\dfrac{s-2}{(s-2)^2+3^2}$

③ $\dfrac{s}{(s+2)^2+3^2}$ ④ $\dfrac{s}{(s-2)^2+3^2}$

해설 **복소 추이 정리**

$$F(s)=\mathcal{L}\left[e^{-2t}\cos 3t\right]=\frac{s}{s^2+\omega^2}\Big|_{s\to s+2}=\frac{s+2}{(s+2)^2+3^2}=\frac{s+2}{s^2+4s+13}$$

★★☆

02 $Ae^{-at}\sin\omega t$의 라플라스 변환은?

① $A\dfrac{s+a}{(s+a)^2+\omega^2}$ ② $A\dfrac{s-a}{(s-a)^2+\omega^2}$

③ $A\dfrac{w}{(s+a)^2+\omega^2}$ ④ $A\dfrac{w}{(s-a)^2+\omega^2}$

해설 **복소 추이 정리**

$$F(s)=\mathcal{L}\left[Ae^{-at}\sin\omega t\right]=A\frac{\omega}{s^2+\omega^2}\Big|_{s\to s+a}=A\frac{\omega}{(s+a)^2+\omega^2}$$

★★☆

03 함수 $f(t)=t^2e^{-\alpha t}$의 라플라스 변환 $F(s)$은?

① $F(s)=\dfrac{2}{(s-\alpha)^3}$ ② $F(s)=\dfrac{2}{(s+\alpha)^3}$

③ $F(s)=\dfrac{1}{(s+\alpha)^3}$ ④ $F(s)=\dfrac{1}{(s-\alpha)^3}$

해설 **복소 추이 정리**

$$F(s)=\mathcal{L}\left[t^2e^{-\alpha t}\right]=\frac{2}{s^3}\Big|_{s\to s+\alpha}=\frac{2}{(s+\alpha)^3}$$

정답 01 ① 02 ③ 03 ②

★☆☆

04 $\frac{dx(t)}{dt}+x(t)=1$의 라플라스 변환 $X(s)$의 값은? (단, $x(0_+)=0$이다.)

① $s+1$ ② $s(s+1)$

③ $\frac{1}{s}(s+1)$ ④ $\frac{1}{s(s+1)}$

해설 **실미분 정리**

양변을 라플라스 변환하면

$$\mathcal{L}\left[\frac{dx(t)}{dt}+x(t)\right]=\mathcal{L}[u(t)]$$

$$sX(s)+X(s)=\frac{1}{s}$$

$$X(s)(s+1)=\frac{1}{s}$$

$$X(s)=\frac{1}{s(s+1)}$$

★★☆

05 $\frac{dx(t)}{dt}+3x(t)=5$의 라플라스 변환은? (단, $x(0_+)=0$이다.)

① $X(s)=\frac{5}{s+3}$ ② $X(s)=\frac{3}{s(s+5)}$

③ $X(s)=\frac{5}{s(s+3)}$ ④ $X(s)=\frac{3s}{s+5}$

해설 **실미분 정리**

양변을 라플라스 변환하면

$$\mathcal{L}\left[\frac{dx(t)}{dt}+3x(t)\right]=\mathcal{L}[5u(t)]$$

$$sX(s)+3X(s)=5\frac{1}{s}$$

$$X(s)(s+3)=\frac{5}{s}$$

$$X(s)=\frac{5}{s(s+3)}$$

정답 04 ④ 05 ③

★☆☆

06 $e(t)=Ri(t)+L\frac{di(t)}{dt}+\frac{1}{C}\int i(t)dt$에서 초깃값을 0으로 하고 라플라스 변환했을 때 $I(s)$는? (단, $I(s)$, $E(s)$는 $i(t)$, $e(t)$를 라플라스 변환한 것이다.)

① $\frac{Cs}{LCs^2+RCs+1}E(s)$

② $\frac{Cs}{R+Ls+\frac{1}{C}s}E(s)$

③ $\frac{Cs}{s^2+\frac{L}{R}s+\frac{1}{LC}}E(s)$

④ $(R+Ls+\frac{1}{Cs})E(s)$

해설 **실미분 정리, 실적분 정리**

- 양변을 라플라스하면 $E(s)=RI(s)+LsI(s)+\frac{1}{C}\frac{1}{s}I(s)$
- 공통인수를 묶으면 $E(s)=I(s)(R+Ls+\frac{1}{Cs})$

$$I(s)=\frac{1}{R+Ls+\frac{1}{Cs}}E(s)=\frac{Cs}{LCs^2+RCs+1}E(s)$$

★☆☆

07 $F(s)=\frac{s^2+s+3}{s^3+2s^2+5s}$ 일 때 $f(t)$의 초깃값은?

① 1

② 2

③ 3

④ 5

해설 **초깃값 정리**

$$\lim_{t\to 0}f(t)=\lim_{s\to\infty}sF(s)=\lim_{s\to\infty}s\frac{s^2+s+3}{s(s^2+2s+5)}=\lim_{s\to\infty}\frac{s^2+s+3}{s^2+2s+5}=\lim_{s\to\infty}\frac{1+\frac{1}{s}+\frac{2}{s^2}}{1+\frac{2}{s}+\frac{5}{s^2}}=1$$

★★★

08 $F(s)=\frac{3s+10}{s^3+2s^2+5s}$ 일 때 $f(t)$의 최종값은?

① 0

② 1

③ 2

④ 8

해설 **최종값(정상값) 정리**

$$\text{정상값(최종값)}=\lim_{t\to\infty}f(t)=\lim_{s\to 0}sF(s)=\lim_{s\to 0}s\frac{3s+10}{s(s^2+2s+5)}=\lim_{s\to 0}\frac{3s+10}{s^2+2s+5}=\frac{10}{5}=2$$

정답	06 ① 07 ① 08 ③

★★★

09 다음 파형의 라플라스 변환은?

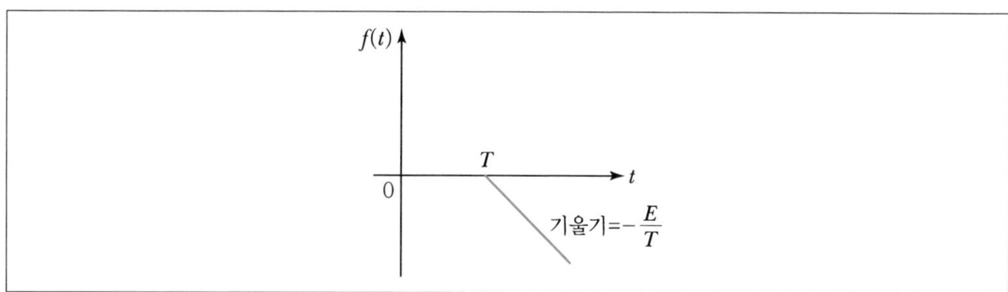

① $\frac{E}{Ts}e^{-Ts}$　　② $-\frac{E}{Ts}e^{-Ts}$

③ $-\frac{E}{Ts^2}e^{-Ts}$　　④ $\frac{E}{Ts^2}e^{-Ts}$

해설 **시간 지연정리**

- $f(t) = -\frac{E}{T}(t-T)u(t-T)$
- $F(s) = -\frac{E}{T}\frac{1}{s^2}e^{-Ts}$

★★☆

10 다음과 같은 펄스의 라플라스 변환은 어느 것인가?

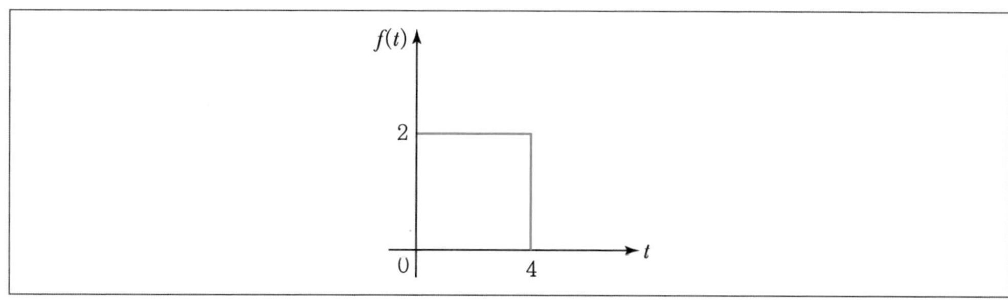

① $\frac{2}{s}(1+e^{-4s})$　　② $\frac{4}{s}(1-e^{2s})$

③ $\frac{2}{s}(1-e^{-4s})$　　④ $\frac{4}{s}(1-e^{-2s})$

해설 **시간 지연정리**

- $f(t) = 2u(t) - 2u(t-4)$
- $F(s) = \mathcal{L}[f(t)] = \mathcal{L}[2u(t)] - \mathcal{L}[2u(t-4)] = 2\frac{1}{s} - 2\frac{1}{s}e^{-4s} = \frac{2}{s}(1-e^{-4s})$

정답 09 ③ 10 ③

★☆☆

11 그림과 같은 높이가 1인 펄스의 라플라스 변환은?

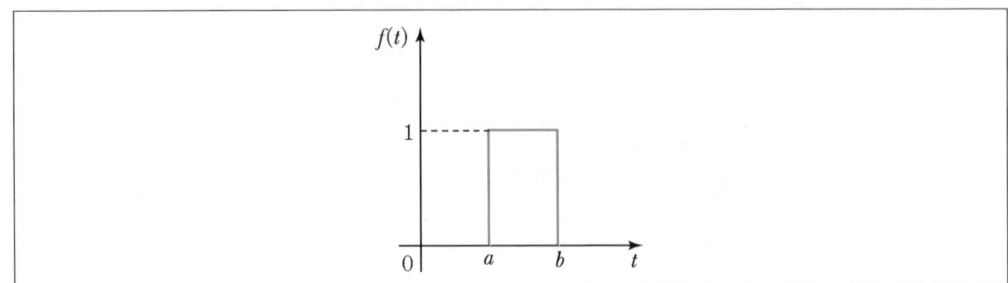

① $\frac{1}{s}(e^{-as}+e^{-bs})$　　② $\frac{1}{s}(e^{-as}-e^{-bs})$

③ $\frac{1}{a-b}\left(\frac{e^{-as}+e^{-bs}}{s}\right)$　　④ $\frac{1}{a-b}\left(\frac{e^{-as}-e^{-bs}}{s}\right)$

해설 **시간 지연정리**

- $f(t)=1[u(t-a)-u(t-b)]=u(t-a)-u(t-b)$
- $F(s)=\mathcal{L}[f(t)]=\mathcal{L}[u(t-a)]-\mathcal{L}[u(t-b)]=\frac{1}{s}e^{-as}-\frac{1}{s}e^{-bs}=\frac{1}{s}(e^{-as}-e^{-bs})$

★★★

12 $f(t)=u(t-a)-u(t-b)$식으로 표시되는 4각파의 라플라스 변환은?

① $\frac{1}{s}(e^{-as}+e^{-bs})$　　$\frac{1}{s}(e^{-as}-e^{-bs})$

③ $\frac{1}{s^2}(e^{-as}+e^{-bs})$　　④ $\frac{1}{s^2}(e^{-as}-e^{-bs})$

해설 **시간 지연정리**

$$F(s)=\mathcal{L}[f(t)]=\mathcal{L}[u(t-a)]-\mathcal{L}[u(t-b)]=\frac{1}{s}e^{-as}-\frac{1}{s}e^{-bs}=\frac{1}{s}(e^{-as}-e^{-bs})$$

정답 11 ② 12 ②

03 SECTION 라플라스의 역변환

1. 라플라스의 역변환 정의

$F(s)$로부터 시간함수 $f(t)$를 구하는 것

2. 역변환 방법

① 라플라스 변환공식을 이용한다.
② 분모가 인수분해가 되는 경우 부분분수 전개법 또는 헤비사이드의 부분분수 전개법으로 한다.

3. 헤비사이드의 부분분수 전개법

$$F(s)=\frac{1}{s(s-1)}=\frac{A}{s}+\frac{B}{s-1}=\frac{-1}{s}+\frac{1}{s-1}$$

$$A=\frac{1}{\underline{s-1}}\Big|_{\underline{s=0}}=-1$$

↑ ↑
상대방 값, 자신을 0으로 만드는 값

$$B=\frac{1}{\underline{s}}\Big|_{\underline{s=1}}=1$$

↑ ↑
상대방 값, 자신을 0으로 만드는 값

$$F(s)=\frac{s+1}{s^2+2s}=\frac{s+1}{s(s+2)}=\frac{A}{s}+\frac{B}{s+2}=\frac{{}^1/_2}{s}+\frac{{}^1/_2}{s+2}$$

$$A=\frac{s+1}{\underline{s+2}}\Big|_{\underline{s=0}}=\frac{1}{2}$$

↑ ↑
상대방 값, 자신을 0으로 만드는 값

$$B=\frac{s+1}{\underline{s}}\Big|_{\underline{s=-2}}=\frac{1}{2}$$

↑ ↑
상대방 값, 자신을 0으로 만드는 값

과년도 기출 및 예상문제

★★★
01 $F(s)=\dfrac{2(s+1)}{s^2+2s+5}$ 의 시간함수 $f(t)$는?

① $2e^t \sin 2t$　　② $2e^t \cos 2t$
③ $2e^{-t} \sin 2t$　　④ $2e^{-t} \cos 2t$

해설 **복소 추이 정리**

$$F(s)=\mathcal{L}[2e^{-t}\cos 2t]=2\frac{s}{s^2+2^2}\Big|_{s\to s+1}=2\frac{s+1}{(s+1)^2+2^2}=\frac{2(s+1)}{s^2+2s+5}$$

★☆☆
02 함수 $F(s)=\dfrac{3}{(s+2)^2}$ 를 라플라스 역변환하면 $f(t)$는 어떻게 되는가?

① $3e^{-2t}$　　② $3e^{2t}$
③ $3te^{-2t}$　　④ $3te^{2t}$

해설 **복소 추이 정리**

$$F(s)=\mathcal{L}[3te^{-2t}]=3\frac{1}{s^2}\Big|_{s\to s+2}=3\frac{1}{(s+2)^2}=\frac{3}{(s+2)^2}$$

★★★
03 $F(s)=\dfrac{2}{(s+1)(s+3)}$ 의 라플라스 역변환은?

① $e^{-t}-e^{3t}$　　② $e^{-t}-e^{-3t}$
③ $e^{t}-e^{3t}$　　④ $e^{t}-e^{-3t}$

해설 $F(s)=\mathcal{L}[e^{-t}-e^{-3t}]=\dfrac{1}{s+1}-\dfrac{1}{s+3}=\dfrac{s+3-(s+1)}{(s+1)(s+3)}=\dfrac{s+3-s-1}{(s+1)(s+3)}=\dfrac{2}{(s+1)(s+3)}$

정답 01 ④ 02 ③ 03 ②

★☆☆

04 $\mathcal{L}^{-1}\left[\frac{\omega}{s(s^2+\omega^2)}\right]$의 값은?

① $\frac{1}{\omega}(1-\sin\omega t)$

② $\frac{1}{\omega}(1-\cos\omega t)$

③ $\frac{1}{s}(1-\sin\omega t)$

④ $\frac{1}{s}(1-\cos\omega t)$

해설 $F(s)=\mathcal{L}\left[\frac{1}{\omega}(1-\cos\omega t)\right]=\frac{1}{\omega}\left(\frac{1}{s}-\frac{s}{s^2+\omega^2}\right)=\frac{1}{\omega}\frac{s^2+\omega^2-s^2}{s(s^2+\omega^2)}=\frac{\omega}{s(s^2+\omega^2)}$

★★★

05 $\mathcal{L}^{-1}\left[\frac{s}{(s+1)^2}\right]$의 값은?

① $e^{-t}+2te^{-t}$

② $e^{-t}-te^{-t}$

③ $e^{t}-te^{-t}$

④ $e^{-t}+te^{-t}$

해설 $F(s)=\mathcal{L}\left[e^{-t}-te^{-t}\right]=\frac{1}{s+1}-\frac{1}{s^2}|s\rightarrow s+1=\frac{1}{s+1}-\frac{1}{(s+1)^2}=\frac{s+1-1}{(s+1)^2}=\frac{s}{(s+1)^2}$

정답	04 ② 05 ②

CHAPTER 02

회로의 전달함수

01 SECTION 전달함수의 정의

1. 전달함수 정의

모든 초깃값을 0으로 하였을 경우, 출력신호 $[c(t)]$와 입력신호 $[r(t)]$의 라플라스 변환의 비

$$G(s)=\frac{\text{출력}}{\text{입력}}=\frac{C(s)}{R(s)}=\frac{\sum \text{경로}}{1-\sum \text{피드백}}$$

2. 실미분 정리 및 실적분 정리

실미분 정리	실적분 정리
• $\mathcal{L}\left[\frac{d}{dt}f(t)\right]=sF(s)-f(0^+)$ • $\mathcal{L}\left[\frac{d^2}{dt^2}f(t)\right]=s^2F(S)-sf(0)-f'(0^+)$	$\mathcal{L}\left[\int f(t)\,dt\right]=\frac{1}{s}F(s)+\frac{1}{s}f^{-1}(0)$

과년도 기출 및 예상문제

★★☆

01 모든 초깃값을 0으로 할 때, 입력에 대한 출력의 비는?

① 전달함수 ② 충격함수
③ 경사함수 ④ 포물선함수

해설 제어시스템의 입력과 출력의 관계는 전달함수를 이용하여 나타낸다.

★★★

02 그림과 같은 피드백 회로의 전달함수는?

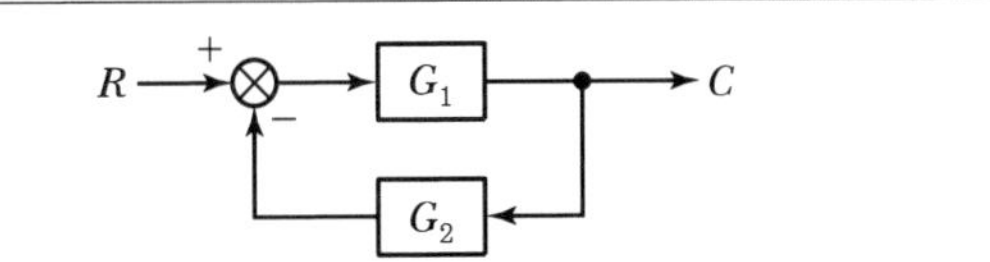

① $\frac{1}{G_1}+\frac{1}{G_2}$ ② $\frac{G_1}{1-G_1G_2}$
③ $\frac{G_1}{1+G_1G_2}$ ④ $\frac{G_1G_2}{1+G_1G_2}$

해설 $\frac{C}{R}=\frac{\sum \text{경로}}{1-\sum \text{피드백}}=\frac{G_1}{1-(-G_1G_2)}=\frac{G_1}{1+G_1G_2}$

★★★

03 어떤 계를 표시하는 미분 방정식이 $\frac{d^2y(t)}{dt^2}+3\frac{dy(t)}{dt}+2y(t)=\frac{dx(t)}{dt}+x(t)$라고 한다. $x(t)$는 입력, $y(t)$는 출력이라고 한다면 이 계의 전달함수는 어떻게 표시되는가?

① $G(s)=\frac{s^2+3s+2}{s+1}$ ② $G(s)=\frac{2s+1}{s^2+s+1}$
③ $G(s)=\frac{s+1}{s^2+3s+2}$ ④ $G(s)=\frac{s^2+s+1}{2s+1}$

해설 실미분 정리를 이용하여 양변을 라플라스 변환하면

$$\mathcal{L}\left[\frac{d^2y(t)}{dt^2}+3\frac{dy(t)}{dt}+2y(t)\right]=\mathcal{L}\left[\frac{dx(t)}{dt}+x(t)\right]$$

$$s^2Y(s)+3sY(s)+2Y(s)=sX(s)+X(s)$$

$$(s^2+3s+2)Y(s)=(s+1)X(s)$$

$$\therefore \frac{Y(s)}{X(s)}=\frac{s+1}{s^2+3s+2}$$

정답 01 ① 02 ③ 03 ③

★★★

04 어떤 제어계의 전달함수가 $G(s)=\dfrac{2s+1}{s^2+s+1}$로 표시될 때, 이 계에 입력 $x(t)$를 가했을 때 출력 $y(t)$를 구하는 미분 방정식은 어떻게 표시되는가?

① $\dfrac{d^2y(t)}{dt^2}+\dfrac{dy(t)}{dt}+y(t)=2\dfrac{dx(t)}{dx}+x(t)$

② $\dfrac{d^2y(t)}{dt^2}+\dfrac{dy(t)}{dt}+y(t)=2\dfrac{dx(t)}{dt}+x(t)$

③ $\dfrac{d^2x(t)}{dt^2}+3\dfrac{dy(t)}{dt}+2y(t)=\dfrac{dx(t)}{dt}+x(t)$

④ $\dfrac{d^2y(t)}{dt^2}+\dfrac{dy(t)}{dx}+y(t)=2\dfrac{dx(t)}{dt}+x(t)$

해설 $\dfrac{Y(s)}{X(s)}=\dfrac{2s+1}{s^2+s+1}$에서

$(s^2+s+1)\,Y(s)=(2s+1)\,X(s)$

$s^2\,Y(s)+s\,Y(s)+Y(s)=2sX(s)+X(s)$

$\dfrac{d^2}{dt^2}y(t)+\dfrac{d}{dt}y(t)+y(t)=2\dfrac{d}{dt}x(t)+x(t)$

★☆☆

05 시간지연 요인을 포함한 어떤 특정계가 다음 미분 방정식으로 표현된다. 이 계의 전달함수는?

$$\frac{dy(t)}{dt}+y(t)=x(t-T)$$

① $P(s)=\dfrac{Y(s)}{X(s)}=\dfrac{e^{-sT}}{s+1}$

② $P(s)=\dfrac{X(s)}{Y(s)}=\dfrac{e^{sT}}{s-1}$

③ $P(s)=\dfrac{X(s)}{Y(s)}=\dfrac{s+1}{e^{sT}}$

④ $P(s)=\dfrac{Y(s)}{X(s)}=\dfrac{e^{-2sT}}{s+1}$

해설 양변을 라플라스하면

$\mathcal{L}\left[\dfrac{dy(t)}{dt}+y(t)\right]=\mathcal{L}\,[x(t-T)]$

$s\,Y(s)+1\,Y(s)=X(s)e^{-sT}$

$(s+1)\,Y(s)=X(s)e^{-sT}$

$\therefore\ \dfrac{Y(s)}{X(s)}=\dfrac{e^{-sT}}{s+1}$

정답 04 ② 05 ①

★★★

06 그림과 같은 $R-C$ 회로에서 입력을 $e_i(t)$[V], 출력을 $e_0(t)$[V]라 할 때의 전달함수는? (단, $T=RC$이다.)

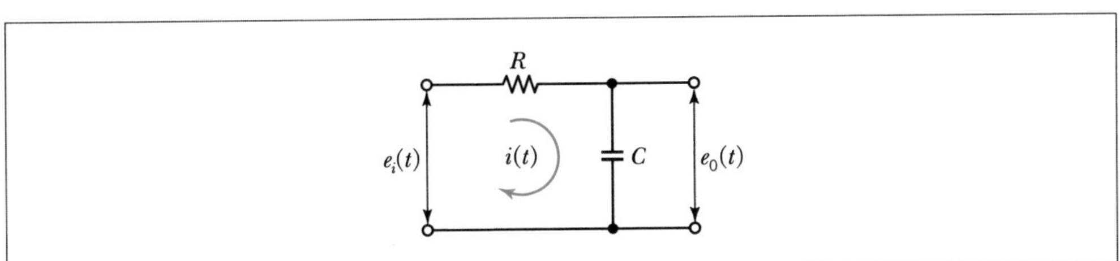

① $\dfrac{1}{Ts+1}$　② $\dfrac{1}{Ts+2}$

③ $\dfrac{1}{Ts+3}$　④ $\dfrac{1}{Ts+4}$

해설 $G(s)=\dfrac{E_o(s)}{E_i(s)}=\dfrac{\frac{1}{Cs}}{R+\frac{1}{Cs}}=\dfrac{1}{RCs+1}=\dfrac{1}{Ts+1}$

★★★

07 RC 저역 필터 회로의 전달함수 $G(j\omega)$는 $\omega=0$에서 얼마인가?

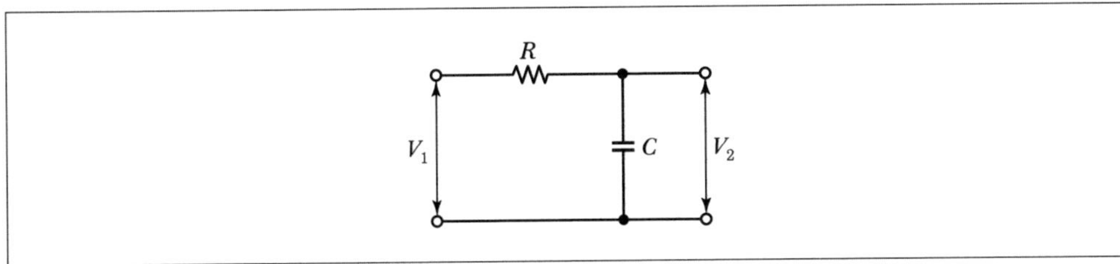

① 0　② 0.5

③ 1　④ 0.707

해설 $G(j\omega)=\dfrac{V_2(j\omega)}{V_1(j\omega)}=\dfrac{\frac{1}{Cs}}{R+\frac{1}{Cs}}=\dfrac{1}{RCs+1}=\dfrac{1}{RCj\omega+1}$

여기서 $\omega=0$이므로 $\therefore G(0)=1$

정답 06 ① 07 ③

★☆☆

08 회로에서 $V_1(s)$를 입력, $V_2(s)$를 출력이라 할 때 전달함수가 $\frac{1}{s+1}$이 되려면 $C[\mu F]$의 값은?

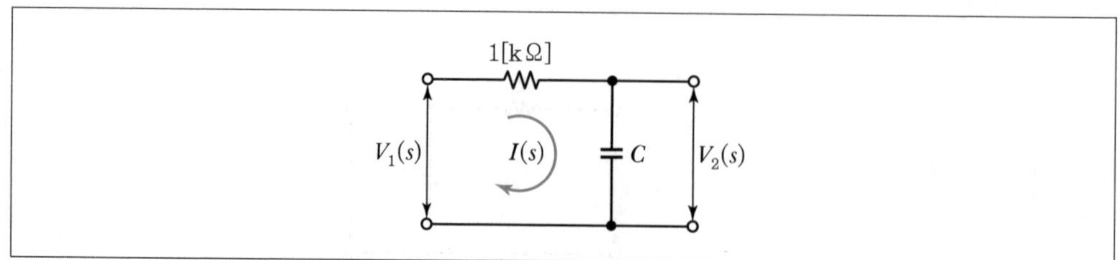

① 10^{-6}　　② 10^{-3}

③ 10^{3}　　④ 10^{6}

해설
- $G(s) = \frac{V_2(s)}{V_1(s)} = \frac{\frac{1}{sC}}{R+\frac{1}{sC}} = \frac{1}{RCs+1}$
- $G(s) = \frac{1}{s+1} = \frac{1}{RCs+1}$이므로

$RC=1$

$1{,}000 \times C = 1$

$C = \frac{1}{1{,}000} = 0.001[F] = 1\times10^{-3}[F] = 10^3\times10^{-3}\times10^{-3}[F] = 10^3[\mu F]$

★★★

09 다음 회로의 전달함수 $G(s) = E_o(s)/E_i(s)$는 얼마인가?

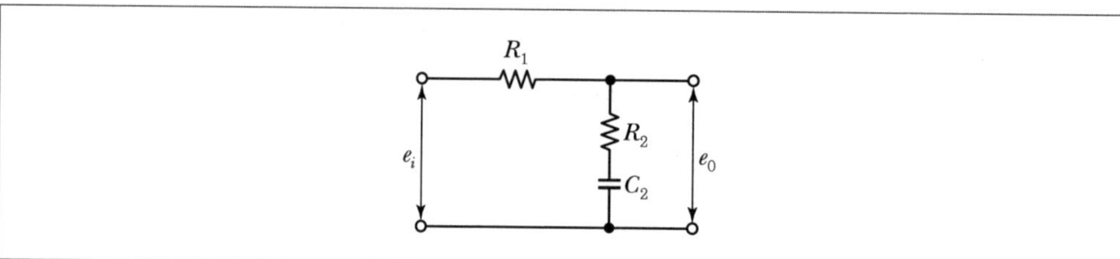

① $\frac{(R_1+R_2)C_2s+1}{R_2C_2s+1}$　　② $\frac{R_2C_2s+1}{(R_1+R_2)C_2s+1}$

③ $\frac{R_2C_2+1}{(R_1+R_2)C_2s+1}$　　④ $\frac{(R_1+R_2)C_2+1}{R_2C_2s+1}$

해설 $G(s) = \frac{E_o(s)}{E_i(s)} = \frac{R_2+\frac{1}{C_2s}}{R_1+R_2+\frac{1}{C_2s}} = \frac{R_2C_2s+1}{R_1C_2s+R_2C_2s+1} = \frac{R_2C_2s+1}{(R_1+R_2)C_2s+1}$

정답 08 ③ 09 ②

★★★

10 그림과 같은 회로에서 $e_1(t)$ 를 입력, $e_2(t)$ 를 출력할 경우 전달함수는?

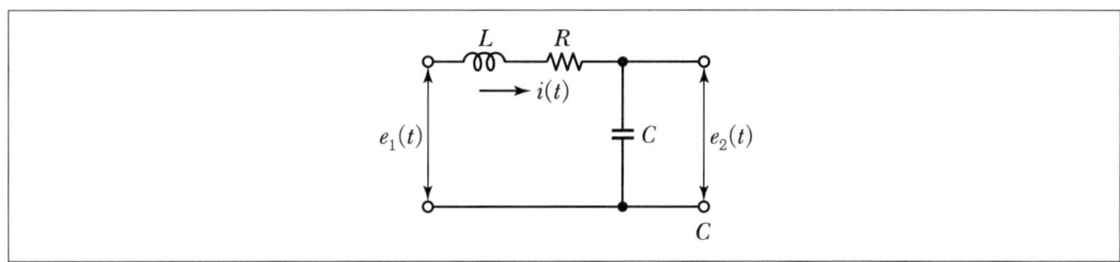

① $\dfrac{s}{LCs^2+RCs+1}$　　② $\dfrac{1}{LCs^2+RCs+1}$

③ $\dfrac{Ls}{LCs^2+RCs+1}$　　④ $\dfrac{Cs}{LCs^2+RCs+1}$

해설 $\therefore G(s)=\dfrac{E_2(s)}{E_1(s)}=\dfrac{\dfrac{1}{Cs}}{Ls+R+\dfrac{1}{Cs}}=\dfrac{1}{LCs^2+RCs+1}$

★☆☆

11 회로의 전압비 전달함수 $H(j\omega)=\dfrac{V_c(j\omega)}{V(j\omega)}$ 는?

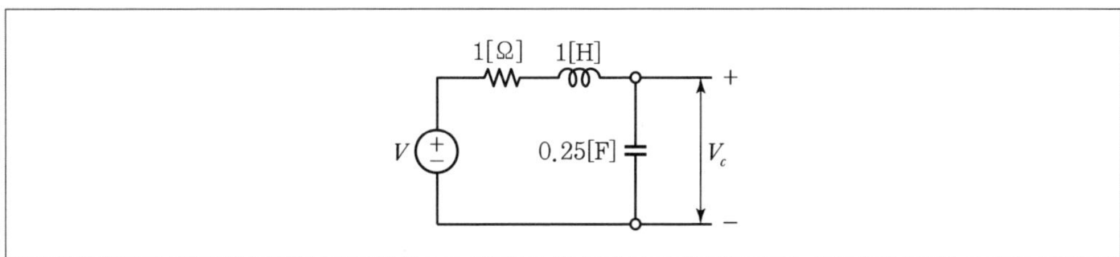

① $\dfrac{2}{(j\omega)^2+j\omega+2}$　　② $\dfrac{2}{(j\omega)^2+j\omega+4}$

③ $\dfrac{4}{(j\omega)^2+j\omega+4}$　　④ $\dfrac{1}{(j\omega)^2+j\omega+1}$

해설 $H(s)=\dfrac{\dfrac{1}{Cs}}{R+Ls+\dfrac{1}{Cs}}=\dfrac{1}{LCs^2+RCs+1}=\dfrac{1}{1\times0.25\,s^2+1\times0.25\,s+1}=\dfrac{1}{0.25\,s^2+0.25\,s+1}\times\dfrac{4}{4}$

$=\dfrac{4}{s^2+s+4}=\dfrac{4}{(j\omega)^2+j\omega+4}$

정답	10 ② 11 ③

02 SECTION 기본요소의 전달함수

1. 기본요소의 전달함수

(1) 비례요소 : $G(s)=K$

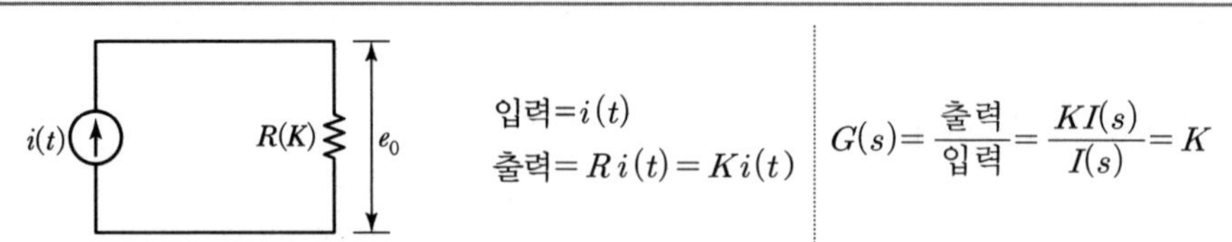

입력 $=i(t)$

출력 $=R\,i(t)=K\,i(t)$

$G(s)=\dfrac{\text{출력}}{\text{입력}}=\dfrac{KI(s)}{I(s)}=K$

(2) 미분요소 : L 만의 특성요소

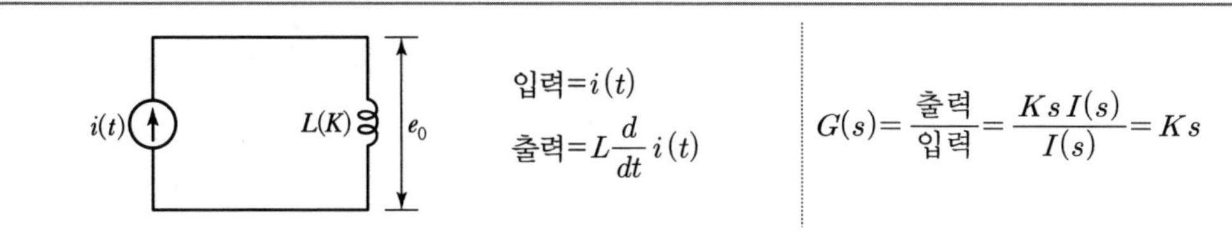

입력 $=i(t)$

출력 $=L\dfrac{d}{dt}i(t)$

$G(s)=\dfrac{\text{출력}}{\text{입력}}=\dfrac{Ks\,I(s)}{I(s)}=Ks$

(3) 적분요소 : C 만의 특성요소

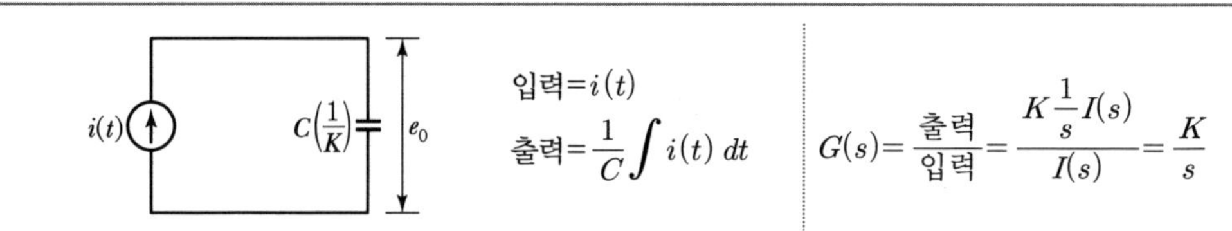

입력 $=i(t)$

출력 $=\dfrac{1}{C}\displaystyle\int i(t)\,dt$

$G(s)=\dfrac{\text{출력}}{\text{입력}}=\dfrac{K\frac{1}{s}I(s)}{I(s)}=\dfrac{K}{s}$

(4) 1차 지연요소 : $R-C$ 직렬회로

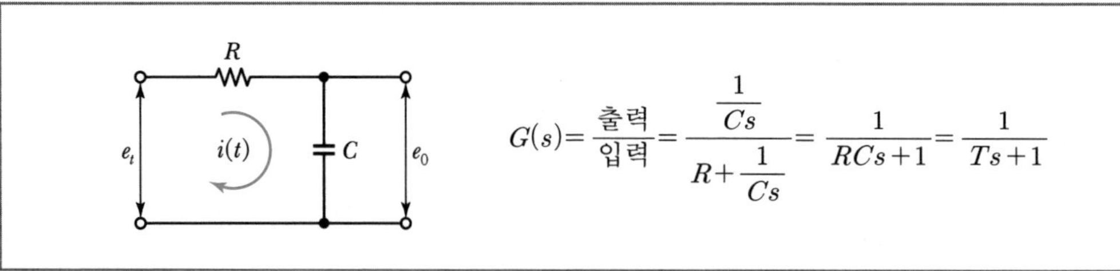

$$G(s)=\frac{\text{출력}}{\text{입력}}=\frac{\frac{1}{Cs}}{R+\frac{1}{Cs}}=\frac{1}{RCs+1}=\frac{1}{Ts+1}$$

(5) 2차 지연요소 : $R-L-C$ **직렬회로**

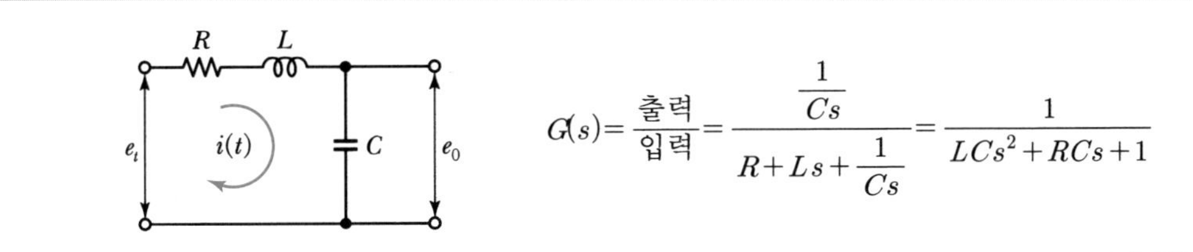

$$G(s)=\frac{\text{출력}}{\text{입력}}=\frac{\frac{1}{Cs}}{R+Ls+\frac{1}{Cs}}=\frac{1}{LCs^2+RCs+1}$$

(6) 부동작 시간요소

$$G(s)=\frac{C(s)}{R(s)}=Ke^{-\tau s}$$

과년도 기출 및 예상문제

★☆☆

01 다음 사항 중 옳게 표현된 것은?

① 비례요소의 전달함수는 $\frac{1}{Ts}$이다.

② 미분요소의 전달함수는 K이다.

③ 적분요소의 전달함수는 Ts이다.

④ 1차 지연요소의 전달함수는 $\frac{K}{1+Ts}$ 이다.

해설
- 비례요소 : K
- 미분요소 : Ts
- 적분요소 : $\frac{1}{Ts}$
- 1차 지연요소 : $\frac{K}{Ts+1}$
- 2차 지연요소 : $\frac{K}{T^2s^2+2\delta Ts+1}$

★★☆

02 1차 지연요소의 전달함수는?

① K

② Ks

③ $\frac{K}{s}$

④ $\frac{K}{1+Ts}$

해설
- 비례요소 : K
- 미분요소 : Ks
- 적분요소 : $\frac{K}{s}$
- 1차 지연요소 : $\frac{K}{Ts+1}$
- 2차 지연요소 : $\frac{K}{T^2s^2+2\delta Ts+1}$

정답 01 ④ 02 ④

★★★

03 다음 중 부동작 시간(dead time) 요소의 전달함수는?

① Ks

② $\dfrac{K}{s}$

③ Ke^{-Ls}

④ $\dfrac{T}{1+Ts}$

해설
• $y(t)=Kx(t-L)$
• $Y(s)=KX(s)\,e^{-Ls}$
$\therefore\ G(s)=\dfrac{Y(s)}{X(s)}=Ke^{-Ls}$

★☆☆

04 단위 계단함수를 어떤 제어요소에 입력으로 넣었을 때 그 전달함수가 그림과 같은 블록선도로 표시될 수 있다면 이것은?

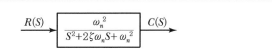

$$R(S) \rightarrow \boxed{\dfrac{\omega_n^2}{S^2+2\zeta\omega_n S+\omega_n^2}} \rightarrow C(S)$$

① 1차 지연요소

② 2차 지연요소

③ 미분요소

④ 적분요소

해설
• 1차 지연요소 : $\dfrac{K}{Ts+1}$
• 2차 지연요소 : $\dfrac{K}{T^2 s^2+2\delta Ts+1}$

★★★

05 그림과 같은 요소는 제어계의 어떤 요소인가?

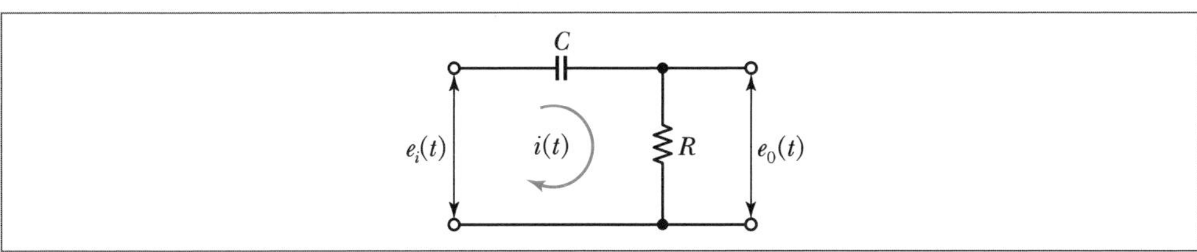

① 적분요소

② 미분요소

③ 1차 지연요소

④ 1차 지연 미분요소

정답 03 ③ 04 ② 05 ④

해설 • 전달함수 $G(s)=\dfrac{R}{\dfrac{1}{Cs}+R}=\dfrac{RCs}{1+RCs}=\dfrac{Ts}{1+Ts}$ 이므로 1차 지연요소를 포함한 미분요소(미분회로, 진상 보상 회로)이다.

• $RCs \ll 1$인 경우 $G(s) \fallingdotseq \dfrac{Ts}{1}=Ts$로 미분회로로 동작한다.

★☆☆

06 그림과 같은 회로는?

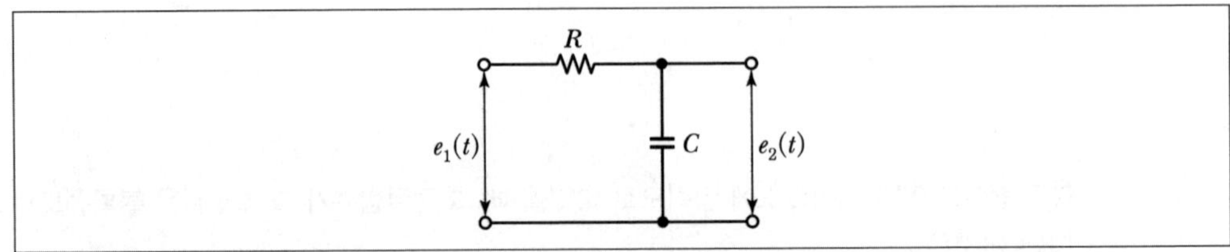

① 가산회로
② 승산회로
③ 미분회로
④ 적분회로

해설 전달함수 $G(s)=\dfrac{\dfrac{1}{Cs}}{R+\dfrac{1}{Cs}}=\dfrac{1}{RCs+1}$ 이므로 $RCs \gg 1$인 경우 $G(s) \fallingdotseq \dfrac{1}{RCs}$ 로 적분요소(적분회로, 지상 보상 회로)이다.

정답 06 ④

03 SECTION 연산 증폭기

1. 연산 증폭기의 성질와 출력

(1) 연산 증폭기의 성질

① 이득(증폭도)이 매우 크다.

② 입력 임피던스가 매우 크다.

③ 출력 임피던스가 매우 작다.

(2) 증폭기의 출력

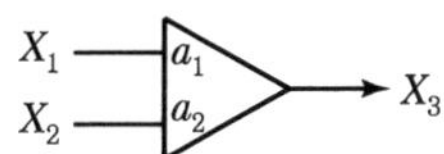

$X_3 = -a_1 X_1 - a_2 X_2$

(3) 출력전압 : $e_2 = -\dfrac{R_2}{R_1} e_1$

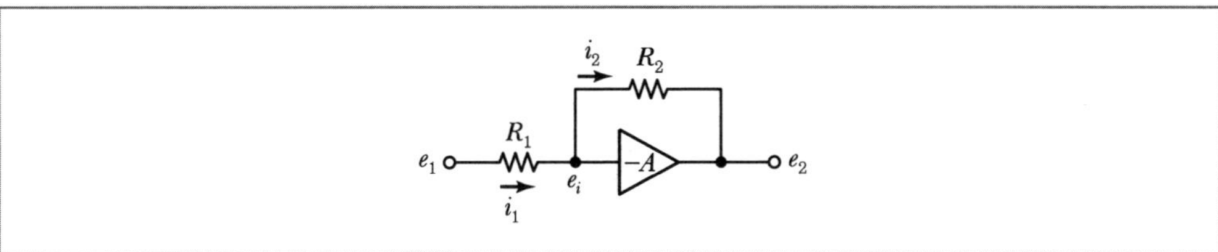

① 증폭기의 입력 임피던스가 저항 R_2보다 훨씬 더 크다면 $i_A = 0 \ \therefore i_1 = i_2$

② $e_1 - e_i = R_1 i_1$

$e_i - e_2 = R_2 i_2 \fallingdotseq R_2 i_1$

$\therefore i_1 = \dfrac{e_1 - e_i}{R_1} = \dfrac{e_i - e_2}{R_2}$ ·············· ㉠

③ 증폭기의 관계식 $e_2 = -Ae_i$

따라서 $e_i = -\dfrac{e_2}{A}$ ························ ㉡

㉡식을 ㉠식에 대입하면

④ $\dfrac{e_1 - \left(-\dfrac{e_2}{A}\right)}{R_1} = \dfrac{-\dfrac{e_2}{A} - e_2}{R_2}$

$\dfrac{e_1 + \dfrac{e_2}{A}}{R_1} = \dfrac{-\dfrac{e_2}{A} - e_2}{R_2}$

⑤ A개가 매우 크면

$e_1 \gg \frac{e_2}{A}$, $e_2 \gg \frac{e_2}{A}$

따라서 $\frac{e_1}{R_1} = -\frac{e_2}{R_2}$

$\therefore e_2 = -\frac{R_2}{R_1}e_1$

2. 미분기와 적분기

(1) 미분기

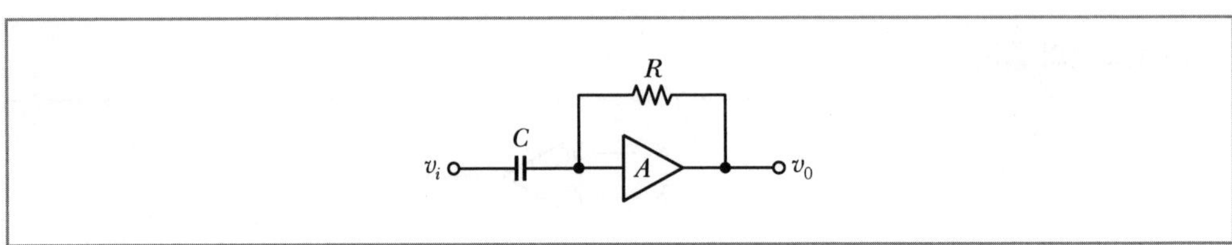

$$v_0 = -RC\frac{d}{dt}v_i$$

(2) 적분기

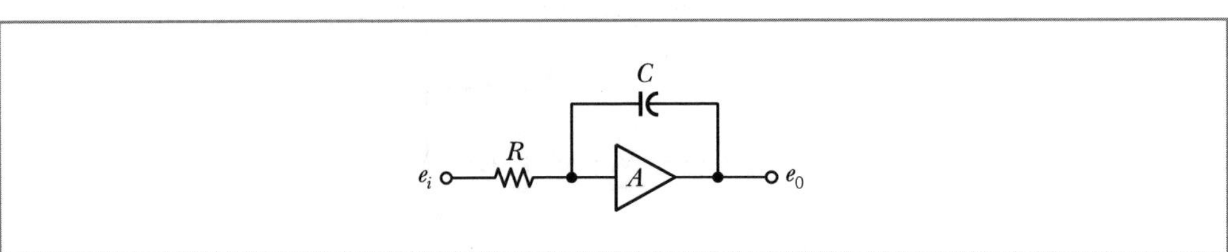

$$e_0 = -\frac{1}{RC}\int e_i\,dt$$

과년도 기출 및 예상문제

★☆☆

01 다음 연산 증폭기의 출력 X_3 는?

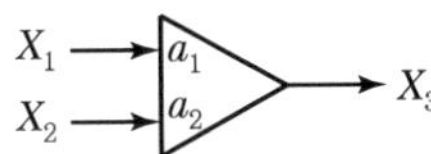

① $-a_1X_1-a_2X_2$　② $a_1X_1+a_2X_2$

③ $(a_1+a_2)(X_1+X_2)$　④ $-(a_1-a_2)(X_1+X_2)$

해설 $X_3=-a_1X_1-a_2X_2$

★☆☆

02 그림과 같은 곱셈 회로에서 출력전압을 나타내는 식은? (단, A는 이상적인 연산 증폭기이다.)

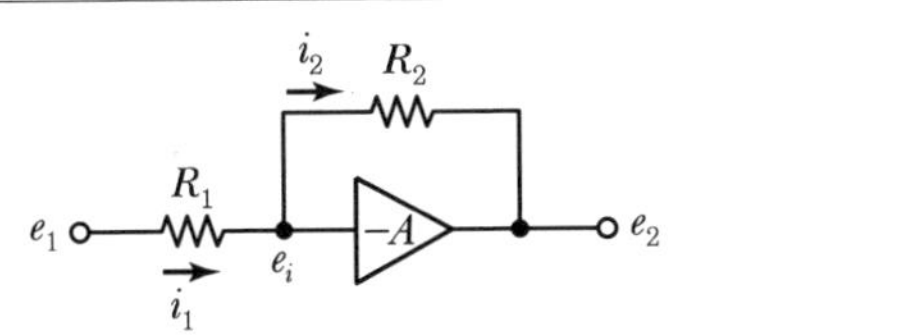

① $e_2=\dfrac{R_2}{R_1}e_1$　② $e_2=\dfrac{R_1}{R_2}e_1$

③ $e_2=-\dfrac{R_2}{R_1}e_1$　④ $e_2=-\dfrac{R_1}{R_2}e_1$

해설 $\dfrac{e_1}{R_1}=-\dfrac{e_2}{R_2}\quad\therefore e_2=-\dfrac{R_2}{R_1}e_1$

정답	01 ① 02 ③

★☆☆

03 그림과 같은 연산 증폭기에서 출력 전압 V_o을 나타낸 것은? (단, V_1, V_2, V_3는 입력 신호이고, A는 연산 증폭기의 이득이다.)

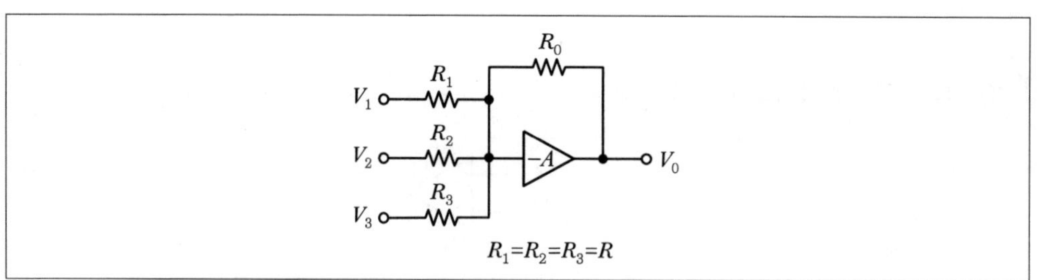

① $V_o = -\dfrac{R_0}{3R}(V_1+V_2+V_3)$ ② $V_o = \dfrac{R_0}{3R}(V_1+V_2+V_3)$

③ $V_o = \dfrac{R_0}{R}(V_1+V_2+V_3)$ ④ $V_o = -\dfrac{R_0}{R}(V_1+V_2+V_3)$

해설 $V_o = -\dfrac{R_o}{R_1}V_1 - \dfrac{R_o}{R_2}V_2 - \dfrac{R_o}{R_3}V_3 = -\dfrac{R_o}{R}V_1 - \dfrac{R_o}{R}V_2 - \dfrac{R_o}{R}V_3 = -\dfrac{R_o}{R}(V_1+V_2+V_3)$

★☆☆

04 다음 연산 기구의 출력으로 바르게 표현된 것은? (단, OP 증폭기는 이상적인 것으로 생각한다.)

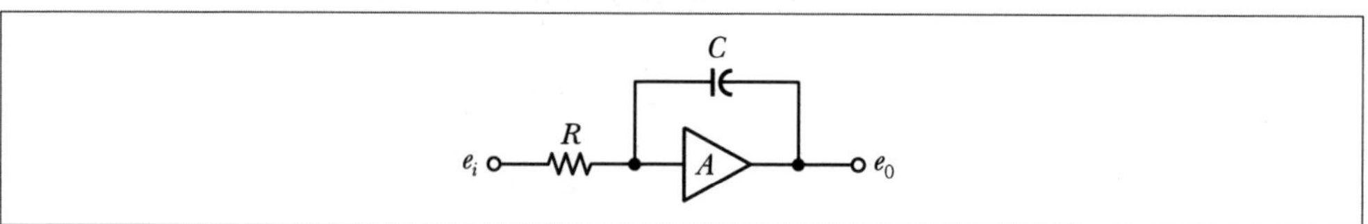

① $e_o = -\dfrac{1}{RC}\int e_i dt$ ② $e_o = -RC\int e_i dt$

③ $e_o = -\dfrac{C}{R}\int e_i dt$ ④ $e_o = -\dfrac{R}{C}\int e_i dt$

해설 **적분기**

$$e_o = -\frac{\frac{1}{Cs}}{R}e_i = -\frac{1}{RC}\frac{1}{s}e_i = -\frac{1}{RC}\int e_i\,dt$$

정답 03 ④ 04 ①

★☆☆

05 그림의 연산 증폭기를 사용한 회로의 기능은?

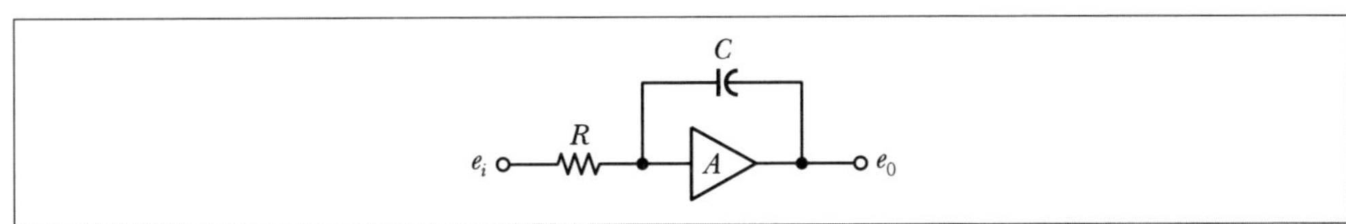

① 가산기　　② 미분기
③ 적분기　　④ 제한기

해설 **적분기**

$$e_o = -\frac{1}{RC}\int e_i\,dt$$

★☆☆

06 이득이 10^7인 연상 증폭기 회로에서 출력 전압 V_o를 나타내는 식은? (단, V_i는 입력신호이다.)

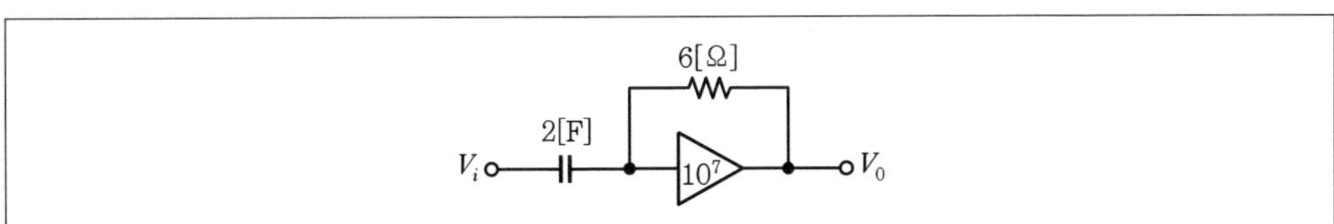

① $V_o = -12\frac{dV_i}{dt}$　　② $V_o = -8\frac{dV_i}{dt}$

③ $V_o = -0.5\frac{dV_i}{dt}$　　④ $V_o = -\frac{1}{8}\frac{dV_i}{dt}$

해설 $V_o = -\frac{R}{\frac{1}{Cs}}V_i = -RCs\,V_i = -RC\frac{d}{dt}V_i = -6\times2\frac{dV_i}{dt}$

정답 05 ③　06 ①

04 SECTION 기계계

1. 전기계와 기계계의 비교

기계계	전기계
M(질량), J(관성) B(마찰) K(스프링상수, 비틀림 강도)	L(인덕턴스) R(저항) C(정전용량)
속도(각속도) 힘	전류 전압

2. 스프링 마찰계(힘 f에 의해서 움직이고 있는 질량 M)

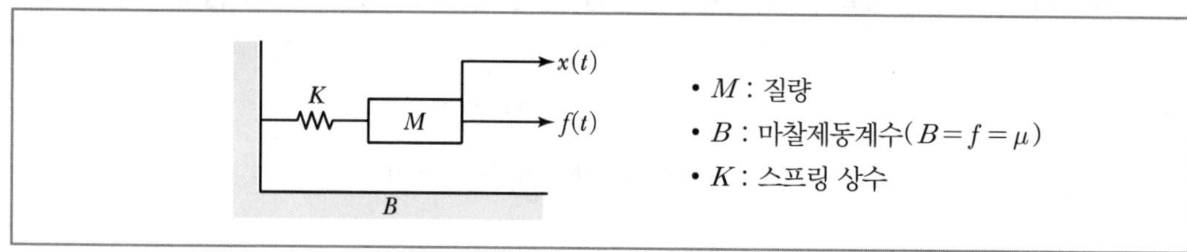

입력 : $f(t)=M\dfrac{d^2}{dt^2}x(t)+B\dfrac{d}{dt}x(t)+Kx(t)$, 출력 : $x(t)$

↓ ↓

$F(s)=Ms^2X(s)+Bs\,X(s)+KX(s)$, 출력 : $X(s)$

$$G(s)=\frac{\text{출력}}{\text{입력}}=\frac{X(s)}{F(s)}=\frac{X(s)}{(Ms^2+Bs+K)X(s)}=\frac{1}{Ms^2+Bs+K}$$

3. 회전 운동계

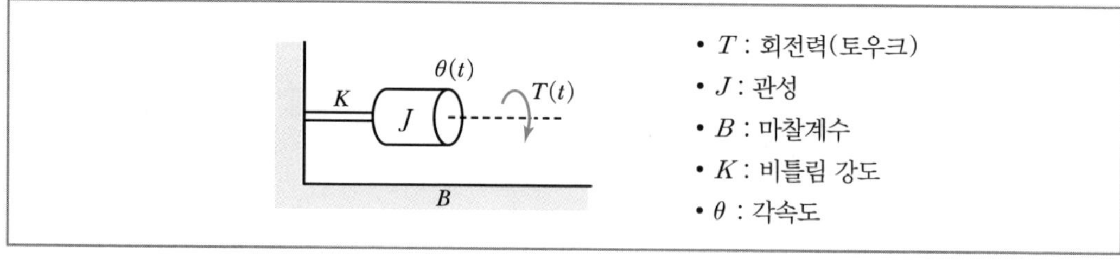

$$\text{입력}: T(t) = J\frac{d^2}{dt^2}\theta(t) + B\frac{d}{dt}\theta(t) + K\theta(t), \qquad \text{출력}: \theta(t)$$

$$\downarrow \qquad\qquad\qquad\qquad \downarrow$$

$$T(s) = Js^2\theta(s) + Bs\,\theta(s) + K\theta(s), \qquad \text{출력}: \theta(s)$$

$$G(s) = \frac{\text{출력}}{\text{입력}} = \frac{\theta(s)}{T(s)} = \frac{\theta(s)}{(Js^2 + Bs + K)\,\theta(s)} = \frac{1}{Js^2 + Bs + K}$$

과년도 기출 및 예상문제

★☆☆
01 질량, 속도, 힘을 전기계로 유추(analogy)하는 경우, 옳은 것은?

① 질량=임피던스, 속도=전류, 힘=전압
② 질량=인덕던스, 속도=전류, 힘=전압
③ 질량=저항, 속도=전류, 힘=전압
④ 질량=용량, 속도=전류, 힘=전압

해설 **기계계와 전기계의 비교**

기계계	전기계
• M(질량), J(관성) • B(마찰) • K(스프링상수, 비틀림 강도)	• L(인덕턴스) • R(저항) • C(정전용량)
• 속도(각속도) • 힘	• 전류 • 전압

★☆☆
02 회전 운동계의 각속도를 전기적 요소로 변환하면?

① 전압
② 전류
③ 정전용량
④ 인덕턴스

해설 **기계계와 전기계의 비교**

기계계	전기계
• M(질량), J(관성) • B(마찰) • K(스프링상수, 비틀림 강도)	• L(인덕턴스) • R(저항) • C(정전용량)
• 속도(각속도) • 힘	• 전류 • 전압

정답 01 ② 02 ②

★☆☆

03 $R-L-C$ 회로와 역학계의 등가회로에서 그림과 같이 스프링 달린 질량 M의 물체가 바닥에 닿아 있을 때 힘 F에 가하는 경우로 L은 M에 $\frac{1}{C}$은 K에, R은 B에 해당한다. 이 역학계에 대한 운동 방정식은?

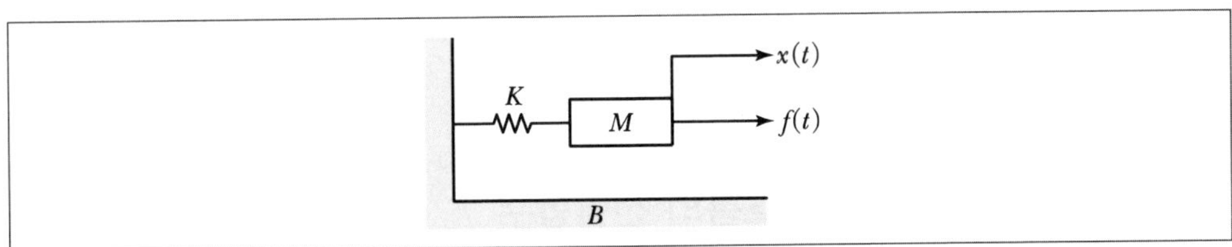

① $f(t) = Mx + B\frac{dx}{dt} + K\frac{d^2x}{dt^2}$

② $f(t) = M\frac{dx}{dt} + Bx + K$

③ $f(t) = M\frac{d^2x}{dt^2} + B\frac{dx}{dt} + Kx$

④ $f(t) = M\frac{dx}{dt} + B\frac{d^2x}{dt^2} + K$

해설 **스프링, 질량 마찰계의 운동 방정식**

$$f(t) = M\frac{d^2}{dt^2}x(t) + B\frac{d}{dt}x(t) + Kx(t)$$

정답	03 ③

CHAPTER 03

블록선도와 신호흐름

SECTION 01 블록선도와 신호흐름의 전달함수

1. 간이 전달함수 계산법

$$전달함수 = \frac{출력}{입력} = \frac{C(s)}{R(s)} = \frac{\sum 경로}{1-\sum 피드백}$$

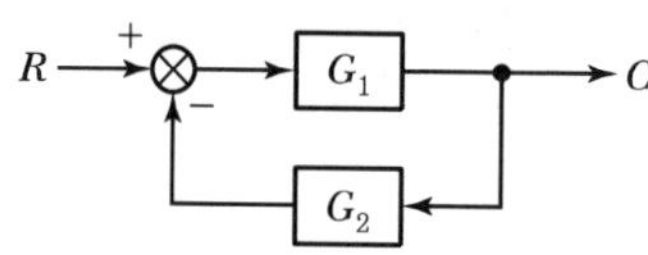

$$\frac{C(s)}{R(s)} = \frac{G_1}{1+G_1 G_2}$$

2. 메이슨 정리

$$전달함수 = \frac{C(s)}{R(s)} = \frac{\sum [G(1-loop)]}{1-\sum L_1 + \sum L_2 - \sum L_3}$$

① G : 각각의 순방향 경로의 이득

② loop : 각각의 순방향 경로에 접촉하지 않는 이득

③ $\sum L_1$: 각각의 모든 폐루프 이득의 곱의 합

④ $\sum L_2$: 서로 접촉하고 있지 않은 2개 이상의 L_1의 곱의 합

⑤ $\sum L_3$: 서로 접촉하고 있지 않은 3개 이상의 L_1의 곱의 합

과년도 기출 및 예상문제

★☆☆

01 블록 다이어그램에서 $\dfrac{\theta(S)}{R(S)}$ 전달함수는?

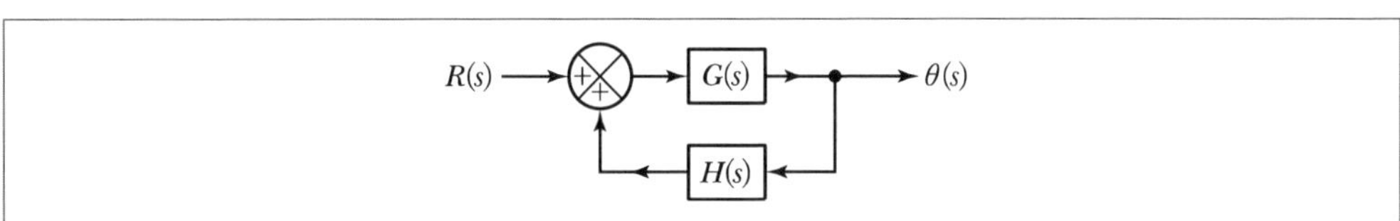

① $\dfrac{1}{1+G(s)H(s)}$　　② $\dfrac{1}{1-G(s)H(s)}$

③ $\dfrac{G(s)}{1+G(s)H(s)}$　　④ $\dfrac{G(s)}{1-G(s)H(s)}$

해설 **간이식**

$$G(s)=\frac{C}{R}=\frac{\sum 경로}{1-\sum 피드백}=\frac{G(s)}{1-(+G(s)H(s))}=\frac{G(s)}{1-G(s)H(s)}$$

★☆☆

02 그림과 같은 블록선도에서 $\dfrac{C}{R}$의 값은?

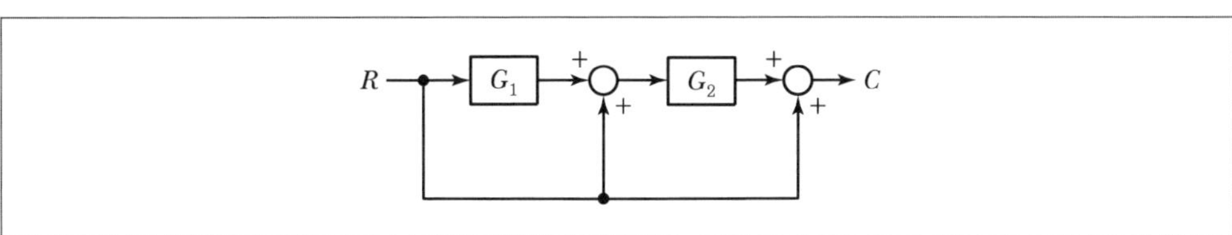

① $1+G_1+G_1G_2$　　② $1+G_2+G_1G_2$

③ $\dfrac{G_1+G_2}{1-G_2-G_1G_2}$　　④ $\dfrac{(1+G_1)G_2}{1-G_1}$

해설 **간이식**

$$G(s)=\frac{C}{R}=\frac{\sum 경로}{1-\sum 피드백}=\frac{G_1G_2+G_2+1}{1-0}=G_1G_2+G_2+1$$

정답	01 ④　02 ②

★☆☆

03 그림과 같은 블록선도에서 전달함수는?

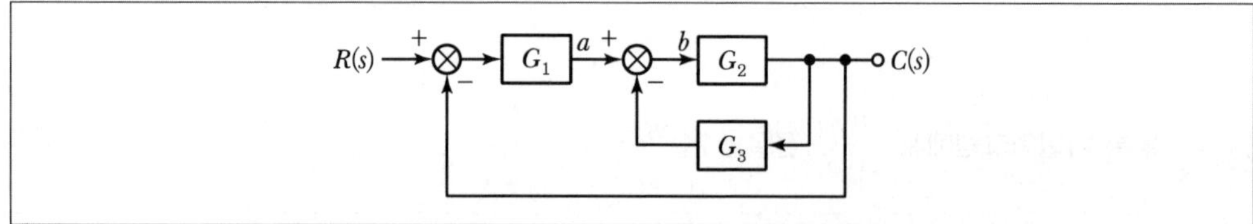

① $G(s)=\dfrac{G_1 G_2}{1-G_1 G_2-G_2 G_3}$

② $G(s)=\dfrac{G_1 G_3}{1-G_1 G_2-G_2 G_3}$

③ $G(s)=\dfrac{G_1 G_3}{1+G_1 G_2+G_2 G_3}$

④ $G(s)=\dfrac{G_1 G_2}{1+G_1 G_2+G_2 G_3}$

해설 **간이식**

$$G(s)=\frac{C}{R}=\frac{\sum 경로}{1-\sum 피드백}=\frac{G_1 G_2}{1-(-G_1 G_2-G_2 G_3)}=\frac{G_1 G_2}{1+G_1 G_2+G_2 G_3}$$

★☆☆

04 다음 그림의 블록선도에서 C/R는?

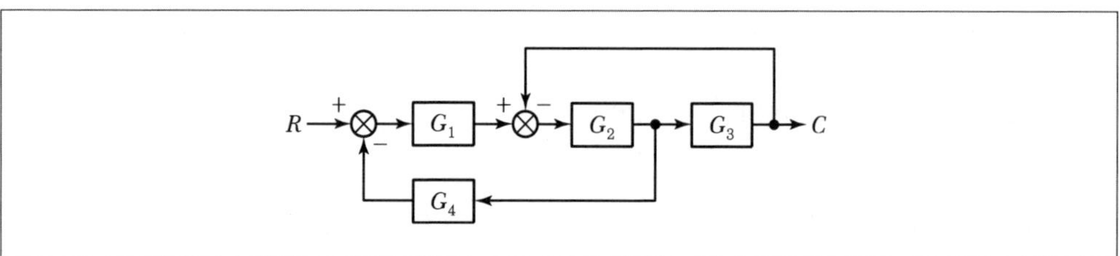

① $\dfrac{G_3 G_4}{1+G_1 G_2 G_3}$

② $\dfrac{G_1 G_3}{1+G_1 G_2+G_3 G_4}$

③ $\dfrac{G_1 G_2 G_3}{1+G_2 G_3+G_1 G_2 G_4}$

④ $\dfrac{G_1 G_2}{1+G_2 G_3+G_1 G_4}$

해설 **간이식**

$$G(s)=\frac{C}{R}=\frac{\sum 경로}{1-\sum 피드백}=\frac{G_1 G_2 G_3}{1-(-G_1 G_2 G_4-G_2 G_3)}=\frac{G_1 G_2 G_3}{1+G_1 G_2 G_4+G_2 G_3}$$

정답	03 ④ 04 ③

★☆☆
05 그림과 같은 블록선도에서 $C(s)/R(s)$ 의 값은?

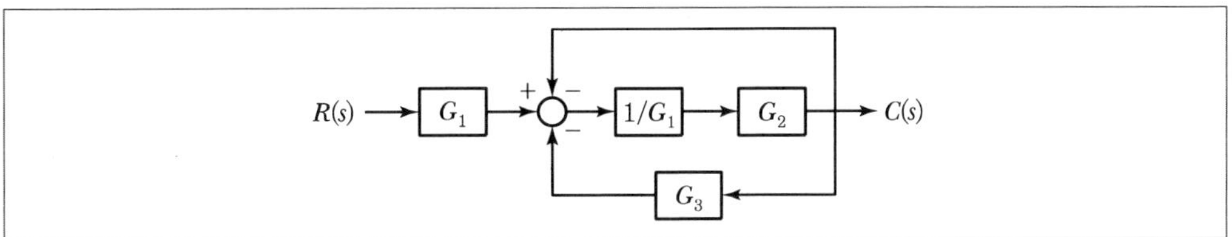

① $\dfrac{G_2}{G_1 - G_2 - G_3}$

② $\dfrac{G_2}{G_1 - G_2 - G_2 G_3}$

③ $\dfrac{G_1}{G_1 + G_2 + G_2 G_3}$

④ $\dfrac{G_1 G_2}{G_1 + G_2 + G_2 G_3}$

해설 **간이식**

$$G(s) = \frac{C}{R} = \frac{\sum 경로}{1 - \sum 피드백} = \frac{G_1 \frac{1}{G_1} G_2}{1 - \left(-\frac{1}{G_1} G_2 - \frac{1}{G_1} G_2 G_3 \right)} = \frac{\frac{G_1 G_2}{G_1}}{1 + \frac{G_2}{G_1} + \frac{G_2 G_3}{G_1}} = \frac{G_1 G_2}{G_1 + G_2 + G_2 G_3}$$

★☆☆
06 다음 블록선도의 전달함수$\left(\dfrac{C(s)}{R(s)}\right)$는?

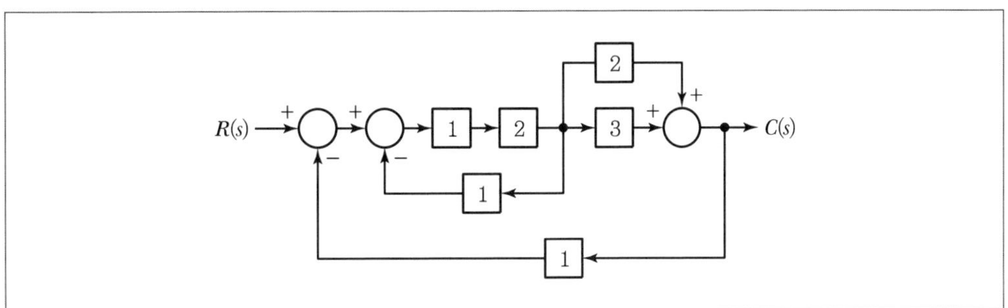

① $\dfrac{10}{9}$

② $\dfrac{10}{13}$

③ $\dfrac{12}{9}$

④ $\dfrac{12}{13}$

해설 **간이식**

$$G(s) = \frac{C}{R} = \frac{\sum 경로}{1 - \sum 피드백} = \frac{1 \times 2 \times 3 + 1 \times 2 \times 2}{1 - (-1 \times 2 \times 1 - 1 \times 2 \times 3 \times 1 - 1 \times 2 \times 2 \times 1)} = \frac{10}{13}$$

정답	05 ④ 06 ②

★★☆

07 그림과 같은 블록선도에서 전달함수 $\frac{C}{R}$는 얼마인가? (단, $D=R$이다.)

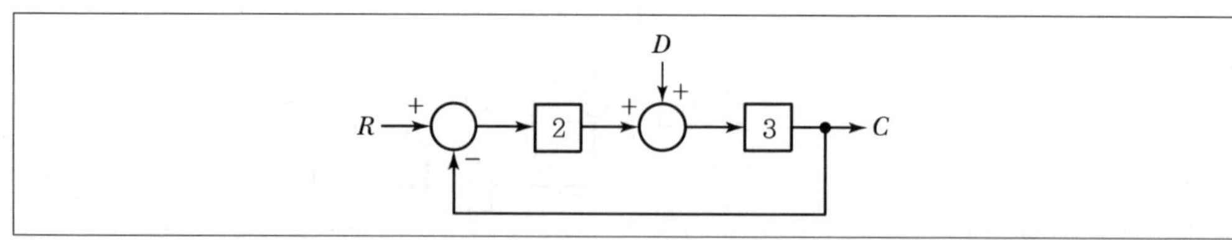

① $\frac{6}{7}$　　② $\frac{8}{7}$

③ $\frac{9}{7}$　　④ $\frac{11}{7}$

해설 간이식

- $\frac{C}{R}=\frac{2\times 3}{1+(2\times 3)}=\frac{6}{7}$, $\frac{C}{D}=\frac{3}{1+(2\times 3)}=\frac{3}{7}$
- $G(s)=\frac{C}{R}+\frac{C}{D}=\frac{6}{7}+\frac{3}{7}=\frac{9}{7}$

★☆☆

08 그림과 같은 블록선도에서 입력 R 과 외란 D 가 가해질 때 출력 C 의 값은?

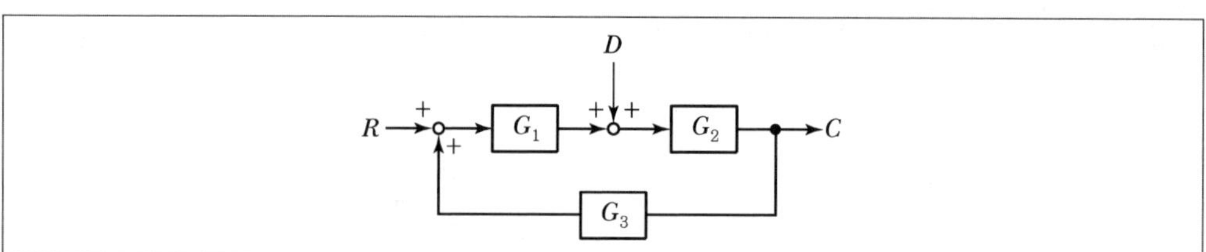

① $C=\frac{G_1G_2R+G_2D}{1+G_1G_2G_3}$　　② $C=\frac{G_1G_2R-G_2D}{1+G_1G_2G_3}$

③ $C=\frac{G_1G_2R+G_2D}{1-G_1G_2G_3}$　　④ $C=\frac{G_1G_2R-G_2D}{1-G_1G_2G_3}$

해설 간이식

- $\frac{C_1}{R}=\frac{G_1G_2}{1-G_1G_2G_3}$, $\frac{C_2}{D}=\frac{G_2}{1-G_1G_2G_3}$

  $C_1=\frac{G_1G_2}{1-G_1G_2G_3}R$, $C_2=\frac{G_2}{1-G_1G_2G_3}D$
- $C=C_1+C_2=\frac{G_1G_2}{1-G_1G_2G_3}R+\frac{G_2}{1-G_1G_2G_3}D=\frac{G_1G_2R+G_2D}{1-G_1G_2G_3}$

정답 07 ③ 08 ③

★☆☆

09 그림과 같은 신호흐름선도에서 $C(s)/R(s)$의 값은?

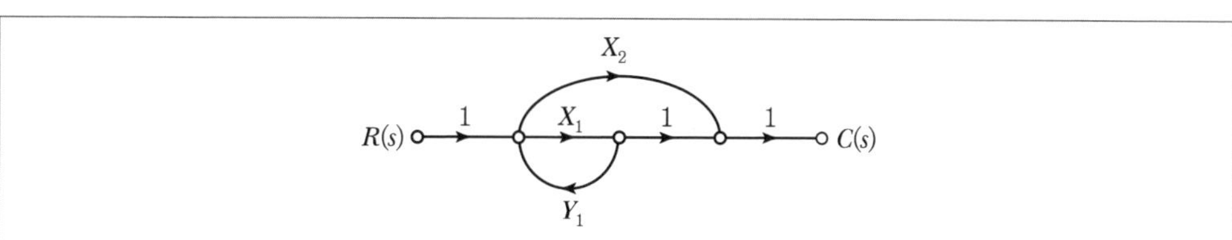

① $\dfrac{C(s)}{R(s)} = \dfrac{X_1}{1 - X_1 Y_1}$

② $\dfrac{C(s)}{R(s)} = \dfrac{X_2}{1 - X_1 Y_1}$

③ $\dfrac{C(s)}{R(s)} = \dfrac{X_1 X_2}{1 - X_1 Y_1}$

④ $\dfrac{C(s)}{R(s)} = \dfrac{X_1 + X_2}{1 - X_1 Y_1}$

해설 **간이식**

$$G(s) = \frac{C(s)}{R(s)} = \frac{\sum 경로}{1 - \sum 피드백} = \frac{X_1 + X_2}{1 - X_1 Y_1}$$

★★★

10 그림과 같은 신호흐름선도에서 $\dfrac{C}{R}$ 는?

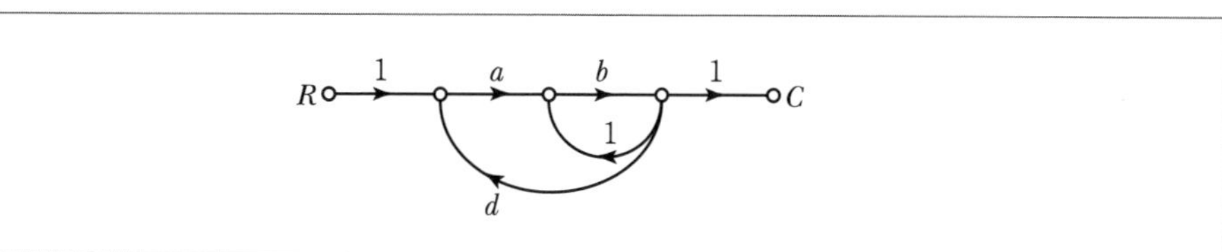

① $\dfrac{ab}{1 + b - abd}$

② $\dfrac{ab}{1 - b - abd}$

③ $\dfrac{ab}{1 + b + abd}$

④ $\dfrac{ab}{1 - ab - abd}$

해설 **간이식**

$$G(s) = \frac{C}{R} = \frac{\sum 경로}{1 - \sum 피드백} = \frac{ab}{1 - (b + abc)} = \frac{ab}{1 - b - abc}$$

정답 09 ④ 10 ②

★☆☆

11 그림과 같은 신호흐름선도에서 전달함수 $\dfrac{C(s)}{R(s)}$ 는?

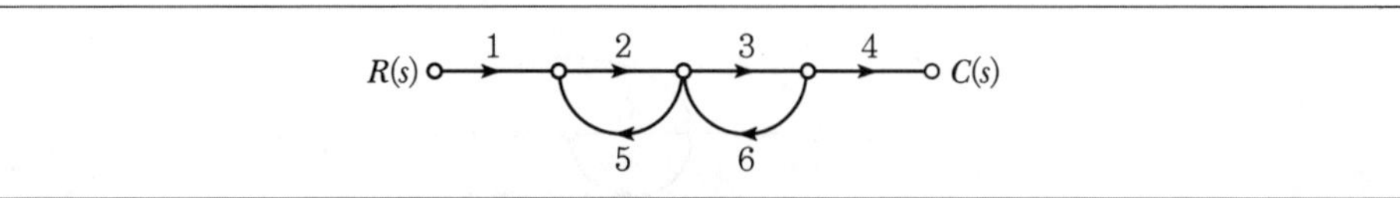

① $-\dfrac{8}{9}$　　② $\dfrac{4}{5}$

③ 180　　④ 10

해설 **간이식**

$$G(s)=\frac{C}{R}=\frac{\sum \text{경로}}{1-\sum \text{피드백}}=\frac{1\times2\times3\times4}{1-(2\times5+3\times6)}=-\frac{24}{27}=-\frac{8}{9}$$

★☆☆

12 그림과 같은 신호흐름선도에서 전달함수 $\dfrac{C}{R}$ 는?

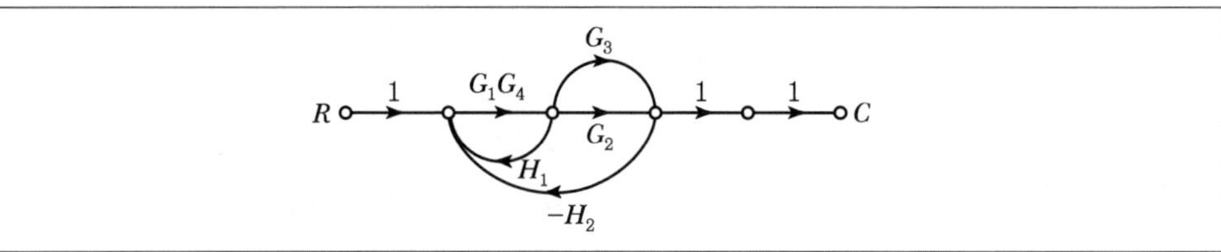

① $\dfrac{G_1G_4(G_2+G_3)}{1+G_1G_4H_1+G_1G_4(G_2+G_3)H_2}$　　② $\dfrac{G_1G_4(G_2+G_3)}{1-G_1G_4H_1+G_1G_4(G_2+G_3)H_2}$

③ $\dfrac{G_1G_2+G_3G_4}{1+G_1G_3G_4H_2+G_1G_2H_1}$　　④ $\dfrac{G_1G_2-G_3G_4}{1-G_1G_2H_1+G_1G_3G_4H_2}$

해설 **간이식**

$$G(s)=\frac{C}{R}=\frac{\sum \text{경로}}{1-\sum \text{피드백}}=\frac{G_1G_4G_2+G_1G_4G_3}{1-[G_1G_4H_1+G_1G_4G_2(-H_2)+G_1G_4G_3(-H_2)]}$$

$$=\frac{G_1G_4(G_2+G_3)}{1-G_1G_4H_1+G_1G_4G_2H_2+G_1G_4G_3H_2}$$

$$=\frac{G_1G_4(G_2+G_3)}{1-G_1G_4H_1+G_1G_4(G_2+G_3)H_2}$$

정답 | 11 ① 12 ②

★★☆

13 그림과 같은 신호흐름선도에서 $\dfrac{C}{R}$를 구하면?

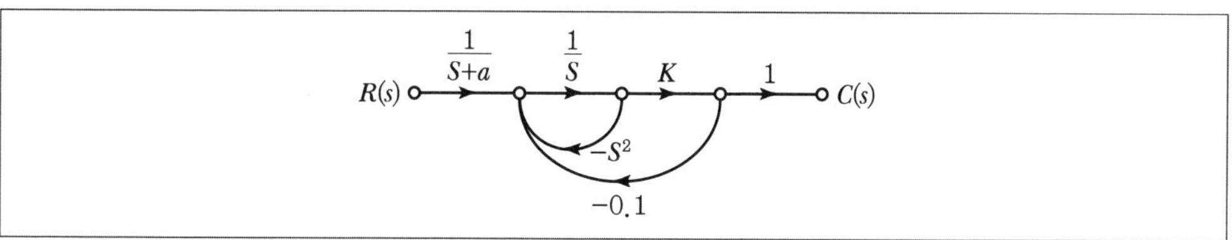

① $\dfrac{C(s)}{R(s)}=\dfrac{K}{(s+a)(s^2+s+0.1K)}$ ② $\dfrac{C(s)}{R(s)}=\dfrac{K(s+a)}{(s+a)(s^2+s+0.1K)}$

③ $\dfrac{C(s)}{R(s)}=\dfrac{K}{(s+a)(-s^2-s+0.1K)}$ ④ $\dfrac{C(s)}{R(s)}=\dfrac{K(s+a)}{(s+a)(-s^2-s+0.1K)}$

해설 **간이식**

$$G(s)=\frac{C}{R}=\frac{\sum 경로}{1-\sum 피드백}=\frac{\frac{1}{s+a}\times\frac{1}{s}\times K}{1-\left[\frac{1}{s}(-s^2)+\frac{1}{s}K\times(-0.1)\right]}=\frac{\frac{1}{s+a}\times\frac{1}{s}\times K}{1+\frac{s^2}{s}+\frac{0.1K}{s}}=\frac{\frac{K}{(s+a)s}}{\frac{s^2+s+0.1K}{s}}$$

$$=\frac{K}{(s+a)(s^2+s+0.1K)}$$

★☆☆

14 그림의 신호흐름선도를 미분방정식으로 표현한 것으로 옳은 것은? (단, 모든 초깃값은 0이다.)

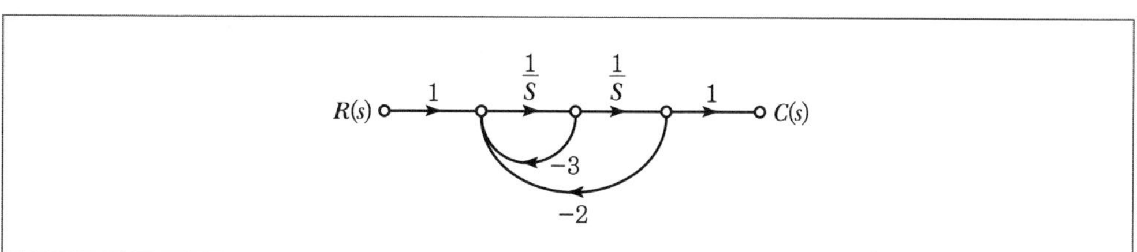

① $\dfrac{d^2c(t)}{dt^2}+3\dfrac{dc(t)}{dt}+2c(t)=r(t)$ ② $\dfrac{d^2c(t)}{dt^2}+2\dfrac{dc(t)}{dt}+3c(t)=r(t)$

③ $\dfrac{d^2c(t)}{dt^2}-3\dfrac{dc(t)}{dt}-2c(t)=r(t)$ ④ $\dfrac{d^2c(t)}{dt^2}-2\dfrac{dc(t)}{dt}-3c(t)=r(t)$

해설 **간이식**

- $G(s)=\dfrac{C(s)}{R(s)}=\dfrac{1\times\frac{1}{s}\times\frac{1}{s}\times 1}{1-\left[\frac{1}{s}(-3)+\frac{1}{s}\times\frac{1}{s}\times(-2)\right]}=\dfrac{\frac{1}{s^2}}{1+\frac{3}{s}+\frac{2}{s^2}}=\dfrac{1}{s^2+3s+2}$
- $\dfrac{C(s)}{R(s)}=\dfrac{1}{s^2+3s+2}$에서

$C(s)(s^2+3s+2)=R(s)\times 1$

$\dfrac{d^2c(t)}{dt^2}+3\dfrac{dc(t)}{dt}+2c(t)=r(t)$

정답	13 ① 14 ①

★★☆

15 다음 신호흐름선도에서 전달함수 $\left(\frac{C}{R}\right)$는?

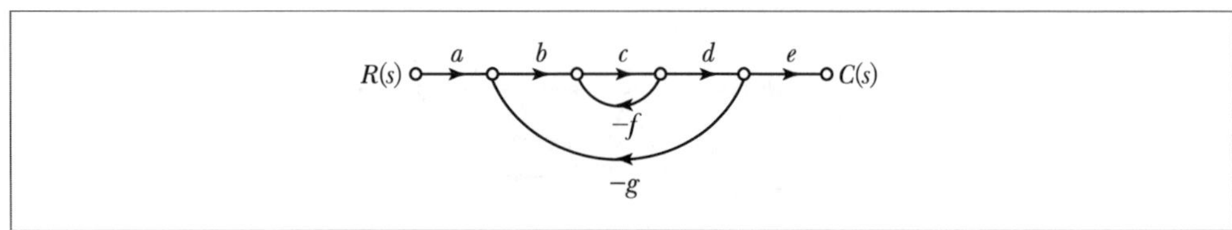

① $\frac{abcde}{1-cg-bcdg}$

② $\frac{abcde}{1-cf-bcdg}$

③ $\frac{abcde}{1-cf-bcdg}$

④ $\frac{abcde}{1+cf+bcdg}$

해설 **간이식**

$$G(s)=\frac{C}{R}=\frac{\sum 경로}{1-\sum 피드백}=\frac{abcde}{1-(-cf-bcdg)}=\frac{abcde}{1+cf+bcdg}$$

★☆☆

16 다음 신호흐름선도의 전달함수 $\left(\frac{C}{R}\right)$를 구하면?

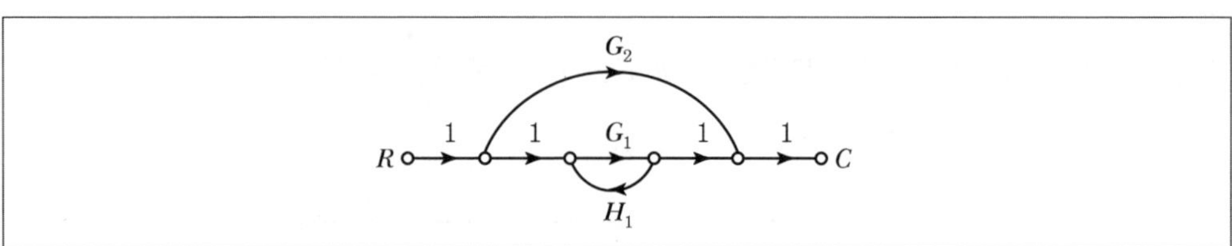

① $\frac{C}{R}=\frac{G_1+G_2}{1-G_1H_1}$

② $\frac{C}{R}=\frac{G_1+G_2}{1-G_1H_1-G_2H_2}$

③ $\frac{C}{R}=\frac{G_1+G_2(1-G_1H_1)}{1-G_1H_1}$

④ $\frac{C}{R}=\frac{G_1G_2}{1-G_1H_1}$

해설 전달함수$=\frac{C(s)}{R(s)}=\frac{\Sigma[G(1-loop)]}{1-\Sigma L_1+\Sigma L_2-\Sigma L_3}=\frac{G_1(1-0)+G_2(1-G_1H_1)}{1-G_1H_1+0-0}=\frac{G_1+G_2(1-G_1H_1)}{1-G_1H_1}$

- G : 각각의 순방향 경로의 이득 → G_1, G_2
- loop : 각각의 순방향 경로에 접촉하지 않는 이득 → G_1H_1
- ΣL_1 : 각각의 모든 폐루프 이득의 곱의 합 → G_1H_1
- ΣL_2 : 서로 접촉하고 있지 않은 2개 이상의 L_1의 곱의 합 → 없음
- ΣL_3 : 서로 접촉하고 있지 않는 3개 이상의 L_1의 곱의 합 → 없음

별해

$$G(s)=\frac{C}{R}=경로\ 1+경로\ 2=\frac{G_2}{1-0}+\frac{G_1}{1-G_1H_1}=\frac{G_1+G_2(1-G_1H_1)}{1-G_1H_1}$$

정답	15 ④ 16 ③

★☆☆

17 그림과 같은 신호흐름선도의 전달함수 $\dfrac{C}{R}$는?

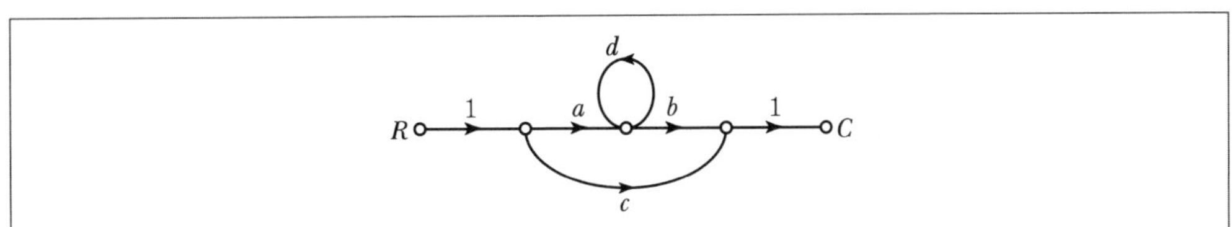

① $\dfrac{ab+c(1-d)}{1-d}$

② $\dfrac{ab+c}{1-d}$

③ $\dfrac{ab+c(1+d)}{1-d}$

④ $\dfrac{ab}{1-d}$

해설 전달함수 $= \dfrac{C(s)}{R(s)} = \dfrac{\Sigma[G(1-loop)]}{1-\Sigma L_1+\Sigma L_2-\Sigma L_3} = \dfrac{ab(1-0)+c(1-d)}{1-d+0-0} = \dfrac{ab+c(1-d)}{1-d}$

- G : 각각의 순방향 경로의 이득 → ab, d
- loop : 각각의 순방향 경로에 접촉하지 않는 이득 → d
- ΣL_1 : 각각의 모든 폐루프 이득의 곱의 합 → d
- ΣL_2 : 서로 접촉하고 있지 않은 2개 이상의 L_1의 곱의 합 → 없음
- ΣL_3 : 서로 접촉하고 있지 않는 3개 이상의 L_1의 곱의 합 → 없음

별해

$G(s) = \dfrac{C}{R} =$ 경로1 + 경로2 $= c + \dfrac{ab}{1-d} = \dfrac{ab+c(1-d)}{1-d}$

★★★

18 그림의 신호흐름선도에서 y_2/y_1의 값은?

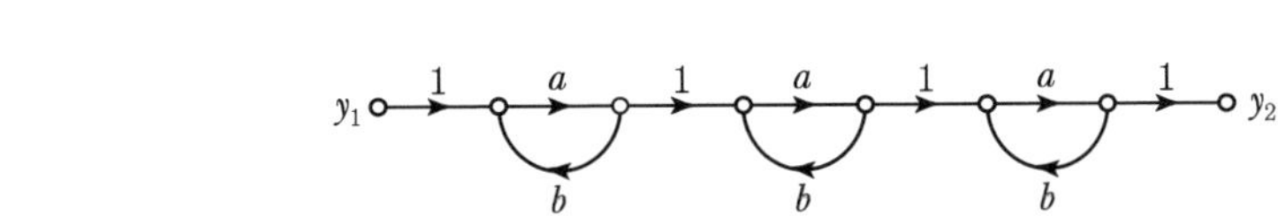

① $\dfrac{a^3}{(1-ab)^3}$

② $\dfrac{a^3}{1-3ab+a^2b^2}$

③ $\dfrac{a^3}{1-3ab}$

④ $\dfrac{a^3}{1-3ab+2a^2b^2}$

정답	17 ① 18 ①

해설 전달함수$=\dfrac{C(s)}{R(s)}=\dfrac{\Sigma[G(1-loop)]}{1-\Sigma L_1+\Sigma L_2-\Sigma L_3}=\dfrac{a^3}{1-3ab+3a^2b^2-a^3b^3}$

$$=\frac{aaa(1-0)}{1-(ab+ab+ab)+(ab\times ab+ab\times ab+ab\times ab)-ab\times ab\times ab}$$

$$=\frac{a^3}{1-3ab+3a^2b^2-a^3b^3}=\frac{a^3}{(1-ab)^3}$$

- G : 각각의 순방향 경로의 이득 → aaa
- loop : 각각의 순방향 경로에 접촉하지 않는 이득 → 없음
- ΣL_1 : 각각의 모든 폐루프 이득의 곱의 합 → $ab+ab+ab=3ab$
- ΣL_2 : 서로 접촉하고 있지 않은 2개 이상의 L_1의 곱의 합 → $ab\times ab+ab\times ab+ab\times ab=3a^2b^2$
- ΣL_3 : 서로 접촉하고 있지 않은 3개 이상의 L_1의 곱의 합 → $ab\times ab\times ab=a^3b^3$

※ 인수분해 공식 : $(1-ab)^3=1-3ab+3a^2b^2-a^3b^3$

별해

$$G(s)=G_1\times G_2\times G_3=G_1^3=\left(\frac{a}{1-ab}\right)^3=\frac{a^3}{1-3ab+3a^2b^2-a^3b^3}$$

CHAPTER
04 과도응답

01 SECTION 과도응답의 정의와 입력

1. 정의

시간에 따른 출력변화를 시간응답(time response)이라고 하며 시간응답의 특성은 과도응답특성과 정상상태특성으로 구분한다.

① 과도응답 : 안정된 출력을 얻기까지의 과도적인 시간응답
② 정상상태 응답 : 시간이 충분히 지난 안정된 상태에서의 시간응답

2. 개루프와 (단위)페루프

(1) 개루프

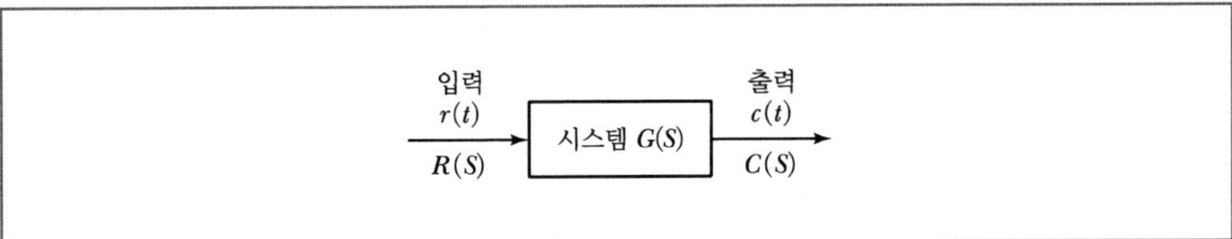

$$\text{전달함수 : } G(s) = \frac{C(s)}{R(s)}$$

(2) (단위)페루프

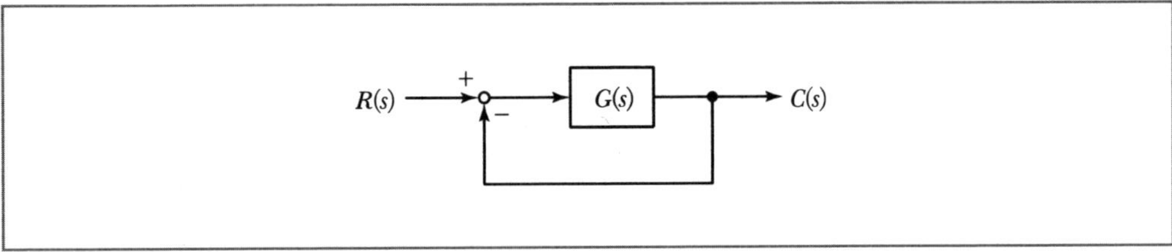

$$\text{전달함수 : } G(s)' = \frac{C(s)}{R(s)} = \frac{G(s)}{1+G(s)}$$

3. 시간 영역에서 자동제어계를 해설할 때의 과도응답 입력

① 단위 임펄스 입력(=하중함수) : $r(t)=\delta(t)$

② 단위 계단 함수 입력(=인디셜함수) : $r(t)=u(t)$

③ 단위 램프 입력(=등속도 입력) : $r(t)=t$

④ 단위 포물선 입력(=등가속도 입력) : $r(t)=\frac{1}{2}t^2$

과년도 기출 및 예상문제

★☆☆

01 시간 영역에서 자동제어계를 해설할 때 기본 시험에 보통 사용되지 않는 입력은?

① 정속도 입력
② 정현파 입력
③ 단위계단 입력
④ 등가속도 입력

해설
- 단위 임펄스 입력(=하중함수) : $r(t)=\delta(t)$
- 단위 계단 함수 입력(=인디셜함수) : $r(t)=u(t)$
- 단위램프 입력(=등속도 입력) : $r(t)=t$
- 단위 포물선 입력(=등가속도 입력) : $r(t)=\frac{1}{2}t^2$

★★☆

02 제어계의 입력이 단위계단 입력신호일 때 과도응답(출력응답)은 무엇인가?

① 임펄스 응답
② 인디셜 응답
③ 노멀 응답
④ 램프 응답

해설 단위계단 입력을 인디셜 응답 또는 단위계단 응답이라 한다.

★★★

03 $C(s)=G(s)R(s)$에서 입력함수를 단위 임펄스, 즉, $\delta(t)$을 가할 때 응답은?

① $C(s)=G(s)\delta(t)$
② $C(s)=\dfrac{G(s)}{\delta(t)}$
③ $\dfrac{G(s)}{s}$
④ $C(s)=G(s)$

해설 입력 $r(t)=\delta(t)$이므로 $R(s)=1$

$$G(s)=\frac{C(s)}{R(s)}=\frac{C(s)}{1}=C(s)$$

정답	01 ② 02 ② 03 ④

★☆☆

04 어떤 제어계의 임펄스 응답이 $\sin t$일 때, 이 계의 전달함수를 구하면?

① $\frac{1}{s+1}$　② $\frac{1}{s^2+1}$

③ $\frac{s}{s^2+1}$　④ $\frac{s}{s+1}$

해설
- 입력 $r(t)=\delta(t)$이므로 $R(s)=1$
- 응답(출력)이 $\sin t$이므로 $C(s)=\frac{1}{s^2+1^2}=\frac{1}{s^2+1}$
- $G(s)=\frac{C(s)}{R(s)}=\frac{\frac{1}{s^2+1}}{1}=\frac{1}{s^2+1}$가 된다.

★★☆

05 어느 제어계에 단위 임펄스 입력을 했을 때 출력이 e^{-2t}이였다. 이 계의 전달함수는?

① $\frac{1}{s}$　② $\frac{1}{s+1}$

③ $\frac{1}{s+2}$　④ $\frac{1}{s+3}$

해설
- 입력 $r(t)=\delta(t)$이므로 $R(s)=1$
- 응답(출력)이 e^{-2t}이므로 $C(s)=\frac{1}{s+2}$
- $G(s)=\frac{C(s)}{R(s)}=\frac{\frac{1}{s+2}}{1}=\frac{1}{s+2}$가 된다.

★★☆

06 어떤 제어계에 단위 계단 입력을 하였더니 출력이 $1-e^{-2t}$로 나타났다. 이 계의 전달함수는?

① $\frac{1}{s+2}$　② $\frac{2}{s+2}$

③ $\frac{1}{s(s+2)}$　④ $\frac{2}{s(s+2)}$

해설
- 입력 $r(t)=u(t)$이므로 $R(s)=\frac{1}{s}$
- 응답(출력)이 $1-e^{-2t}$이므로 $C(s)=\frac{1}{s}-\frac{1}{s+2}=\frac{2}{s(s+2)}$
- $G(s)=\frac{C(s)}{R(s)}=\frac{\frac{2}{s(s+2)}}{\frac{1}{s}}=\frac{2}{s+2}$가 된다.

정답　04 ②　05 ③　06 ②

★☆☆

07 개루프 전달함수가 다음과 같을 때 폐루프 전달함수는?

$$G(s)=\frac{s+2}{s(s+1)}$$

① $\frac{s+2}{s^2+s}$

② $\frac{s+2}{s^2+2s+2}$

③ $\frac{s+2}{s^2+s+2}$

④ $\frac{s+2}{s^2+2s+4}$

해설 폐루프 전달함수를 $G'(s)$라 하면 $G'(s)=\frac{C}{R}=\frac{\sum 경로}{1-\sum 피드백}$이므로

$$G'(s)=\frac{G(s)}{1-(-G(s))}=\frac{G(s)}{1+G(s)}=\frac{\frac{s+2}{s(s+1)}}{1+\frac{s+2}{s(s+1)}}=\frac{s+2}{s^2+2s+2}$$

정답 07 ②

02 SECTION 단위계단 응답(인디셜 응답)의 특성치

1. 단위계단 응답(인디셜 응답)의 특성치

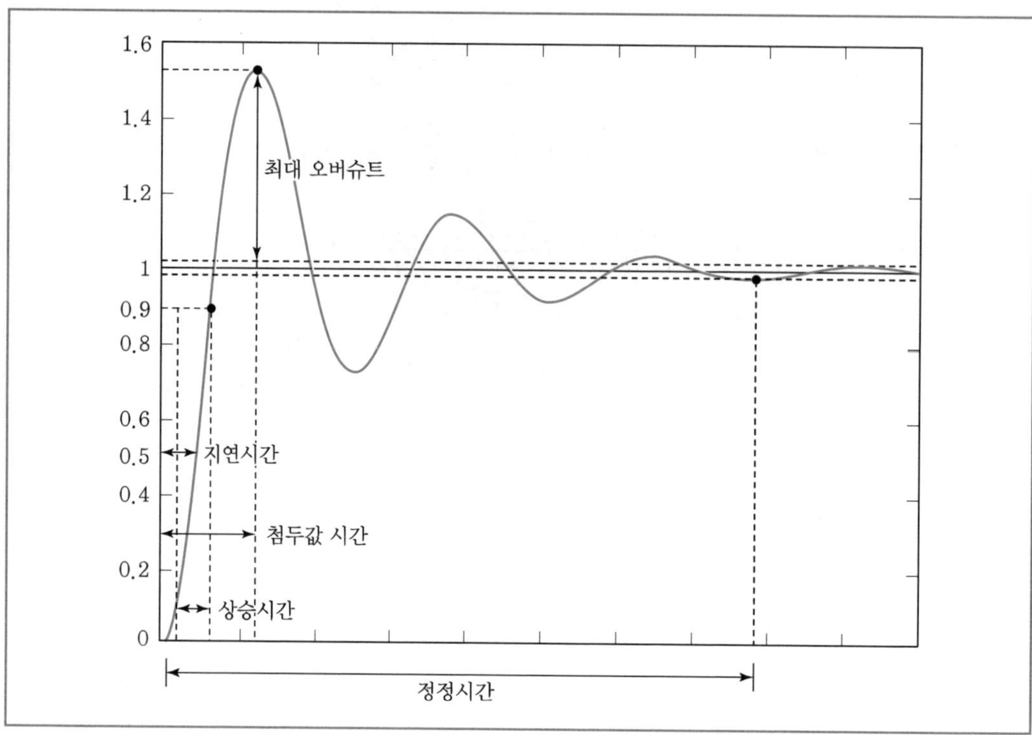

① 오버슈트 : 제어량의 목푯값을 초과하여 최초로 나타내는 값

$$\text{상대 오버슈트(\%오버슈트)} = \frac{\text{최대 오버슈트}}{\text{최종 희망값}} \times 100$$

② 지연시간 : 응답이 최종값(정상값)의 50[%]까지 도달하는데 요하는 시간

③ 상승시간(=입상시간) : 응답이 최종값의 10[%]에서 90[%]까지 도달하는데 요하는 시간

④ 정정시간(setting time) : 응답이 최종값의 허용범위가 ±5[%] 내에 안정되기까지 요하는 시간(T_s)

⑤ 제동비(감쇠비) : 과도응답이 소멸되는 정도를 나타내는 양

$$\text{제동비}(\delta) = \frac{\text{제2오버슈트}}{\text{최대 오버슈트}}$$

과년도 기출 및 예상문제

★☆☆

01 자동제어계의 과도응답에 관한 설명으로 틀린 것은?

① 지연시간은 응답이 최종값의 50[%]에 도달하는 시간이다.

② 정정시간은 응답의 최종값의 허용범위가 ±5[%] 내에 안정되기까지 요하는 시간이다.

③ 백분율(%) 오버슈트$=\dfrac{\text{최대오버슈트}}{\text{최종목표값}}\times 100$

④ 상승시간은 최종값의 10[%]에서 100[%]까지 도달하는 데 요하는 시간이다.

해설 상승시간(T_r) : 응답이 최종값의 10[%]에서 90[%]까지 도달하는 데 요하는 시간

★☆☆

02 지연시간이란 단위 계단 입력에 대하여 그 응답이 최종값의 몇 [%]에 도달하는 데 요하는 시간인가?

① 30 ② 50

③ 70 ④ 90

해설 지연시간 : 응답이 최종값(정상값)의 50[%] 진행되는데 요하는 시간

★★☆

03 응답이 최종값의 10[%]에서 90[%]까지 되는데 요하는 시간은?

① 상승시간(rise time) ② 지연시간(delay time)

③ 응답시간(response time) ④ 정정시간(settling time)

해설 상승시간(=입상 시간) : 응답이 희망값의 10[%]에서 90[%]까지 도달하는 데 요하는 시간

★★★

04 과도응답의 소멸되는 정도를 나타내는 감쇠비(decay ratio)는?

① 최대 오버슈트 / 제2오버슈트 ② 제3오버슈트 / 제2오버슈트

③ 제2오버슈트 / 최대 오버슈트 ④ 제2오버슈트 / 제3오버슈트

해설 감쇠비$=\dfrac{\text{제2오버슈트}}{\text{최대 오버슈트}}$

정답 01 ④ 02 ② 03 ① 04 ③

03 SECTION 과도 응답의 해설

1. 특성 방정식

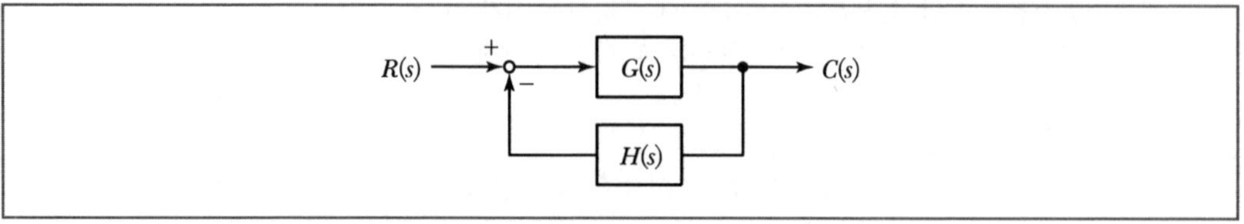

$$\text{전달함수} = \frac{C(s)}{R(s)} = \frac{G(s)}{1+G(s)H(s)}$$

① $1+G(s)H(s)=0$을 선형자동제어계의 특성 방정식이라 한다. 즉, 분모=0가 되는 값이다.

② 특성 방정식의 근을 알면 계의 안정, 불안정을 판별할 수 있다.

2. 특성 방정식의 근의 위치

(1) 극점 및 영점

① 극점 : 분모=0(×로 표시)

② 영점 : 분자=0(○로 표시)

(2) S 평면

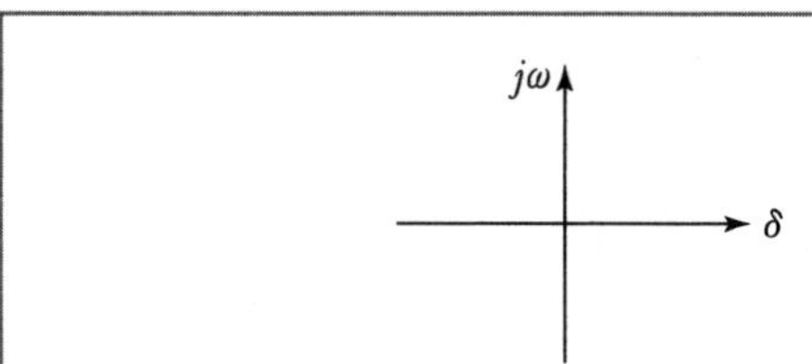

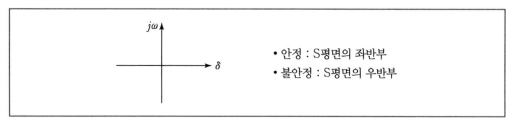

- 안정 : S평면의 좌반부
- 불안정 : S평면의 우반부

① 자동제어계가 안정하려면 특성 방정식의 근이 S평면의 좌반부에 존재해야 한다.

② 안정 : 반드시 e^{-at}가 있다.

$$F(s) = \frac{1}{s-(-a)} = \frac{1}{s+a} \qquad f(t) = \mathcal{L}^{-1}[F(s)] = e^{-at}$$

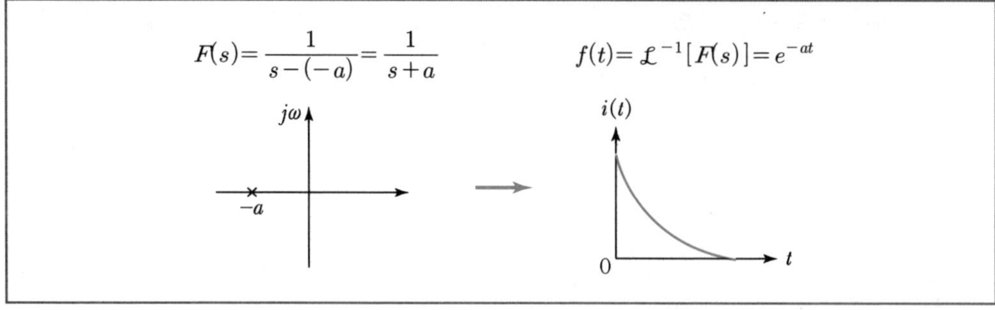

과년도 기출 및 예상문제

★☆☆

01 개루프 전달함수 $G(s)=\dfrac{s+2}{(s+1)(s+3)}$ 인 부환계의 특성 방정식은?

① $s^2+3s+2=0$ ② $s^2+4s+3=0$

③ $s^2+4s+6=0$ ④ $s^2+5s+5=0$

해설 • 폐루프 전달함수를 $G'(s)$라 하면 $G'(s)=\dfrac{C}{R}=\dfrac{\sum 경로}{1-\sum 피드백}$ 이므로

$$G'(s)=\frac{G(s)}{1-(-G(s))}=\frac{G(s)}{1+G(s)}=\frac{\frac{s+2}{(s+1)(s+3)}}{1+\frac{s+2}{(s+1)(s+3)}}=\frac{s+2}{(s+1)(s+3)+s+2}=\frac{s+2}{s^2+5s+5}$$

• 특성 방정식은 분모=0가 되는 값이다.

★☆☆

02 $G(s)=\dfrac{s+1}{s^2+2s-3}$ 의 특성 방정식의 근은 얼마인가?

① $-2,\ 3$ ② $1,\ -3$

③ $-1,\ 3$ ④ $2.\ -3$

해설 • 특성 방정식은 전달함수의 분모=0가 되는 값이다.

• $s^2+2s-3=0$를 인수분해하면 $(s-1)(s+3)=0$이므로, 근은 $s=1$ or -3

★☆☆

03 다음 전달함수 중에서 극점이 $-1\pm j2$, 영점이 -2인 점은?

① $\dfrac{s+2}{(s+1)^2+4}$ ② $\dfrac{s-2}{(s+1)^2+4}$

③ $\dfrac{s+2}{(s-1)^2+4}$ ④ $\dfrac{s-2}{(s-1)^2+4}$

해설 • 극점 : 분모=0(×로 표시), 영점 : 분자=0(○로 표시)

• 극점이 $s_1=-1+j2$, $s_2=-1-j2$이므로
특성 방정식은 $(s-(-1+j2))(s-(-1-j2))=(s+1-j2)(s+1+j2)=0$이다.
분모는 $(s+1-j2)(s+1+j2)=(s+1)^2-(j2)^2=(s+1)^2+4$

• 영점 $s=-2$ ∴ 분자 : $s+2$

• $G(s)=\dfrac{s+2}{(s+1-j2)(s+1+j2)}=\dfrac{s+2}{(s+1)^2+4}$

정답 01 ④ 02 ② 03 ①

★☆☆

04 다음 임펄스 응답 중 안정한 계는?

① $c(t)=1$　　② $c(t)=\cos wt$

③ $c(t)=e^{-t}\sin wt$　　④ $c(t)=2t$

해설 안정은 반드시 e^{-at}가 있다.

정답 04 ③

2차 지연 제어계의 과도응답

1. 2차 지연 제어계의 과도응답

$$전달함수=\frac{C(s)}{R(s)}=\frac{\omega_n^2}{s^2+2\delta\omega_n s+\omega_n^2}$$ ($\delta(\zeta)$: 감쇠비(제동비), ω_n : 고유각주파주(고유진동수))

(1) 특성 방정식 : $s^2+2\delta\omega_n s+\omega_n^2=0$

① $\delta>1$: 과제동(비진동)
② $\delta=1$: 임계진동
③ $0<\delta<1$: 감쇠진동(부족제동)
④ $\delta=0$: 무제동
⑤ $\delta<0$: 발산

(2) 응답형태

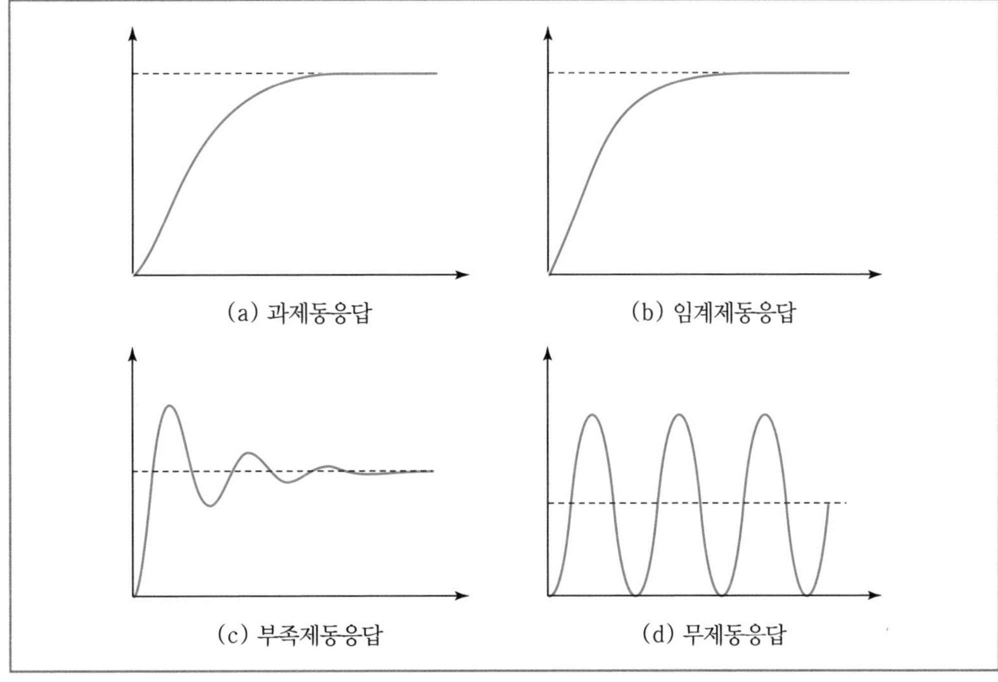

(a) 과제동응답
(b) 임계제동응답
(c) 부족제동응답
(d) 무제동응답

과년도 기출 및 예상문제

★☆☆

01 특성 방정식 $s^2+2\delta\omega_n s+\omega_n^2=0$에서 δ를 제동비라고 할 때 $\delta>1$인 경우는?

① 임계 진동 ② 무제동
③ 감쇠 진동 ④ 과제동

해설
- $\delta>1$: 과제동(비제동)
- $\delta=1$: 임계진동(제동)
- $0<\delta<1$: 감쇠진동(부족제동)
- $\delta=0$: 무제동
- $\delta<0$: 발산

★☆☆

02 제동계수 $\delta=0$이면 어떤 것인가?

① 임계 진 ② 강제 진동
③ 감쇠 진동 ④ 무제동

해설
- $\delta>1$: 과제동(비제동)
- $\delta=1$: 임계진동(제동)
- $0<\delta<1$: 감쇠진동(부족제동)
- $\delta=0$: 무제동
- $\delta<0$: 발산

★☆☆

03 전달함수가 $\dfrac{C(s)}{R(s)}=\dfrac{1}{3s^2+4s+1}$인 제어계는 다음 중 어느 경우인가?

① 과제동 ② 부족제동
③ 임계제동 ④ 무제동

해설
- 전달함수$=\dfrac{C(s)}{R(s)}=\dfrac{\omega_n^2}{s^2+2\delta\omega_n s+\omega_n^2}$로 만든다.
- $\dfrac{C(s)}{R(s)}=\dfrac{1}{3s^2+4s+1}\times\dfrac{\frac{1}{3}}{\frac{1}{3}}=\dfrac{1\times\frac{1}{3}}{(3s^2+4s+1)\frac{1}{3}}=\dfrac{\frac{1}{3}}{s^2+\frac{4}{3}s+\frac{1}{3}}$

정답 01 ④ 02 ④ 03 ①

• $\dfrac{\omega_n^2}{S^2+2\delta\omega_n S+\omega_n^2}=\dfrac{\frac{1}{3}}{S^2+\frac{4}{3}S+\frac{1}{3}}$ 에서

$-\omega_n^{\ 2}=\dfrac{1}{3}\quad\therefore\omega_n=\dfrac{1}{\sqrt{3}}$

$-2\delta\omega_n=\dfrac{4}{3}$ 에서 $2\delta\dfrac{1}{\sqrt{3}}=\dfrac{4}{3}$

$\therefore\delta=\dfrac{4\times\sqrt{3}}{2\times 3}=1.15$ 이므로 $\delta>1$인 과제동(비제동)이다.

★☆☆

04 제어시스템의 전달함수가 $T(s)=\dfrac{1}{4s^2+s+1}$과 같이 표현될 때 이 시스템의 고유주파수(w_n[rad/s])와 감쇠율(δ)은?

① $w_n=0.25,\ \delta=1.0$
② $w_n=0.5,\ \delta=0.25$
③ $w_n=0.5,\ \delta=0.5$
④ $w_n=1.0,\ \delta=0.5$

해설 • 전달함수$=\dfrac{C(s)}{R(s)}=\dfrac{\omega_n^2}{S^2+2\delta\omega_n S+\omega_n^2}$로 만든다.

• $\dfrac{C(s)}{R(s)}=\dfrac{1}{4s^2+s+1}\times\dfrac{\frac{1}{4}}{\frac{1}{4}}=\dfrac{1\times\frac{1}{4}}{(4s^2+s+1)\frac{1}{4}}=\dfrac{\frac{1}{4}}{s^2+\frac{1}{4}s+\frac{1}{4}}$

• $\dfrac{\omega_n^2}{S^2+2\delta\omega_n S+\omega_n^2}=\dfrac{\frac{1}{4}}{S^2+\frac{1}{4}S+\frac{1}{4}}$ 에서

$-\omega_n^{\ 2}=\dfrac{1}{4}\quad\therefore\omega_n=\dfrac{1}{\sqrt{4}}=\dfrac{1}{2}=0.5$

$-2\delta\omega_n=\dfrac{1}{4}$ 에서 $2\delta\dfrac{1}{2}=\dfrac{1}{4}$

$\therefore\delta=\dfrac{1}{4}=0.25$

정답	04 ②

형에 의한 피드백계의 분류

1. ℓ 형 제어계(0형, 1형, 2형)

(1) 피드백계의 전달함수

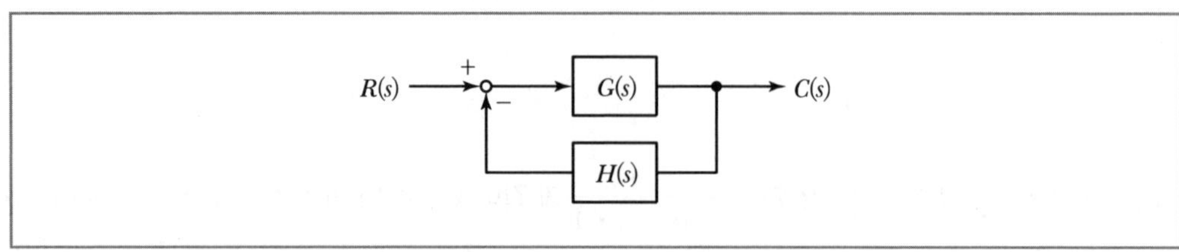

$$\text{전달함수} = \frac{C(s)}{R(s)} = \frac{G(s)}{1+G(s)H(s)}$$

피드백계의 전달함수에서 a개의 영점과 b개의 극점이 원점에 있다면

$$G(s)H(s) = \frac{Ks^a(s+Z_1)(s+Z_2)\cdots(s+Z_m)}{s^b(s+P_1)(s+P_2)\cdots(s+P_n)} = \frac{K(s+Z_1)(s+Z_2)\cdots(s+Z_{m-a})}{s^\ell(s+P_1)(s+P_2)\cdots(s+P_{n-b-\ell})}$$

항상 $b \geq a$ 인 시스템만 성립하며 $\ell = b-a$ (a : 영점의 수, b : 극점의 수)을 ℓ형 제어계라 부른다.

(2) 0형, 1형, 2형

$$\lim_{s \to 0} G(s)H(s) = \frac{K}{s^\ell}$$

① 0형의 제어시스템 : $\ell = 0$인 제어시스템
② 1형의 제어시스템 : $\ell = 1$인 제어시스템
③ 2형의 제어시스템 : $\ell = 2$인 제어시스템

과년도 기출 및 예상문제

★☆☆

01 다음 중 $G(s)H(s)=\dfrac{K}{Ts+1}$일 때 이 계통은 어떤 형인가?

① 3형
② 2형
③ 1형
④ 0형

해설 $G(s)H(s)=\dfrac{K}{Ts+1}=\dfrac{s^0K}{s^0(Ts+1)}=\dfrac{s^aK}{s^b(Ts+1)}=\dfrac{K}{s^{b-a}(Ts+1)}=\dfrac{K}{s^\ell(Ts+1)}=\dfrac{K}{s^0(Ts+1)}$

분모의 $s^\ell=s^0$이므로, 0형 제어계이다.

★★☆

02 그림과 같은 블록선도로 표시되는 제어계는 무슨 형인가?

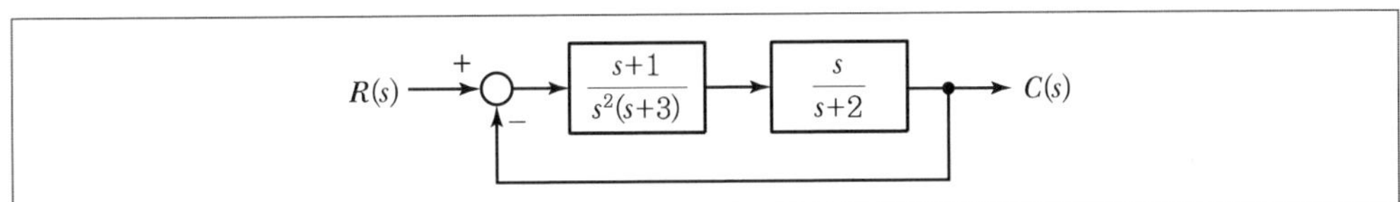

① 0형
② 1형
③ 2형
④ 3형

해설 $G(s)H(s)=\dfrac{(s+1)}{s(s+3)(s+2)}=\dfrac{(s+1)}{s^1(s+3)(s+2)}$이므로 분모의 $s^\ell=s^1$이므로 1형 제어계이다.

★☆☆

03 그림과 같은 블록선도로 표시되는 제어계는 무슨 형인가?

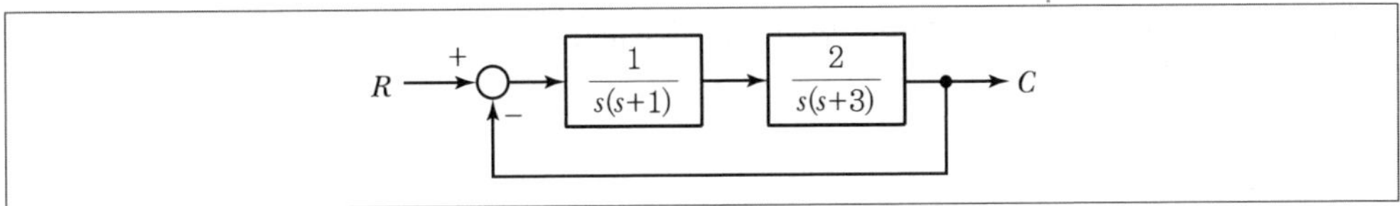

① 0형
② 1형
③ 2형
④ 3형

해설 $G(s)H(s)=\dfrac{2}{s^2(s+1)(s+3)}$이므로 분모의 $s^\ell=s^2$이므로 2형 제어계이다.

정답	01 ④ 02 ② 03 ③

06 SECTION 편차와 감도

1. 정상편차(e_{ss}) 입력

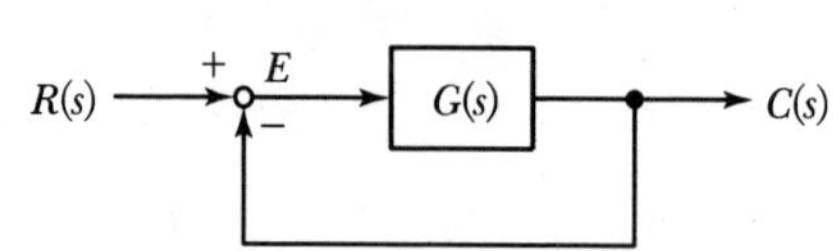

$$e_{ss} = \lim_{s \to 0} s\,E(s) = \lim_{s \to 0} s \frac{R(s)}{1+G(s)}$$

참고 정상편차(e_{ss}) 유도식

① $E(s) = R(s) - C(s)$

$C(s) = E(s)\,G(s)$

② $E(s) = R(s) - C(s) = R(s) - E(s)\,G(s)$

$E(s) + E(s)\,G(s) = R(s)$

$E(s)(1+G(s)) = R(s)$

$\therefore E(s) = \dfrac{R(s)}{1+G(s)}$

③ $e_{ss} = \lim_{s \to 0} s\,E(s) = \lim_{s \to 0} s \dfrac{R(s)}{1+G(s)}$

① 단위계단 입력 : $R(s) = \mathcal{L}\,[u(t)] = \dfrac{1}{s}$

② 단위램프(정상 속도) 입력 : $R(s) = \mathcal{L}\,[tu(t)] = \dfrac{1}{s^2}$

③ 단위 포물선(정상 가속도) 입력 : $R(s) = \mathcal{L}\left[\dfrac{1}{2}t^2 u(t)\right] = \dfrac{1}{s^3}$

2. 입력에 따라 정상위치 편차, 정상속도 편차, 정상가속도 편차

① 정상위치 편차 : 입력이 단위계단 $u(t)$일 때 $R(s)=\mathcal{L}[\mathrm{u(t)}]=\dfrac{1}{s}$

$$e_{ss}=\lim_{s\to 0}s\frac{R(s)}{1+G(s)}=\lim_{s\to 0}s\frac{\frac{1}{s}}{1+G(s)}=\lim_{s\to 0}\frac{1}{1+G(s)}=\frac{1}{1+\lim\limits_{s\to 0}G(s)}=\frac{1}{1+K_P}$$

(K_P : 위치편차 상수)

② 정상속도 편차 : 입력이 단위속도 $tu(t)$일 때 $R(s)=\mathcal{L}[tu(t)]=\dfrac{1}{s^2}$

$$e_{ss}=\lim_{s\to 0}s\frac{R(s)}{1+G(s)}=\lim_{s\to 0}s\frac{\frac{1}{s^2}}{1+G(s)}=\lim_{s\to 0}\frac{1}{s(1+G(s))}=\lim_{s\to 0}\frac{1}{s+s\,G(s)}=\frac{1}{\lim\limits_{s\to 0}s\,G(s)}=\frac{1}{K_v}$$

(K_v : 속도편차 상수)

③ 정상가속도 편차 : 입력이 가속도 $\dfrac{1}{2}t^2u(t)$일 때 $R(s)=\dfrac{1}{S^3}$

$$e_{ss}=\lim_{s\to 0}s\frac{R(s)}{1+G(s)}=\lim_{s\to 0}s\frac{\frac{1}{s^3}}{1+G(s)}=\lim_{s\to 0}\frac{1}{s^2(1+G(s))}$$

$$=\lim_{s\to 0}\frac{1}{s^2+s^2G(s)}=\frac{1}{\lim\limits_{s\to 0}s^2G(s)}=\frac{1}{K_a}$$ (K_a : 가속도편차 상수)

3. 감도

루프 전달함수 $T=\dfrac{C}{R}$에 대한 감도 S_K^T

$$S_K^T=\frac{K}{T}\cdot\frac{d}{dK}T$$

※ $\dfrac{d}{ds}\dfrac{f(s)}{g(s)}=\dfrac{f'(x)g(x)-f(x)g'(x)}{\{g(x)\}^2}$

과년도 기출 및 예상문제

★☆☆

01 단위 피드백 제어계에서 개루프 전달함수 $G(s)$가 다음과 같이 주어지는 계의 단위 계단 입력에 대한 정상 편차는?

$$G(s) = \frac{6}{(s+1)(s+3)}$$

① $\frac{1}{2}$ ② $\frac{1}{3}$

③ $\frac{1}{4}$ ④ $\frac{1}{6}$

해설 $e_{ss} = \lim_{s \to 0} s \frac{R(s)}{1+G(s)}$에서 입력이 딘위계딘 입력이 $R(s) - \frac{1}{s}$이므로

$$e_{ss} = \lim_{s \to 0} s \frac{R(s)}{1+G(s)} = \lim_{s \to 0} s \frac{\frac{1}{s}}{1+G(s)} = \frac{1}{\lim_{s \to 0}(1+G(s))} = \frac{1}{\lim_{s \to 0}\left(1+\frac{6}{(s+1)(s+3)}\right)} = \frac{1}{1+2} = \frac{1}{3}$$

★☆☆

02 단위 피드백 제어계에서 개루프 전달함수 $G(s)$가 다음과 같이 주어지는 계의 단위 계단 입력에 대한 정상 편차는?

$$G(s) = \frac{5}{s(s+1)(s+2)}$$

① 0 ② 1

③ 2 ④ 3

해설 $e_{ss} = \lim_{s \to 0} s \frac{R(s)}{1+G(s)}$에서 입력이 단위계단 입력이 $R(s) = \frac{1}{s}$이므로

$$e_{ss} = \lim_{s \to 0} s \frac{R(s)}{1+G(s)} = \lim_{s \to 0} s \frac{\frac{1}{s}}{1+G(s)} = \frac{1}{\lim_{s \to 0}(1+G(s))}$$

$$= \frac{1}{\lim_{s \to 0}\left(1+\frac{5}{s(s+1)(s+2)}\right)} = \frac{1}{1+\frac{5}{0}} = \frac{1}{1+\infty} = 0$$

정답 | 01 ② 02 ①

★☆☆

03 그림과 같은 블록선도의 제어시스템에 단위 계단 함수가 입력되었을 때 정상상태 오차가 0.01이 되는 a의 값은?

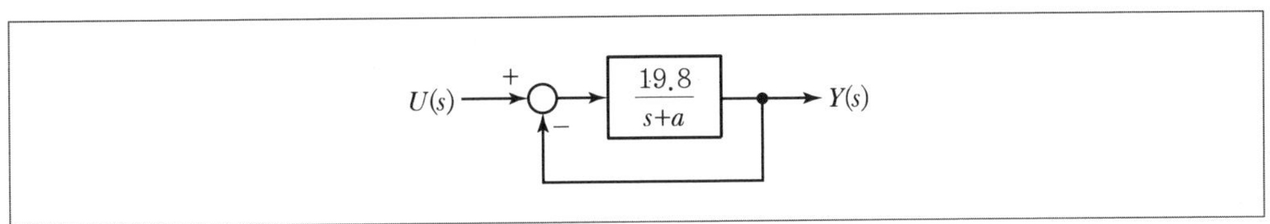

① 0.2　　② 0.6

③ 0.8　　④ 1.0

해설 • $e_{ss} = \lim_{s \to 0} s \frac{U(s)}{1+G(s)}$ 에서 입력이 단위계단 입력이 $U(s) = \frac{1}{s}$ 이므로

$$e_{ss} = \lim_{s \to 0} s \frac{U(s)}{1+G(s)} = \lim_{s \to 0} s \frac{\frac{1}{s}}{1+G(s)} = \frac{1}{\lim_{s \to 0}(1+G(s))} = \frac{1}{\lim_{s \to 0}(1+\frac{19.8}{s+a})} = \frac{1}{1+\frac{19.8}{a}}$$

• $e_{ss} = \frac{1}{1+\frac{19.8}{a}}$

$$0.01 = \frac{1}{1+\frac{19.8}{a}}$$

$\therefore a = 0.2$

★☆☆

04 제어시스템의 정상상태 오차에서 포물선 함수 입력에 의한 정상상태 오차를 $K_s = \lim_{s \to 0} s^2 G(s) H(s)$로 표현된다. 이때 K_s를 무엇이라고 부르는가?

① 위치오차 상수　　② 속도오차 상수

③ 가속도오차 상수　　④ 평면오차 상수

해설 • 위치편차 상수 $K_p = \lim_{s \to 0} G(s)$

• 속도편차 상수 $K_v = \lim_{s \to 0} s G(s)$

• 가속도편차 상수 $K_a = \lim_{s \to 0} s^2 G(s)$

정답 03 ① 04 ③

★★★

05 그림과 같은 제어계에서 단위 계단 외란 D가 인가되었을 때의 정상편차는?

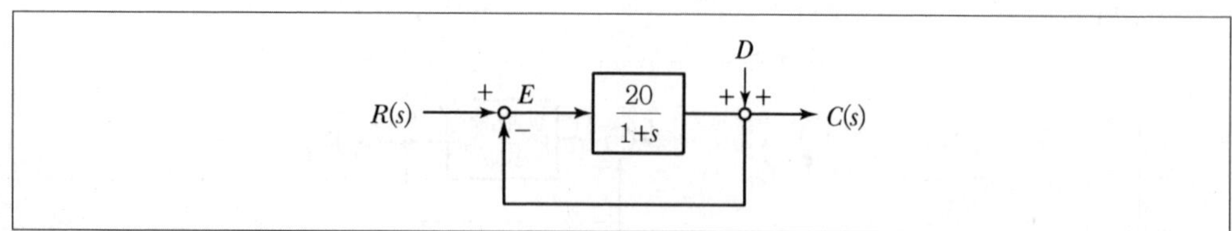

① 20　　② 21

③ $\frac{1}{20}$　　④ $\frac{1}{21}$

해설 • $R(s)=0$, 단위 계단 외란이므로 $D(s)=\frac{1}{s}$이라면

$$E(s)=-\frac{20}{1+s}E(s)+D(s)$$

$$E(s)\left(1+\frac{20}{1+s}\right)=D(s)$$

$$E(s)=\frac{1}{1+\frac{20}{1+s}}D(s)=\frac{1}{1+\frac{20}{1+s}}\frac{1}{s}=\frac{\frac{1}{s}}{1+\frac{20}{1+s}}$$

• $$e_{ss}=\lim_{s\to 0}sE(s)=\lim_{s\to 0}s\frac{\frac{1}{s}}{1+\frac{20}{1+s}}=\lim_{s\to 0}\frac{1}{1+\frac{20}{1+s}}=\frac{1}{21}$$

★☆☆

06 그림과 같은 제어계에서 단위 계단 외란 D가 인가되었을 때의 정상편차는?

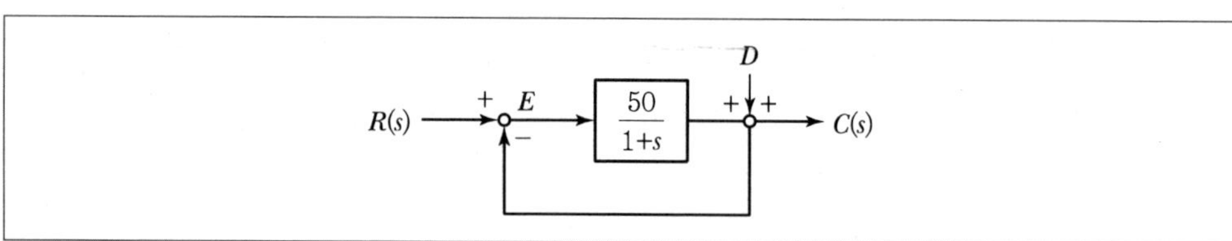

① 20　　② 21

③ $\frac{1}{50}$　　④ $\frac{1}{51}$

정답 05 ④ 06 ④

해설 • $R(s)=0,\ D(s)=\frac{1}{s}$ 이라면

$$E(s)=-\frac{50}{1+s}E(s)+D(s)$$

$$E(s)\left(1+\frac{50}{1+s}\right)=D(s)$$

$$E(s)=\frac{1}{1+\frac{50}{1+s}}D(s)=\frac{1}{1+\frac{50}{1+s}}\frac{1}{s}=\frac{\frac{1}{s}}{1+\frac{50}{1+s}}$$

• $e_{ss}=\lim_{s\to 0}sE(s)=\lim_{s\to 0}s\frac{\frac{1}{s}}{1+\frac{50}{1+s}}=\lim_{s\to 0}\frac{1}{1+\frac{50}{1+s}}=\frac{1}{51}$

★☆☆

07 그림과 같은 폐루프 전달함수 $T=\frac{C}{R}$에서 H에 대한 감도 S_H^T는?

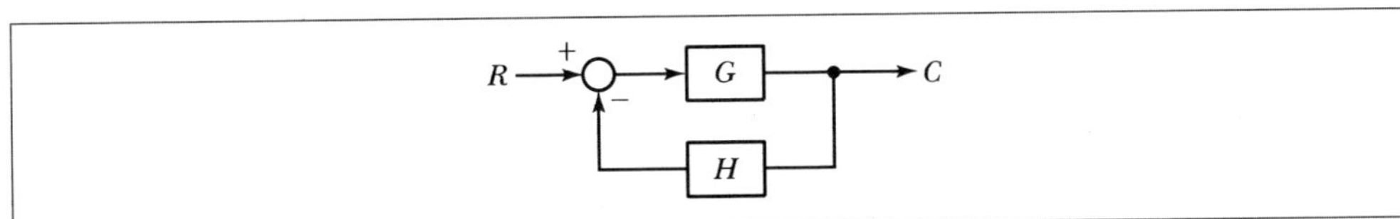

① $\frac{GH}{1+GH}$

② $\frac{-GH}{1+GH}$

③ $\frac{GH}{(1-GH)^2}$

④ $\frac{-GH}{(1+GH)^2}$

해설 • 전달함수 $T=\frac{G}{1+GH}$

• $S_H^T=\frac{H}{T}\frac{d}{dH}T=\frac{H}{\frac{G}{1+GH}}\frac{d}{dH}\left(\frac{G}{1+GH}\right)=\frac{H(1+GH)}{G}\frac{G'(1+GH)-G(1+GH)'}{(1+GH)^2}$

$=\frac{H(1+GH)}{G}\frac{-G^2}{(1+GH)^2}=\frac{-GH}{1+GH}$

※ $\frac{d}{ds}\frac{f(s)}{g(s)}=\frac{f'(x)g(x)-f(x)g'(x)}{\{g(x)\}^2}$

정답 07 ②

★☆☆

08 다음 그림의 보안 계통에서 입력 변환기 K_1에 대한 전달함수 $T=\frac{C}{R}$의 감도 $S_{K_1}^T$는 얼마인가?

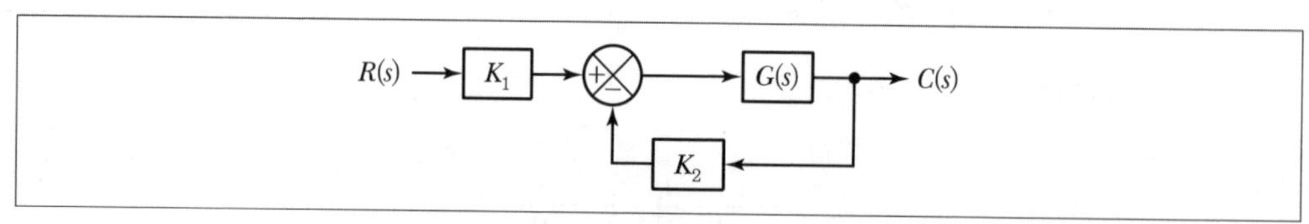

① -1

② 0

③ 0.5

④ 1

해설 • 전달함수 $T=\frac{K_1 G}{1+GK_2}$

• $S_{K_1}^T=\frac{K_1}{T}\frac{d}{dK_1}T=\frac{K_1}{\frac{K_1 G}{1+GK_2}}\frac{d}{dK_1}\left(\frac{K_1 G}{1+GK_2}\right)=\frac{1+GK_2}{G}\frac{(K_1 G)'(1+GK_2)-K_1 G(1+GK_2)'}{(1+GK_2)^2}$

$=\frac{1+GK_2}{G}\frac{G(1+GK_2)-0}{(1+GK_2)^2}=\frac{1+GK_2}{G}\frac{G(1+GK_2)}{(1+GK_2)^2}=\frac{1+GK_2}{1+GK_2}=1$

※ $\frac{d}{ds}\frac{f(s)}{g(s)}=\frac{f'(x)g(x)-f(x)g'(x)}{\{g(x)\}^2}$

★☆☆

09 그림의 블록선도에서 K에 대한 폐루프 전달함수 $T=\frac{C(s)}{R(s)}$의 감도 S_K^T는?

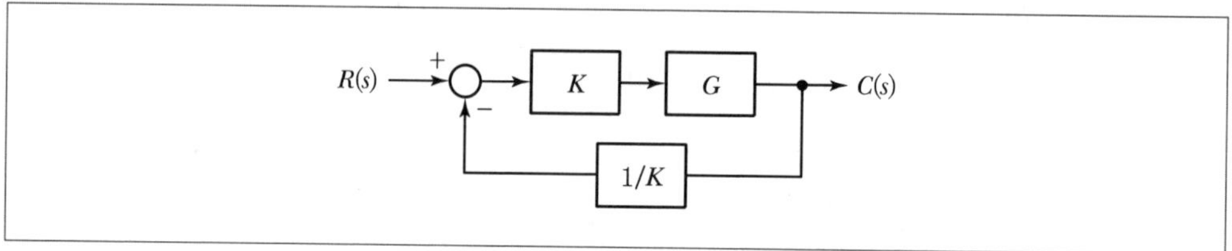

① -1

② 0

③ 0.5

④ 1

해설 • 전달함수 $T=\frac{C(s)}{R(s)}=\frac{KG}{1+G}$

• $S_K^T=\frac{K}{T}\frac{dT}{dK}=\frac{K}{\frac{KG}{1+G}}\frac{d}{dK}\left(\frac{KG}{1+G}\right)=\frac{1+G}{G}\frac{d}{dK}\left(\frac{KG}{1+G}\right)$

$S_K^T=\frac{K}{T}\frac{dT}{dK}=\frac{K}{\frac{KG}{1+G}}\frac{d}{dK}\left(\frac{KG}{1+G}\right)=\frac{1+G}{G}\frac{G(1+G)-0}{(1+G)^2}=1$

※ $\frac{d}{ds}\frac{f(s)}{g(s)}=\frac{f'(x)g(x)-f(x)g'(x)}{\{g(x)\}^2}$

정답 08 ④ 09 ④

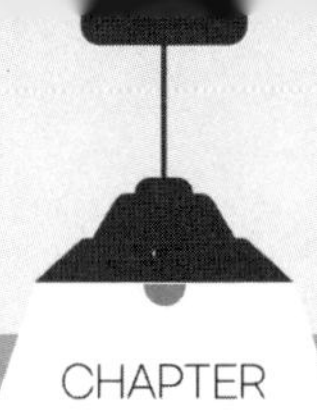

CHAPTER 05 주파수 응답

01 SECTION 주파수 응답

1. 주파수 응답

주파수 응답법은 임의의 제어계 $G(s)$에 일정한 정현파 신호를 가할 때 입력 정현파의 주파수 변화에 따라 출력의 진폭은 $|G(j\omega)|$배가 되고 위상은 $\angle G(j\omega)$ 만큼 벗어나는 변화를 주파수 응답이라 한다.

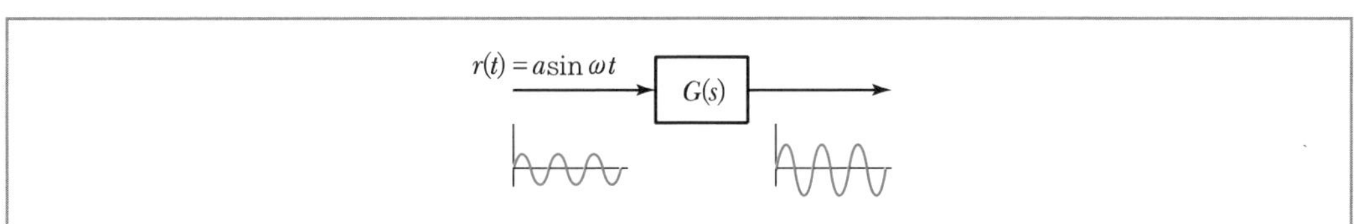

① 주파수의 응답에 필요한 입력 : 정현파 입력

② 주파수 특성을 나타내는 방법 : 나이퀴스트 선도(벡타궤적), 보드선도

2. 나이퀴스트 선도(벡타궤적)

(1) 나이퀴스트 선도

ω가 0에서 ∞까지 변했을 때의 $G(j\omega)$의 크기가 위상각의 변화를 극좌표에 그린 것

(2) 나이퀴스트 선도 그리는 방법

① $\lim\limits_{\omega \to 0}|G(j\omega)|$, $\lim\limits_{\omega \to 0}\angle G(j\omega)$일 때 크기가 위상각을 찾는다.

② $\lim\limits_{\omega \to \infty}|G(j\omega)|$, $\lim\limits_{\omega \to \infty}\angle G(j\omega)$일 때 크기가 위상각을 찾는다.

(3) (~에 대해) 개략적으로 알 수 있는 방법(주어가 빠짐 확인필요)

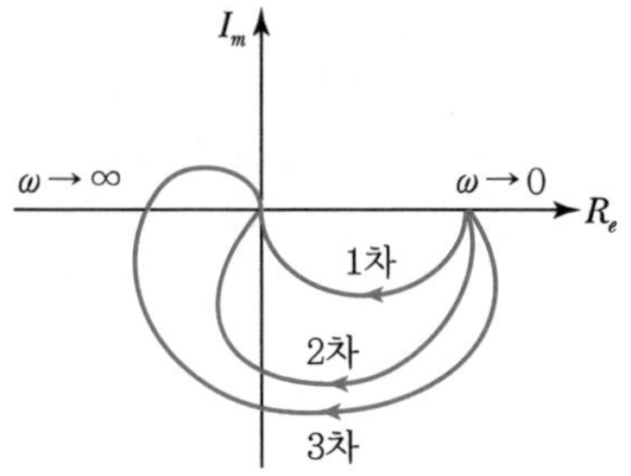	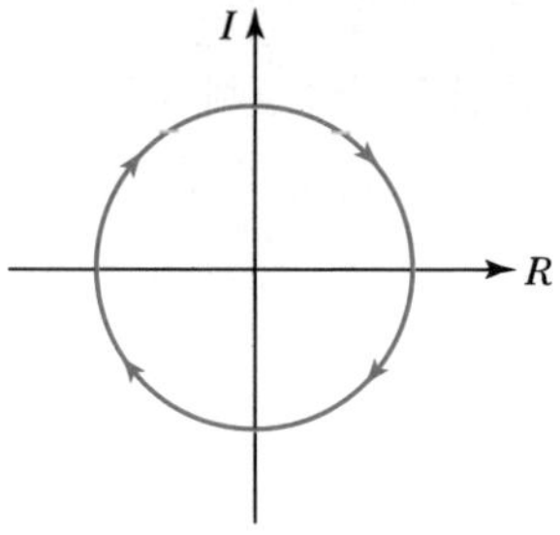
$\angle 1 = 0[°]$	$\angle 1 = 0[°]$
$\angle \dfrac{K}{j} = -90[°]$	$\angle Kj = 90[°]$
$\angle \dfrac{K}{j^2} = -180[°]$	$\angle Kj^2 = 180[°]$
$\angle \dfrac{K}{j^3} = -270[°]$	$\angle Kj^3 = 270[°]$

3. 벡터 궤적

n차 지연 제어계의 벡터 궤적	부동작 시간요소의 벡터 궤적
I_m, R_e, $\omega \to \infty$, $\omega \to 0$, 1차, 2차, 3차	I, R

과년도 기출 및 예상문제

★★☆
01 w가 0에서 ∞까지 변화하였을 때 $G(jw)$의 크기와 위상각을 극좌표에 그린 것으로 이 궤적을 표시하는 선도는?

① 근궤적도 ② 나이퀴스트 선도
③ 니콜스 선도 ④ 보드 선도

해설 나이퀴스트 선도(벡터궤적) : w가 0에서 ∞까지 변화하였을 때 $G(jw)$의 크기와 위상각을 복소평면 상에 그린 것

★☆☆
02 $G(j\omega)=\dfrac{1}{1+j2T}$이고 $T=2[\sec]$일 때 크기 $|G(j\omega)|$와 위상 $\underline{/G(j\omega)}$는 각각 얼마인가?

① 0.44, $-36[°]$ ② 0.44, $36[°]$
③ 0.24, $-76[°]$ ④ 0.24, $76[°]$

해설 $G(j\omega)=\dfrac{1}{1+j2\times2}$ 이므로

$G(j\omega)=\dfrac{1}{1+4j}=0.24\angle-76[°]$

따라서 $|G(j\omega)|=0.24$, $\theta=\underline{/G(j\omega)}=-76[°]$

★☆☆
03 1차 지연요소의 벡터 궤적은?

①
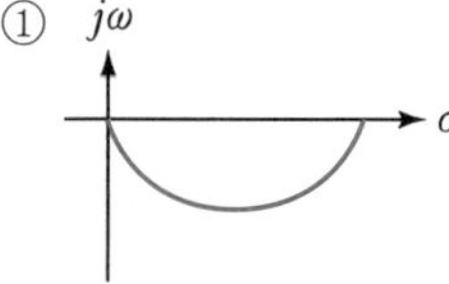

②
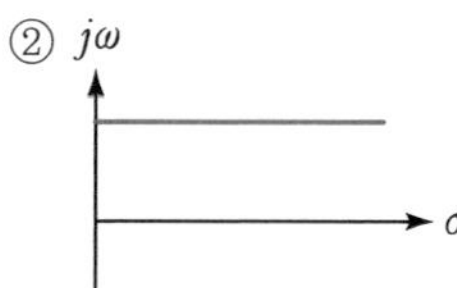

③
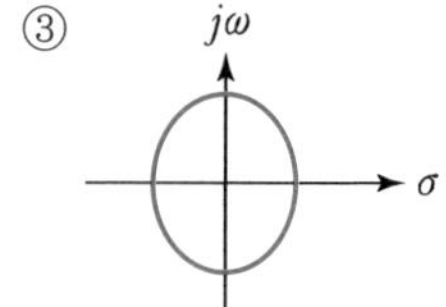

④
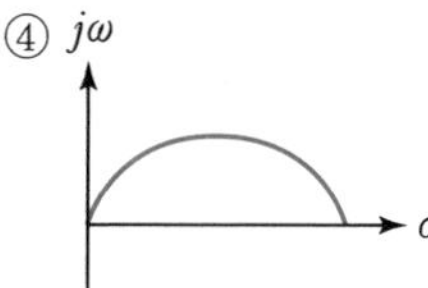

정답 01 ② 02 ③ 03 ①

해설 **1차 지연요소의 전달함수** $G(s)=\dfrac{1}{1+Ts}=\dfrac{1}{1+j\omega T}$

- $\lim\limits_{\omega\to 0}|G(j\omega)|=\lim\limits_{\omega\to 0}\left|\dfrac{1}{1+j\omega T}\right|=\dfrac{1}{1+0}=1$

  $\lim\limits_{\omega\to 0}\angle G(j\omega)=\lim\limits_{\omega\to 0}\angle\left|\dfrac{1}{1+j\omega T}\right|=\lim\limits_{\omega\to 0}\angle 1=0[°]$

- $\lim\limits_{\omega\to \infty}|G(j\omega)|=\lim\limits_{\omega\to \infty}\left|\dfrac{1}{1+j\omega T}\right|=\lim\limits_{\omega\to \infty}\left|\dfrac{1}{j\omega T}\right|=0$

  $\lim\limits_{\omega\to \infty}\angle G(j\omega)=\lim\limits_{\omega\to \infty}\angle\dfrac{1}{j\omega T}=-90[°]$

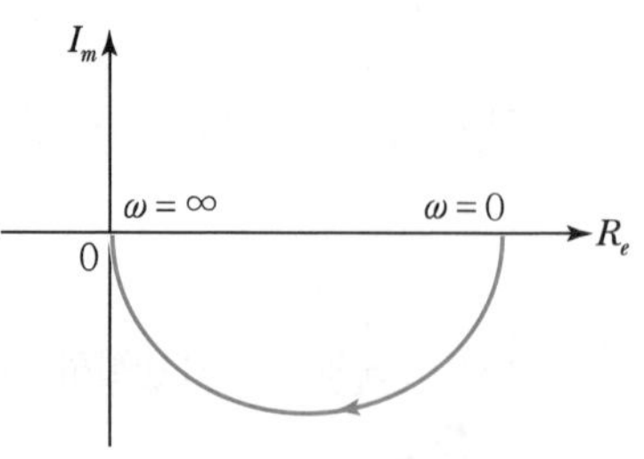

[4사분면의 반원]

★★★
04 $G(s)=\dfrac{K}{s(s+1)}$ 의 나이퀴스트 선도는? (단, $K>0$이다.)

①
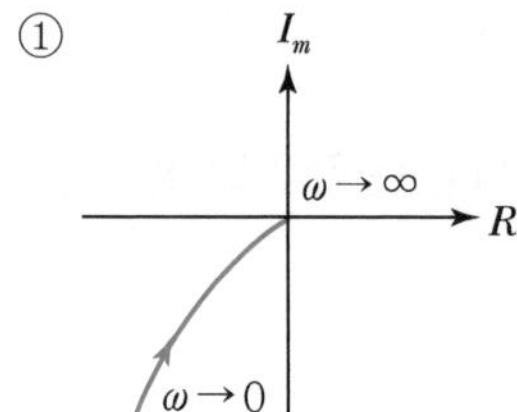

②
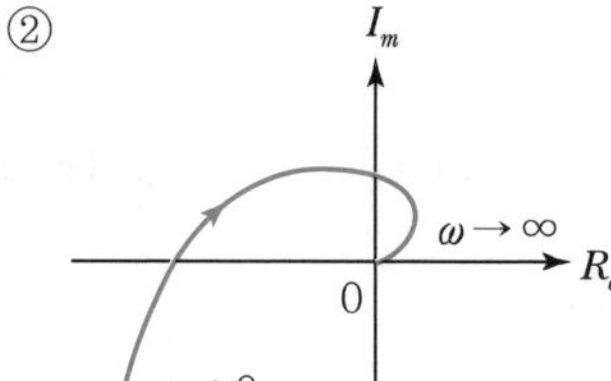

③
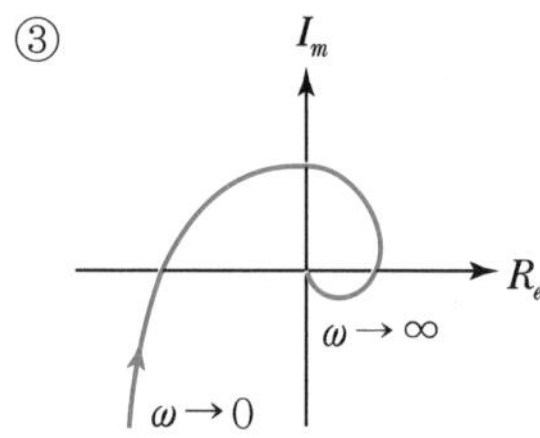

④
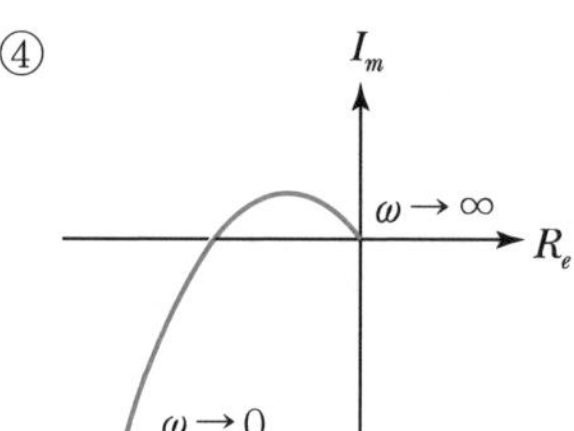

해설 **전달함수** $g(j\omega)=\dfrac{K}{j\omega(1+j\omega T)}$

- $\lim\limits_{\omega\to 0}|G(j\omega)|=\lim\limits_{\omega\to 0}\left|\dfrac{K}{j\omega(1+j\omega T)}\right|=\lim\limits_{\omega\to 0}\left|\dfrac{K}{j\omega}\right|=\infty$

  $\lim\limits_{\omega\to 0}\underline{/G(j\omega)}=\lim\limits_{\omega\to 0}\angle\dfrac{K}{j\omega(1+j\omega T)}=\lim\limits_{\omega\to 0}\angle\dfrac{K}{j\omega}=-90[°]$

- $\lim\limits_{\omega\to \infty}|G(j\omega)|=\lim\limits_{\omega\to \infty}\left|\dfrac{K}{j\omega(1+j\omega T)}\right|=\lim\limits_{\omega\to \infty}\left|\dfrac{K}{(j\omega)^2 T}\right|=0$

  $\lim\limits_{\omega\to \infty}\underline{/G(j\omega)}=\lim\limits_{\omega\to \infty}\angle\dfrac{K}{j\omega(1+j\omega T)}=\lim\limits_{\omega\to \infty}\angle\dfrac{K}{(j\omega)^2 T}=-180[°]$

정답	04 ①

★☆☆

05 벡터 궤적이 그림과 같이 표시되는 요소는?

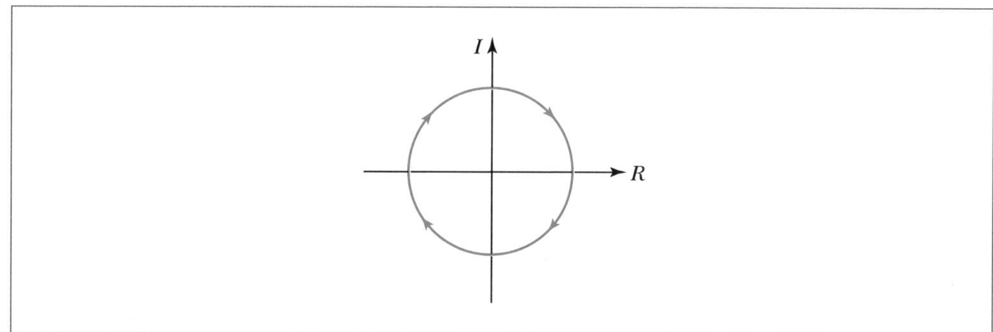

① 비례요소 ② 1차 지연요소
③ 부동작 시간요소 ④ 2차 지연요소

해설 $G(j\omega)=e^{-j\omega L}=\cos\omega L-j\sin\omega L$

$|G(j\omega)|=\sqrt{(\cos\omega L)^2+(\sin\omega L)^2}=1$

∴ 반지름이 1인 원

★★☆

06 그림과 같은 벡터 궤적을 갖는 계의 주파수 전달함수는?

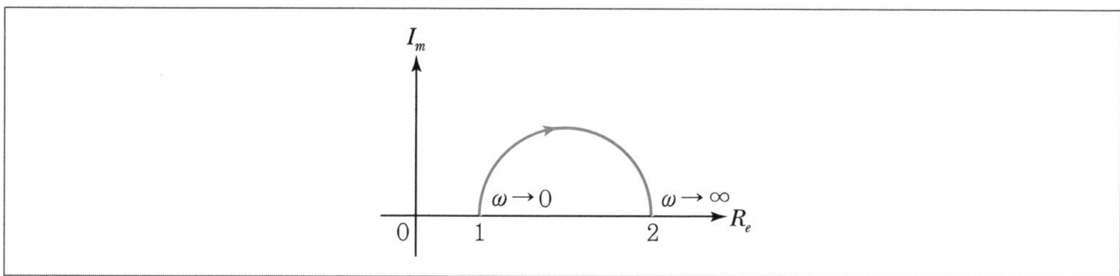

① $\dfrac{1}{j\omega+1}$ ② $\dfrac{1}{j2\omega+1}$

③ $\dfrac{j\omega+1}{j2\omega+1}$ ④ $\dfrac{j2\omega+1}{j\omega+1}$

해설 $G(j\omega)=\dfrac{j2\omega+1}{j\omega+1}$ 에서

- $\omega=0$ 일 때 $G(j\omega)=\dfrac{j2\omega+1}{j\omega+1}=\dfrac{j2\times0+1}{j\times0+1}=1$
- $\omega=\infty$ 일 때 $G(j\omega)=\dfrac{j2\omega+1}{j\omega+1}=\dfrac{j\omega\left(2+\dfrac{1}{j\omega}\right)}{j\omega\left(1+\dfrac{1}{j\omega}\right)}=\dfrac{2+\dfrac{1}{j\omega}}{1+\dfrac{1}{j\omega}}=\dfrac{2+\dfrac{1}{\infty}}{1+\dfrac{1}{\infty}}=2$

∴ $G(j\omega)=\dfrac{j2\omega+1}{j\omega+1}$

정답 05 ③ 06 ④

02 SECTION 보드선도

1. 보드선도의 정의

(1) 보드선도의 가로축 및 세로축

① 가로축은 주파수 ω, 세로축은 주파수에 대한 이득[dB]로 표시

② 이득 : 입력의 크기에 대한 출력의 크기비로 $(g) = 20\log|G(j\omega)|$ [dB]로 표시

1차 앞선 요소 $G(j\omega)=1+j\omega T$의 보드선도 예

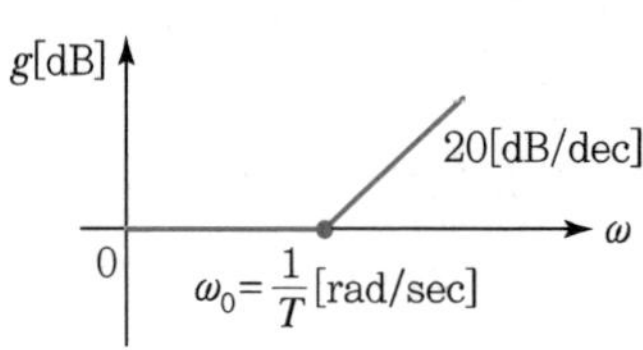

- $g = 20\log|G(j\omega)| = 20\log|1+j\omega T|$

① $\omega T \ll 1$

$g = 20\log|1+j0| = 20\log|1| = 0$

② $\omega T \gg 1$

$g = 20\log|1+j\omega T| = 20\log|\omega T|$

– 기울기 20[dB/dec]를 갖는 직선

– $\omega = \frac{1}{T}$: 절점 주파수

(2) 직류 · 교류 이득과 위상차

① 직류 이득$(g) = G(s)$ [dB] $(s=0)$

② 교류 이득$(g) = 20\log|G(j\omega)|$ [dB]

③ 위상각$(\theta) = \angle G(j\omega)$

2. 절점(각) 주파수(ω_0)

$$G(j\omega) = \alpha + j\omega\beta \text{ 또는 } G(j\omega) = \frac{K}{\alpha + j\omega\beta}$$

① 허수 = 실수

② $\omega\beta = \alpha$에서 $\omega = \frac{\alpha}{\beta}$ [rad/s]을 절점 주파수라 한다.

과년도 기출 및 예상문제

★☆☆

01 $G(j\omega) = K(j\omega)^2$인 보드 선도의 기울기는 몇 [dB/sec]인가?

① -40　　② 20
③ 40　　④ -20

해설 이득 공식 $g = 20\log|G(j\omega)|$에서

- $g = 20\log|G(j\omega)| = 20\log|K(j\omega)^2| = 20\log K\omega^2 = 20\log K + 20\log\omega^2 = 20\log K + 40\log\omega$
  ω값에 따라 g 값이 변하므로, 경사(기울기) : 40[dB/sec]
- 위상각 : $\theta = \angle G(j\omega) = \angle K(j\omega)^2 = 180[°]$

★☆☆

02 $G(j\omega) = K(j\omega)^3$인 보드 선도는?

① 경사 : -60[dB/dec], 위상각 : 90[°]
② 경사 : 60[dB/dec], 위상각 : -90[°]
③ 경사 : -60[dB/dec], 위상각 : -270[°]
④ 경사 : 60[dB/dec], 위상각 : 270[°]

해설 • 이득 $g = 20\log|G(j\omega)|$에서 $g = 20\log|G(j\omega)| = 20\log|K(j\omega)^3| = 20\log K\omega^3 = 20\log K + 20\log\omega^3$
$= 20\log K + 60\log\omega$

- ω 값에 따라 g 값이 변하므로
  − 경사(기울기) : 60[dB/dec]
  − 위상각 : $\theta = \angle G(j\omega) = \angle j\omega^3 = 270[°]$

★★☆

03 주파수 전달함수 $G(j\omega) = \dfrac{1}{j100\omega}$ 인 계에서 $\omega = 0.1$ [rad/sec]일 때 이 계의 이득[dB] 및 위상각θ [deg]는 얼마인가?

① -20[dB], -90[°]　　② -40[dB], -90[°]
③ 20[dB], $+90$[°]　　④ 40[dB], $+90$[°]

해설 • 이득 $g = 20\log|G(j\omega)| = 20\log\left|\dfrac{1}{j100\omega}\right| = 20\log\left|\dfrac{1}{j100\times0.1}\right| = 20\log\left|\dfrac{1}{10}\right| = -20$[dB]

- 위상각 $\theta = \angle G(j\omega) = \angle\dfrac{1}{j100\omega} = \angle\dfrac{1}{j100\times0.1} = \angle\dfrac{1}{j10} = -90[°]$

정답 01 ③　02 ④　03 ①

★★☆

04 $G(s)=\frac{1}{s(s+1)}$에서 $w=10$[rad/sec]일 때 이득[dB]은?

① 40
② 20
③ −20
④ −40

해설 • 이득 $g=20\log|G(jw)|=20\log\left|\frac{1}{jw(jw+1)}\right|=20\log\left|\frac{1}{(j\omega)^2+j\omega}\right|$에서 $j10^2 \gg j10$이므로

$g=20\log\left|\frac{1}{(j\omega)^2+j\omega}\right|=20\log\left|\frac{1}{(j\omega)^2}\right|=20\log\left|\frac{1}{(j10)^2}\right|=20\log\frac{1}{10^2}=-40$

• 위상각 $\theta=\angle G(j\omega)=\angle\frac{1}{(j\omega)^2}=-180[°]$

★☆☆

05 $G(s)=\frac{1}{s(s+10)}$에서 $w=0.1$인 정현파 입력을 주었을 때 보드선도의 이득[dB]은?

① −40
② −20
③ 0
④ 20

해설 • 이득 $g=20\log|G(jw)|=20\log\left|\frac{1}{jw(jw+10)}\right|=20\log\left|\frac{1}{(jw)^2+jw\times 10}\right|$

$=20\log\left|\frac{1}{(j0.1)^2+j0.1\times 10}\right|=20\log\left|\frac{1}{(j0.1)^2+j1}\right|$

$1 \gg 0.1^2$이므로 $g=20\log\left|\frac{1}{(j0.1)^2+j1}\right|=20\log\left|\frac{1}{j1}\right|\equiv 20\log\frac{1}{1}=0[\text{dB}]$

• 위상각 $\theta=\angle G(j\omega)=\angle\frac{1}{j1}=-90[°]$

★★☆

06 전압비 10^7의 이득[dB]은?

① 7
② 70
③ 100
④ 140

해설 이득 $g=20\log|G(jw)|=20\log|10^7|=20\times 7=140[\text{dB}]$

정답 04 ④ 05 ③ 06 ④

★☆☆

07 전달함수 $G(s)=\dfrac{10}{s^2+3s+2}$ 으로 표시되는 제어 계통에서 직류 이득[dB]은?

① 1 ② 2
③ 3 ④ 5

해설 직류에서는 $j\omega=0$ $\therefore$ $G(s)=\dfrac{10}{2}=5$

★☆☆

08 $G(j\omega)=10(j\omega)+1$에서 절점(각) 주파수 ω_0[rad/s]는?

① 0.1 ② 1
③ 10 ④ 100

해설 절점 주파수는 허수(=실수)

$10\omega_0=1$ $\therefore$ $\omega_0=\dfrac{1}{10}=0.1$

★★☆

09 $G(s)=\dfrac{1}{5s+1}$ 일 때 절점에서 절점 주파수 ω_0를 구하면?

① 0.1[rad/s] ② 0.5[rad/s]
③ 0.2[rad/s] ④ 5[rad/s]

해설 절점 주파수는 복소수가 있는 부분에서 허수=실수에서 구한다.

$5\omega_0=1$ $\therefore$ $\omega_0=0.2$

★★☆

10 $G(s)=\dfrac{1}{1+sT}$ 인 제어계에서 절점 주파수의 이득은?

① -5[dB] ② 4[dB]
③ -3[dB] ④ 2[dB]

해설
- $G(j\omega)=\dfrac{K}{1+j\omega T}$에서 절점 주파수는 허수=실수에서 구한다.

  $\omega T=1$ $\therefore\omega=\dfrac{1}{T}$
- $g=20\log|G(j\omega)|=20\log\left|\dfrac{1}{1+jT\times\dfrac{1}{T}}\right|=20\left|\dfrac{1}{1+j}\right|=20\log\dfrac{1}{\sqrt{2}}\fallingdotseq-3$[dB]

정답	07 ④ 08 ① 09 ③ 10 ③

★☆☆

11 어떤 계통의 보드 선도 중 이득 선도가 그림과 같을 때 이에 해당하는 계통의 전달함수는?

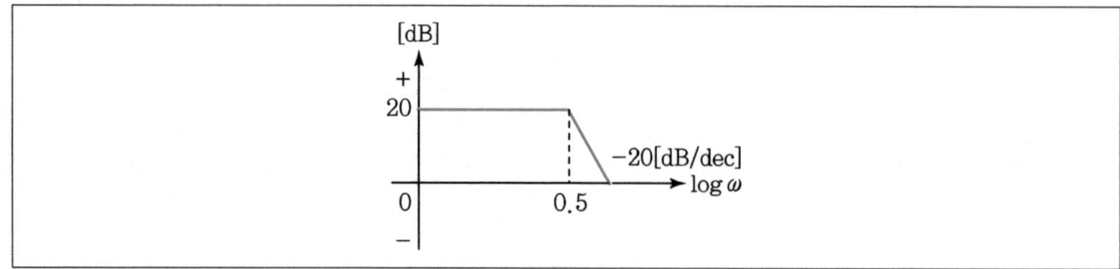

① $\dfrac{20}{5s+1}$　　② $\dfrac{10}{2s+1}$

③ $\dfrac{10}{5s+1}$　　④ $\dfrac{20}{2s+1}$

해설

- 절점주파수 $\beta\omega=\alpha$ 에서 $\omega=0.5=\dfrac{1}{2}$ 이므로 $2\omega=1$ $\therefore \beta=2,\ \alpha=1$
- 이득 g[dB]=20이므로 $g[\mathrm{dB}]=20\log\left|\dfrac{K}{2j\omega+1}\right|$에서 $\omega=0$ 을 대입하여 g=20이 나오는 값을 찾는다.

$20=20\log\left|\dfrac{K}{0+1}\right|$에서 $K=10$ $\therefore G(s)=\dfrac{10}{2j\omega+1}$

정답 | 11 ②

주파수 특성에 관한 상수

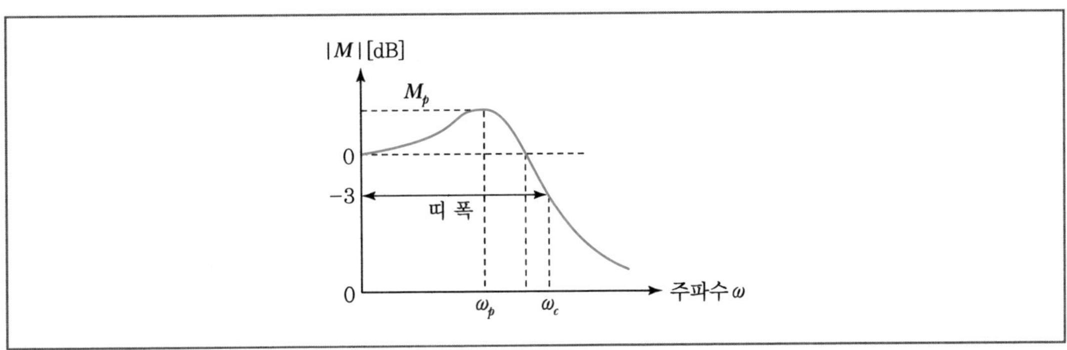

1. 공진 정점(M_p)

① 최댓값으로 계의 안정도의 척도가 된다.

② M_p가 크면 과도응답 시 오버슈트가 커져 안정도가 불안전하게 된다.

③ 제어계에서 최적한 M_p값은 1.1~1.5이다.

2. 대역폭(띠폭)

① 대역폭의 크기는 $0 < \delta < 0.707$이 안정된 영역, 공진주파수 ω_p와 공진 첨두값 M_p에 비례한다.

② 대역폭이 좁으면 응답속도는 늦고, 넓을수록 응답속도는 빠르다.

3. 분리도

① 분리도는 신호와 잡음(외란)을 분리하는 제어계의 특성을 가리킨다.

② 일반적으로 예리한 분리특성은 큰 M_p을 동반하므로 불안정하기 쉽다.

과년도 기출 및 예상문제

★☆☆

01 2차 제어계에 있어서 공진 정점 M_p가 너무 크면 제어계의 안정도는 어떻게 되는가?

① 불안정하게 된다.
② 안정하게 된다.
③ 불변이다.
④ 조건부 안정이 된다.

해설 **공진 정점(M_p)**

- 최댓값으로 계의 안정도의 척도가 된다.
- M_p가 크면 과도응답 시 오버슈트가 커져 안정도가 불안전하게 된다.
- 제어계에서 최적한 M_p값은 1.1~1.5이다.

★☆☆

02 주파수 특성에 관한 정수 가운데 첨두 공진점 M_p값은 대략 어느 정도로 설계하는 것이 가장 좋은가?

① 0.1 이하
② 0.1~1.0
③ 1.1~1.5
④ 1.5~2.0

해설 M_p가 크면 과도 응답 시 오버슈트가 커진다.
제어계에서 최적의 M_p값은 1.1~1.5이다.

★☆☆

03 주파수 특성의 정수 중 대역폭이 좁으면 좁을수록 이때의 응답속도는 어떻게 되는가?

① 빨라진다.
② 늦어진다.
③ 빨라졌다, 늦어진다.
④ 늦어졌다, 빨라진다.

해설 **대역폭(띠폭)**

- 대역폭의 크기는 $0 < \delta < 0.707$이 안정된 영역, 공진주파수 ω_p와 공진 첨두값 M_p에 비례한다.
- 대역폭이 좁으면 응답속도는 늦고, 넓을수록 응답속도는 빠르다.

정답 01 ① 02 ③ 03 ②

CHAPTER 06

안정도 판별법

01 SECTION 나이퀴스트(Nyquist)의 안정도 판별법

1. 간이화 나이퀴스트(Nyquist) 안정도 판별법

① 나이퀴스트 안정도 개념 : w가 0에서 ∞까지 변화하였을 때 $G(jw)$의 크기와 위상각을 극좌표에 그린 것이다.

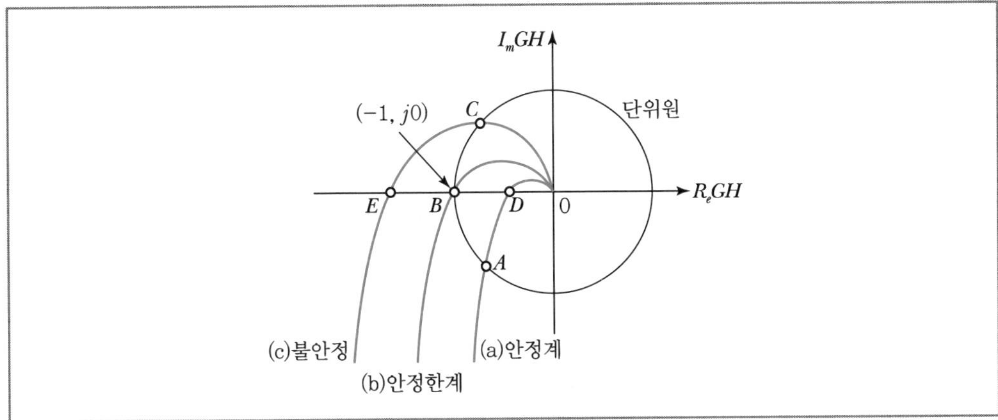

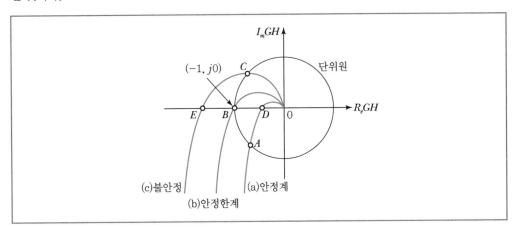

② 안정 : Nyquist 경로에 포위되는 영역에 특성 방정식의 근이 존재하지 않는다.

③ 불안정 : Nyquist 경로에 포위되는 영역에 특성 방정식의 근이 존재한다.

④ 특성 방정식의 근 : $(-1,\ j0)$

2. 안정, 한정한계(임계), 불안정

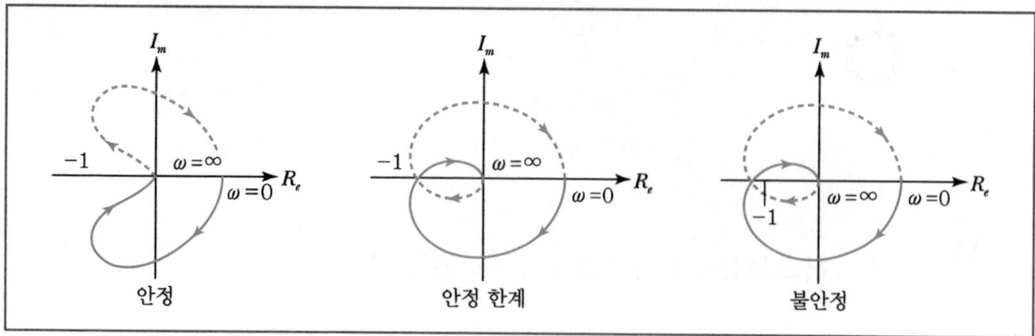

3. n차 지연계

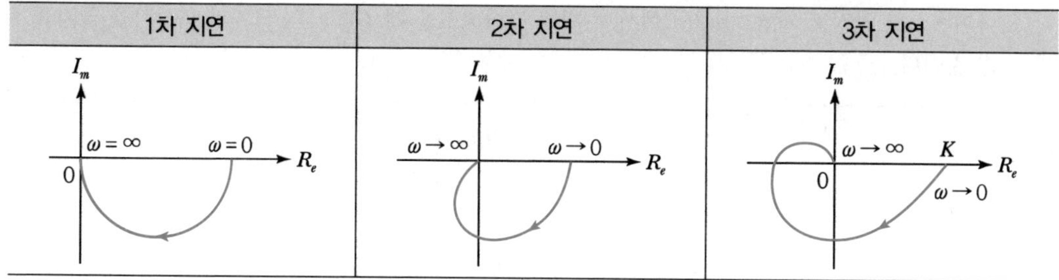

과년도 기출 및 예상문제

★☆☆
01 단위 피드백 제어계의 개루프 전달함수의 벡터 궤적이다. 이 중 안정한 궤적은?

①
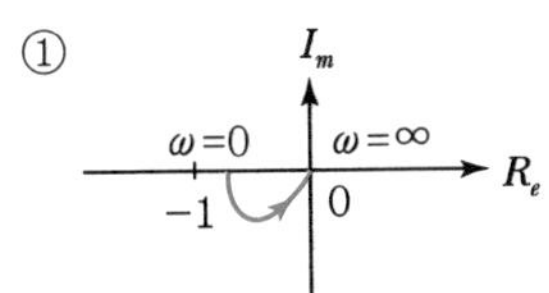

②
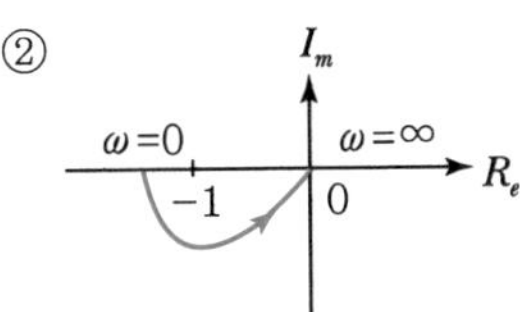

③
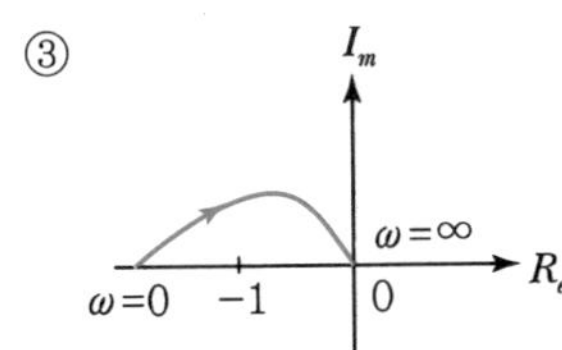

④
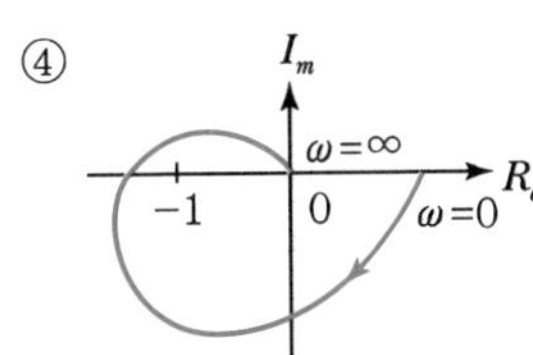

해설 나이퀴스트 선도에서 제어계가 안정하기 위한 조건은 ω가 증가하는 방향으로 $(-1, j0)$ 점이 근이 존재하지 않아야 한다.

★☆☆
02 Nyquist 경로에 포위되는 영역에 특성 방정식의 근이 존재하지 않으면 제어계는 어떻게 되는가?

① 안정
② 불안정
③ 진동
④ 발산

해설
- 안정 : Nyquist 경로에 포위되는 영역에 특성 방정식의 근이 존재하지 않는다.
- 불안정 : Nyquist 경로에 포위되는 영역에 특성 방정식의 근이 존재한다.

★☆☆
03 피드백 제어계의 전 주파수 응답 $G(j\omega)H(j\omega)$의 나이퀴스트 벡터도에서 시스템이 안정한 궤적은?

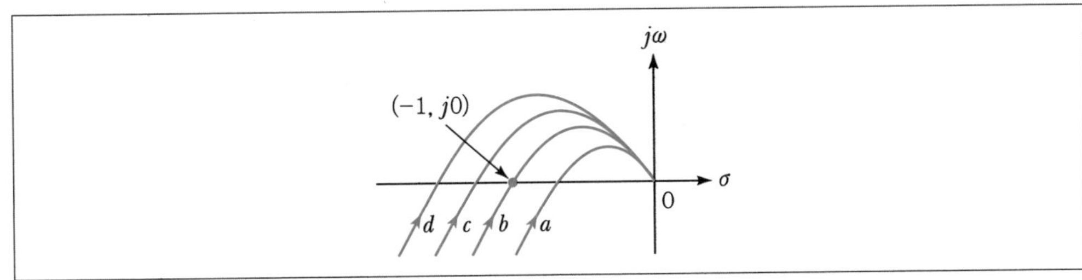

① a
② b
③ c
④ d

해설 나이퀴스트 선도에서 제어계가 안정하기 위한 조건은 ω가 증가하는 방향으로 $(-1, j0)$ 점이 근이 존재하지 않아야 한다.

정답	01 ② 02 ① 03 ①

02 SECTION 나이퀴스트(Nyquist) 선도의 이득 여유(GM ; Gain Marge)와 위상 여유(phase marge)

1. 이득 여유(GM ; Ggain Marge)

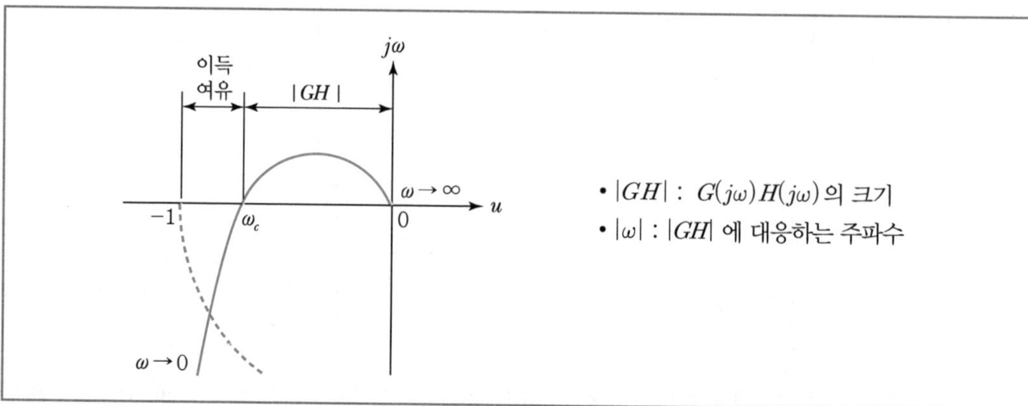

① 이득 여유 : $GM = 20\log_{10}\frac{1}{|GH|}$[dB]

② 안정계에서 요구되는 여유 : 4~12[dB]

2. 위상 여유(phase marge)

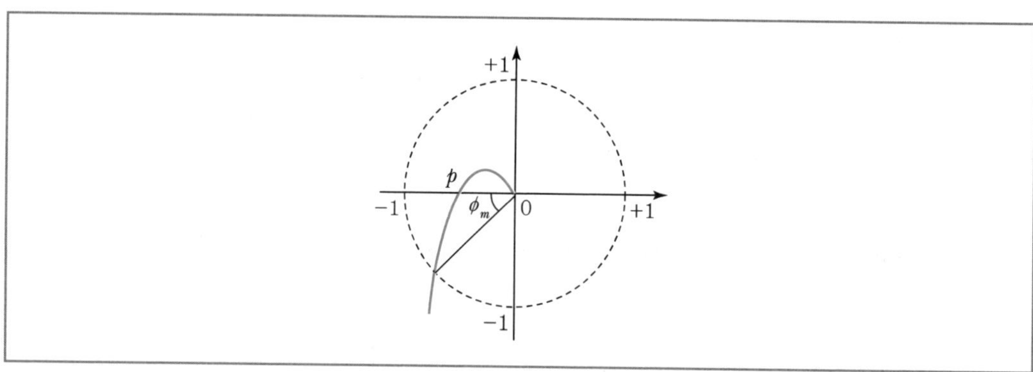

ϕ_m은 양(+)의 값일 때 안전상태이며, 음(−)의 값일 때 불안정 상태이다.

① $\phi_m > 0$: 안정

② $\phi_m < 0$: 불안정

③ 안정범위 : 30[°]~60[°]

3. 일주에 의한 나이퀴스트(Nyquist) 판별법

① N의 값에 의해 만들어진 점 $(-1,\ j0)$의 일주 횟수를 헤아린다.

② 나이퀴스트(Nyquist) 판별법 : $N=z-p$

㉠ z : s평면의 우반 평면상에 존재하는 $1+G(s)H(s)$의 영점의 수

㉡ P : s평면의 우반 평면상에 존재하는 $1+G(s)H(s)$의 극점의 수

㉢ N : $G(s)H(s)$ 평면상의 $(-1,\ j0)$점을 $G(s)H(s)$ 선도가 원점 둘레를 오른쪽으로 일주하는 회전수라면 $N=z-p$의 관계가 성립한다.

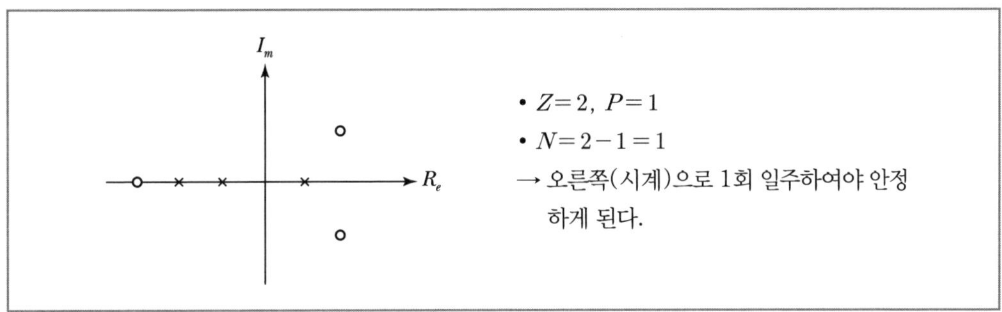

I_m
R_e
• $Z=2,\ P=1$
• $N=2-1=1$
→ 오른쪽(시계)으로 1회 일주하여야 안정하게 된다.

과년도 기출 및 예상문제

★★★
01 $G(s)H(s) = \dfrac{2}{(s+1)(s+2)}$ 의 이득 여유는?

① 7[dB]
② 3[dB]
③ 1[dB]
④ 0[dB]

해설
• $G(s)H(s) = \dfrac{2}{(s+1)(s+2)} = \dfrac{2}{s^2+3s+2}$

$s^2+3s+2 = (j\omega)^2 + 3j\omega + 2 = -\omega^2 + 2 + j3\omega$

위 식에서 허수부를 0으로 놓으면 $3\omega = 0$, $\omega = 0$[rad/sec]가 되므로

$|GH|_{\omega=0} = \dfrac{2}{-\omega^2+3j\omega+2} = \dfrac{2}{2} = 1$

• 이득 여유 $GM = 20\log\left|\dfrac{1}{GH}\right| = 20\log\left|\dfrac{1}{1}\right| = 0$[dB]

★☆☆
02 $G(s)H(s) = \dfrac{20}{s(s-1)(s+2)}$ 인 계의 이득 여유는?

① −20[dB]
② −10[dB]
③ 1[dB]
④ 10[dB]

해설
• $G(s)H(s) = \dfrac{20}{s(s-1)(s+2)} = \dfrac{20}{s(s^2+1s-2)} = \dfrac{20}{s^3+s^2-2s}$

$= \dfrac{20}{(j\omega)^3+(j\omega)^2-2j\omega} = \dfrac{20}{-j\omega^3-\omega^2-2j\omega} = \dfrac{20}{-\omega^2-j\omega(\omega^2+2)}$

허수부를 0으로 놓으면 $\omega^2 = -2$

$G(s)H(s) = \dfrac{20}{-\omega^2-j\omega(\omega^2+2)} = \dfrac{20}{-(-2)-j\omega(-2+2)} = \dfrac{20}{2} = 10$

• $GM = 20\log\left|\dfrac{1}{G(s)H(s)}\right| = 20\log\left|\dfrac{1}{10}\right| = -20$[dB]

정답 | 01 ④ 02 ①

★☆☆

03

단위부환계 제어시스템의 루푸전달함수 $G(s)\,H(s)=\dfrac{K}{(s+1)(s+3)}$의 이득 여유가 20[dB]일 때 K의 값은?

① $\dfrac{3}{10}$　　② $\dfrac{3}{20}$

③ $\dfrac{1}{10}$　　④ $\dfrac{1}{20}$

해설
- $G(s)\,H(s)=\dfrac{K}{(s+1)(s+3)}=\dfrac{K}{s^2+4s+3}=\dfrac{K}{-\omega^2+4j\omega+3}$

  허수부를 0로 놓으면 $4\omega=0$, $\omega=0$[rad/sec]가 되므로

  $G(s)\,H(s)=\dfrac{K}{3}$
- $GM=20\log\left|\dfrac{1}{G(s)H(s)}\right|$[dB]에서 $20=20\log\left|\dfrac{1}{\frac{K}{3}}\right|=20\log\left|\dfrac{3}{K}\right|$

  $1=\log\left|\dfrac{3}{K}\right|$ $\therefore K=\dfrac{3}{10}$

★☆☆

04

위상 여유 ϕ_m이 $\phi_m>0$인 관계를 만족할 때의 상태는?

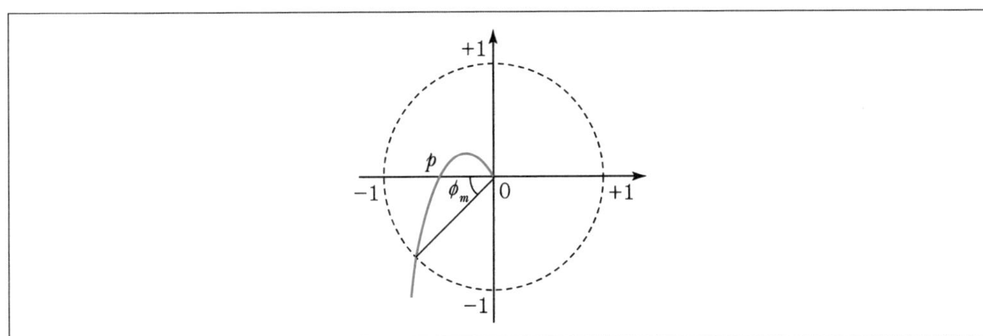

① 안정　　② 지속 진동

③ 불안정　　④ 불규칙 진동

해설 ϕ_m은 양(+)의 값은 안정 상태로 포위되는 영역에 있다.

정답 03 ① 04 ①

★☆☆

05

Nyquist 선도로부터 결정된 이득 여유는 4~12[dB], 위상 여유가 30[°]~40[°]일 때 이 제어계는?

① 안정

② 불안정

③ 인디셜응답 시간이 지날수록 진동이 확대

④ 임계안정

해설 안정계에 요구되는 여유는 다음과 같다.

- 이득 여유 : 4~12[dB]
- 위상 여유 : 30[°]~60[°]

★☆☆

06

보드선도상의 안정조건을 옳게 나타낸 것은? (단, g_m : 이득 여유, ϕ_m : 위상 여유)

① $g_m > 0$, $\phi_m > 0$

② $g_m < 0$, $\phi_m < 0$

③ $g_m < 0$, $\phi_m > 0$

④ $g_m > 0$, $\phi_m < 0$

해설 안정계에 요구되는 여유는 다음과 같다.

- 이득 여유 : 4~12[dB]
- 위상 여유 : 30[°]~60[°]

★☆☆

07

다음은 s-평면에 극점(x)과 영점(o)을 도시한 것이다. 나이퀴스트 안정도 판별법으로 안정도를 알아내기 위하여 Z, P의 값을 알아야 한다. 이를 바르게 나타낸 것은?

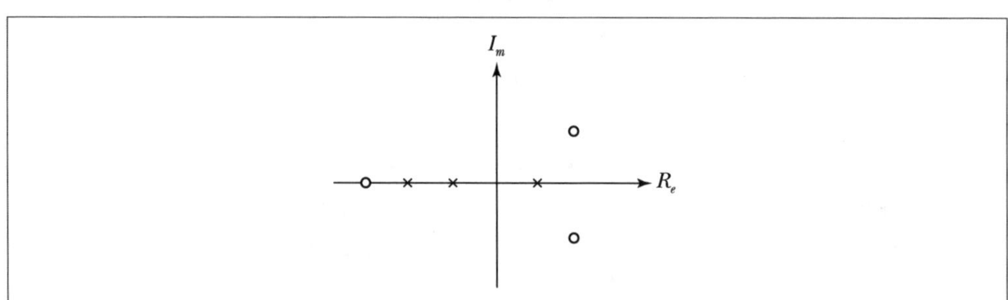

① $Z=3$, $P=3$

② $Z=1$, $P=2$

③ $Z=2$, $P=1$

④ $Z=1$, $P=3$

해설 s-평면의 우반 평면상에 존재하는 영점과 극점의 수를 나타낸다.

- Z : 영점
- P : 극점

정답 05 ① 06 ① 07 ③

★★☆

08 s 평면의 우반면에 3개의 극점이 있고, 2개의 영점이 있다. 이때 다음과 같은 설명 중 어느 나이퀴스트 선도일 때 시스템이 안정한가?

① $(-1,\ j0)$점을 반시계방향으로 1번 감쌌다.
② $(-1,\ j0)$점을 시계방향으로 1번 감쌌다.
③ $(-1,\ j0)$점을 반시계방향으로 5번 감쌌다.
④ $(-1,\ j0)$점을 시계방향으로 5번 감쌌다.

해설
- z : s평면의 우반 평면상에 존재하는 영점의 수
- P : s평면의 우반 평면상에 존재하는 극의 개수
- N : GH 평면상의 $(-1,\ j0)$점을 $G(s)H(s)$ 선도가 원점 둘레를 오른쪽으로 일주하는 회전수라고 하면, $N=z-p$의 관계가 성립한다.

즉, $N=2-3=-1$이므로 -1회, 다시 말하면 왼쪽으로 1회 일주하여야 안정하게 된다.

정답 08 ①

03 SECTION 보드선도 안정도 판별법

1. 보드선도의 이득 여유(GM ; Gain Marge)와 위상 여유(phase marge)

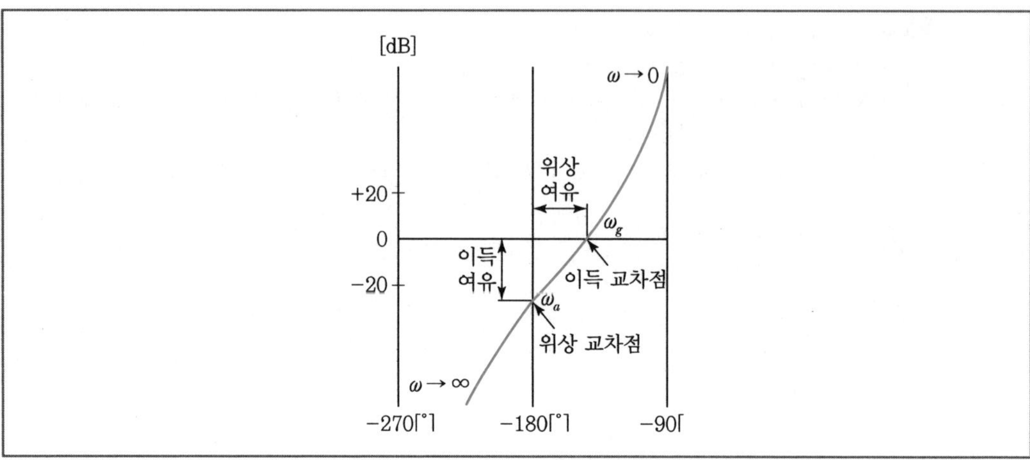

(1) 이득 여유

① [dB] 값이 부(－)이면 제어계는 안정

② [dB] 값이 0이면 제어계는 안정한계(임계)

③ [dB] 값이 정(＋)이면 제어계는 불안정

(2) 위상 여유(이득곡선 0[dB] 선과 교차하는 점)

① 180[°]보다 작으면 제어계는 안정

② 180[°]와 같으면 제어계는 안정한계(임계)

③ 180[°]보다 크면 제어계는 불안정

2. 안정도 판별

① 벡터 궤적 : 임계점 $(-1,\ j0)$

② 보드선도 : 이득 0[dB], 위상 -180[°]

과년도 기출 및 예상문제

★☆☆

01 다음의 이득 위상선도 중 여유(margin)가 제일 큰 것은?

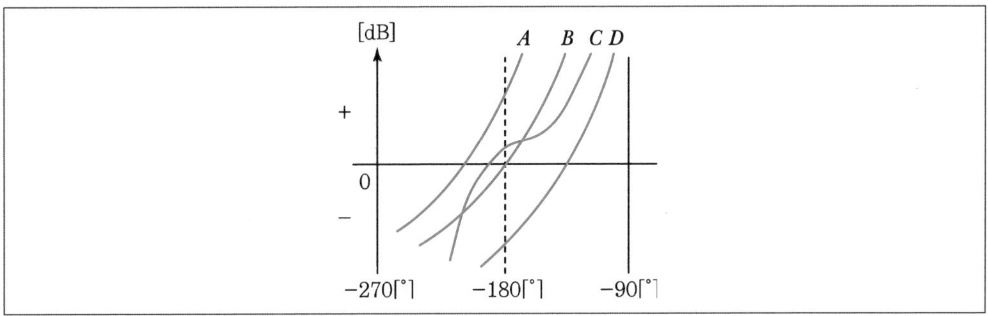

① A　　② B

③ C　　④ D

해설 **안전조건**

- 이득 여유
  - [dB] 값이 부(−)이면 제어계는 안정
  - [dB] 값이 0이면 제어계는 안정한계
  - [dB] 값이 정(+)이면 제어계는 불안정
- 위상 여유(이득곡선 0[dB] 선과 교차하는 점)
  - 180[°]보다 작으면 제어계는 안정
  - 180[°]와 같으면 제어계는 안정한계
  - 180[°]보다 크면 제어계는 불안정

★★☆

02 안정한 제어시스템의 보드 선도에서 이득 여유는?

① 크기 선도에서 0~20[dB] 사이에 있는 크기 선도의 길이이다.

② 위상선도가 0[°] 축과 교차되는 점에 대응되는 [dB] 값의 크기이다.

③ 위상선도가 -180[°] 축과 교차되는 점에 대응되는 이득의 크기[dB] 값이다.

④ 크기 선도에서 -20~20[dB] 사이에 있는 크기[dB] 값이다.

해설 **이득 여유**

위상선도가 -180[°] 축과 교차되는 점에 대응되는 이득의 크기[dB] 값

정답 | 01 ④　02 ③

★★☆

03 벡터 궤적의 임계점$(-1,\ j0)$에 대응하는 보드선도 상의 점은 이득이 A[dB], 위상이 B도 되는 점이다. A, B에 알맞은 것은?

① $A=0$[dB], $B=-180$[°]
② $A=0$[dB], $B=0$[°]
③ $A=1$[dB], $B=0$[°]
④ $A=1$[dB], $B=180$[°]

해설 **안정도 판별**

- 벡터 궤적 : 임계점 $(-1,\ j0)$
- 보드선도 : 이득 0[dB], 위상 -180[°]

정답 03 ①

SECTION 04 루드 – 홀비쯔(Routh – Hurwitz)의 안정도 판별법

1. S평면의 안정근(S평면상의 좌반부의 근 = 음의 실수)

제어계의 응답특성은 폐루프 전달함수의 분모, 분자를 0으로 하는 특성 방정식의 근인 영점과 극점에 의해 결정되며, 특히 극점은 제어시스템의 안정도를 결정하는 중요한 요소이다.

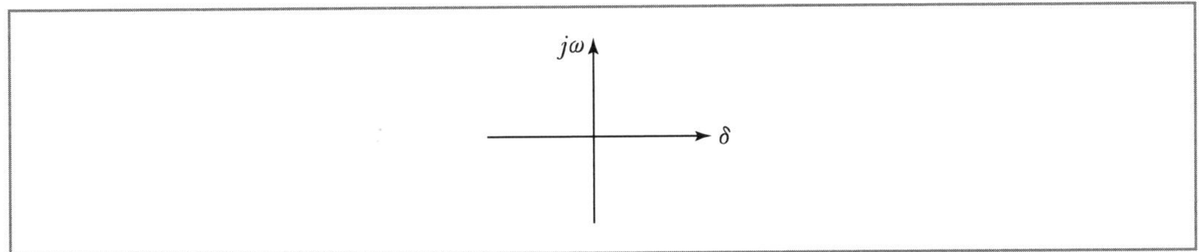

① 전달함수 특성 방정식 : 분모 = 0

② 제어계가 안정하려면 특성 방정식 $1+G(s)H(s)=0$의 특성근이 S평면상의 좌반부에 존재해야 한다.

2. S평면의 좌반부에 있어야 할 조건(즉, 특성근이 "–"의 실수부를 갖는 조건)

① 특성 방정식의 모든 계수의 부호가 같아야 한다.

예 $s^4+3s^3-s^2+s+10=0$: 불안정

② 계수 중 어느 하나라도 0이 되어서는 안 된다.

예 $s^5+s^4+2s^3+4s+3=0$: 불안정

③ 루드 수열의 제1열의 원소부호가 같아야 한다.

과년도 기출 및 예상문제

★☆☆

01 특성 방정식의 근이 모두 복소 s 평면의 좌반부에 있으면 이 계의 안정 여부는?

① 조건부 안정　　② 불안정
③ 임계 안정　　④ 안정

해설
- s 평면의 좌반부 : 안정
- s 평면의 허수축상 : 임계안정
- s 평면의 우반부 : 불안정

★★★

02 다음 특성 방정식 중에서 안정된 시스템인 것은?

① $s^4+3s^3-s^2+s+10=0$　　② $2s^3+3s^2+4s+5=0$
③ $s^4-2s^3-3s^2+4s+5=0$　　④ $s^5+s^4+2s^3+4s+3=0$

해설 ① $s^4+3s^3-s^2+s+10=0$
→ 특성 방정식의 모든 계수의 부호가 같아야 한다. $-s^2$이 있어 불안정
③ $s^4-2s^3-3s^2+4s+5=0$
→ 특성 방정식의 모든 계수의 부호가 같아야 한다. $-2s^3-3s^2$이 있어 불안정
④ $s^5+s^4+2s^3+4s+3=0$
→ 계수 중 어느 하나라도 0이 되어서는 안 된다. s^2이 없어 불안정

★☆☆

03 특성 방정식 $Ks^3+s^2-2s+5=0$인 제어계의 안정 상태는?

① $K<0$이면 불안정하다.　　② $K<\dfrac{2}{5}$이면 안정하다.
③ $K>\dfrac{2}{5}$이면 안정하다.　　④ K의 값과 관계없이 불안정하다.

해설 특성 방정식의 모든 계수의 부호가 같아야 한다. 그런데 $-2s$가 있어 K의 값과 관계없이 불안정하다.

정답 01 ④ 02 ② 03 ④

★★☆

04 특성 방정식이 $s^3+2s^2+Ks+10=0$으로 주어지는 제어계가 안정하기 위한 K의 값은?

① $K>0$
② $K>5$
③ $K<0$
④ $0<K<5$

해설 **루드-훌비쯔 표**

s^3	1	K
s^2	2	10
s^1	$\frac{2K-10}{2}$	0
s^0	10	

제1열의 부호 변화가 없으려면 $\frac{2K-10}{2}>0$ $\therefore K>5$

★☆☆

05 $s^3+4s^2+2s+K=0$에서 시스템이 안정하기 위한 K의 범위는?

① $0<K<8$
② $-8<K<0$
③ $1<K<8$
④ $-1<K<8$

해설 **루드-훌비쯔 표**

s^3	1	2
s^2	4	K
s^1	$\frac{4\times 2-K}{4}$	0
s^0	K	

제1열의 부호 변화가 없으려면 $\frac{4\times 2-K}{4}>0$, $K>0$ $\therefore 0<K<8$

정답	04 ② 05 ①

★☆☆

06 특성 방정식이 $s^4+2s^3+s^2+4s+2=0$일 때 이 계의 훌비쯔 방법으로 안정도를 판별하면?

① 불안정
② 안정
③ 임계 안정
④ 조건부 안정

해설 **루드-훌비쯔 표**

s^4	1	1	2
s^3	2	4	0
s^2	$\frac{2-4}{2}=-1$	$\frac{2\times2-0}{2}=2$	
s^1	$\frac{-4-4}{-1}=8$		
s^0	2		

- 제1열의 부호 변화가 있어 불안정
- 부호의 변화가 2번 있으므로 불안정 근이 2개(안정근 : 2개)
  (불안정 근은 s 평면의 우반면에 존재하는 근의 수)

★☆☆

07 루드-훌비쯔 표를 작성할 때 제1열 요소의 부호 변환은 무엇을 의미하는가?

① s 평면의 좌반면에 존재하는 근의 수
② s 평면의 우반면에 존재하는 근의 수
③ s 평면의 허수축에 존재하는 근의 수
④ s 평면의 원점에 존재하는 근의 수

해설
- s 평면 우반면에 존재하는 근의 수를 말하며 제어계가 불안정함을 의미한다.
- 부호변화 횟수만큼 불안정근의 수가 존재한다.

★★☆

08 다음 그림과 같은 제어계가 안정하기 위한 K의 범위는?

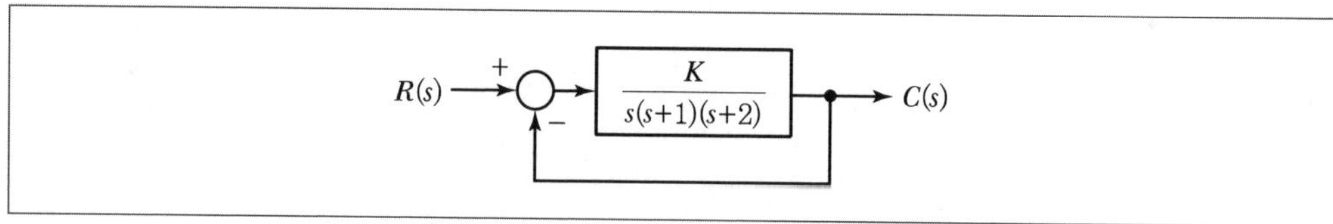

① $0<K<6$
② $1<K<5$
③ $-1<K<6$
④ $-1<K<5$

정답 06 ① 07 ② 08 ①

해설 • 특성 방정식은 $1+G(s)H(s)=1+\frac{K}{s(s+1)(s+2)}=0$

정리하면 $s(s+1)(s+2)+K=s^3+3s^2+2s+K=0$

• 루드-훌비쯔 표

s^3	1	2
s^2	3	K
s^1	$\frac{3\times2-K}{3}$	0
s^0	K	

제1열의 부호 변화가 없어야 안정하므로 안정조건은 $6-K>0$, $K>0$

• 정리하면 $K<6$, $K>0$ $\therefore 0<K<6$

★★☆

09 특성 방정식 $s^3+s^2+s=0$일 때 이 계통은?

① 안정하다.
② 불안정하다.
③ 조건부 안정이다.
④ 임계상태이다.

해설 **루드-훌비쯔 표**

s^3	1	1
s^2	1	0
s^1	$\frac{1-0}{1}=1$	0
s^0	$\frac{0-0}{1}=0$	

제1열의 부호는 변하지 않았으나 맨 끝에 0이 있으면 임계상태이다.

정답 09 ④

근궤적법

근궤적

1. 근궤적의 용어

2. 전달함수

$$\frac{C(s)}{R(s)} = \frac{G(s)}{1 + G(s)H(s)}$$

① 시스템의 특성 방정식 : $1 + G(s)H(s) = 0$

② $G(s)H(s)$의 이득정수를 K라 할 때 K값의 변화에 따라 계의 근이 어떻게 변하는지를 알 수 있다.

3. 근궤적의 성질

① 시간 영역에서의 제어계를 해설, 설계하는 데 유용하다.

② 근궤적은 실수축에 대하여 대칭이다.

③ 근궤적은 $G(s)H(s)$의 극점에서 출발하여 영점에서 종착한다.

④ 근궤적의 개수는 극점의 수와 영점의 수에서 큰 것과 일치한다.

⑤ 점근선의 수=극점의 수 − 영점의 수

⑥ 점근선의 교차점 : $\sigma_0 = \dfrac{\sum 극점 - \sum 영점}{극점의\ 수 - 영점의\ 수}$

⑦ 점근선의 각 : $\beta_0 = \dfrac{(2k+1)\pi}{극점의 수 - 영점의 수}(k=0,\ 1,\ 2,\ 3,\ \cdots)$

과년도 기출 및 예상문제

★★★

01 특성 방정식이 실수계수를 갖는 S의 유리함수일 때 근궤적은 무엇에 대하여 대칭인가?

① 원점 ② 허수축
③ 실수축 ④ 대칭성이 없다.

해설 근궤적은 실수축에 대하여 대칭이다.

★★☆

02 근궤적의 출발점 및 도착점과 관계되는 $G(s)H(s)$의 요소는? (단, $K>0$이다.)

① 영점, 분기점 ② 극점, 영점
③ 극섬, 분기점 ④ 지지점, 극점

해설 근궤적은 $G(s)H(s)$의 극점에서 출발하여 영점에서 종착한다. 즉, 출발점은 극점, 도착점은 영점이다.

★☆☆

03 $G(s)H(s)=\dfrac{K}{s(s+4)(s+5)}$에서 근궤적의 개수는?

① 1 ② 2
③ 3 ④ 4

해설
- 근궤적의 개수는 극점의 수와 영점의 수에서 큰 것과 일치한다.
- 근의 수(P)와 영점수(Z)에서 $Z=0$, $P=3$이므로 근궤적 개수는 3이다.

★★★

04 어떤 제어시스템의 $G(s)\,H(s)$가 $\dfrac{K(s+1)}{s^2(s+2)(s+3)}$에서 근궤적의 수는?

① 1 ② 2
③ 3 ④ 4

해설
- 근궤적의 개수는 극점의 수와 영점의 수에서 큰 것과 일치한다.
- 근의 수(P)와 영점수(Z)에서 $Z=1$, $P=4$이므로 근궤적 개수는 4이다.

정답 01 ③ 02 ② 03 ③ 04 ④

★☆☆

05 다음과 같은 특성 방정식의 근궤적 가지 수는?

$$s(s+1)(s+2)(s+3)+K(s+3)=0$$

① 6 ② 5

③ 4 ④ 3

해설 • 시스템의 특성 방정식은 $1+G(s)H(s)=0$이다.

• $s(s+1)(s+2)(s+3)+K(s+3)=0$을 $s(s+1)(s+2)(s+3)$로 양변을 나누면

$$\frac{s(s+1)(s+2)(s+3)}{s(s+1)(s+2)(s+3)}+\frac{K(s+3)}{s(s+1)(s+2)(s+3)}=\frac{0}{s(s+1)(s+2)(s+3)}$$

$1+\dfrac{K(s+3)}{s(s+1)(s+2)(s+3)}=0$로 $1+G(s)H(s)=0$의 형태가 같다.

$$\therefore G(s)H(s)=\frac{K(s+3)}{s(s+1)(s+2)(s+3)}$$

• $1+G(s)H(s)=1+\dfrac{K(s+3)}{s(s+1)(s+2)(s+3)}=1+\dfrac{K}{s(s+1)(s+2)}$

$\therefore G(s)H(s)=\dfrac{K}{s(s+1)(s+2)}$이므로 근궤적 개수는 극점의 수로 3개이다.

★★★

06 어떤 제어시스템의 $G(s)H(s)$가 $\dfrac{K(s-2)(s-3)}{s(s+1)(s+2)(s+4)}$인 교차점은?

① 2 ② 5

③ −4 ④ −6

해설 • 영점의 수 : $(s-2)(s-3)=0 \quad \therefore s=2,\ 3$ (2개)

• 극점의 수 : $s(s+1)(s+2)(s+4)=0 \quad \therefore s=0,\ -1,\ -2,\ -4$ (4개)

• 교차점$=\dfrac{\sum 극점-\sum 영점}{극점의 수-영점의 수}=\dfrac{(-1-2-4)-(2+3)}{4-2}=\dfrac{-12}{2}=-6$

★☆☆

07 어떤 제어시스템의 $G(s)H(s)$가 $\dfrac{K(s+1)}{s^2(s+2)(s+3)}$인 교차점을 구하면?

① $-\dfrac{4}{3}$ ② $\dfrac{4}{3}$

③ $-\dfrac{3}{4}$ ④ $\dfrac{3}{4}$

해설 • 영점의 수 : $(s+1)=0 \quad \therefore s=-1$ (1개)

• 극점의 수 : $s^2(s+2)(s+3)=0 \quad \therefore s=0,\ 0,\ -2,\ -3$ (4개)

• 교차점$=\dfrac{\sum 극점-\sum 영점}{극점의 수-영점의 수}=\dfrac{(-2-3)-(-1)}{4-1}=\dfrac{-5+1}{3}=-\dfrac{4}{3}$

정답	05 ④ 06 ④ 07 ①

★☆☆

08 개루프 전달함수 $G(s)\,H(s) = \dfrac{K(s+1)}{s(s+2)}$ 일 경우, 실수축상의 근궤적 범위는?

① 원점과 (-2) 사이

② 원점에서 점(-1) 사이와 (-2)에서 $(-\infty)$ 사이

③ (-2)와 $(+\infty)$ 사이

④ 원점과 (-2) 사이

해설 **실수축상의 근궤적 범위**

- $G(s)\,H(s)$의 극점과 영점으로 실수축을 분할될 때 오른쪽으로 실수축으로
  - 극점과 영점의 수가 홀수면 그 구간(홀수 구간)에 근궤적이 존재한다.
  - 극점과 영점의 수가 짝수면 그 구간(짝수 구간)에 근궤적이 존재한다.
- 영점 -1(1개), 극점 0, -2(2개)로 3개이므로 홀수 구간에 근궤적이 존재한다.

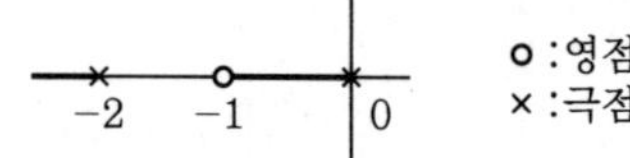

∵ 홀수구간인 원점에서 점(-1) 사이와 (-2)에서 $(-\infty)$ 사이에 근궤적이 존재한다.

정답 08 ②

CHAPTER 08

상태 방정식

01 SECTION 상태 방정식

1. 상태 방정식 개념

계통 방정식이 n차 미분방정식일 때 이것을 n개의 1차 미분방정식으로 바꾸어 행렬로 표현한 것을 상태 방정식이라 한다.

2. 상태 방정식

(1) 상태 방정식

$\dot{x}(t) = Ax(t) + Br(t)$ (A : 시스템 행렬, B : 제어 행렬)

(2) 상태 방정식의 특성 방정식

$\dot{x}(t) = Ax(t) + Br(t)$

$\frac{d}{dt}x(t) = Ax(t) + Br(t)$ 을 라플라스 변환하면

① $sX(s) = AX(s) + BR(s)$

② $(s-A)X(s) = BR(s)$

I(단위행렬) $= \begin{bmatrix} 1 & 0 \\ 0 & 1 \end{bmatrix}$

③ $X(s)(sI - A) = BR(s)$

㉠ 특성 방정식 : $|sI - A| = 0$

㉡ 고유값 : 특성 방정식의 근

㉢ 특성 방정식의 근 : 안정도 판별

④ $X(s)=\dfrac{1}{sI-A}BR(s)$

$X(s)=(sI-A)^{-1}BR(s)$

이때 $\varnothing(s)=(sI-A)^{-1}$

$\varnothing(t)=\mathcal{L}^{-1}[(sI-A)^{-1}]$

$\varnothing(t)$: 상태천이행렬

3. 상태천이행렬의 성질

① 상태천이행렬은 과도응답을 나타냄

② $\varnothing(t)=e^{At}=I+At+\dfrac{1}{2!}A^2t^2+\dfrac{1}{3!}A^3t^3\cdots$

③ $\dfrac{d}{dt}\varnothing(t)=Ae^{At}$

④ $\varnothing(0)=I$ (I : 단위행렬)

⑤ $x(t)=e^{At}x(0)=\varnothing(t)x(0)$

$A=\begin{bmatrix} a & b \\ c & d \end{bmatrix}$ 의 역행렬

$$A^{-1}=\frac{1}{\begin{vmatrix} a & b \\ c & d \end{vmatrix}}\begin{bmatrix} d & -b \\ -c & a \end{bmatrix}=\frac{1}{ad-bc}\begin{bmatrix} d & -b \\ -c & a \end{bmatrix}$$

과년도 기출 및 예상문제

★☆☆

01 $A=\begin{bmatrix} 0, & 1 \\ -3, & -2 \end{bmatrix}$, $B=\begin{bmatrix} 4 \\ 5 \end{bmatrix}$인 상태 방정식 $\frac{dx}{dt}=Ax+Br$에서 제어계의 특성 방정식은?

① $s^2+4s+3=0$ ② $s^2+3s+2=0$

③ $s^2+2s+4=0$ ④ $s^2+2s+3=0$

해설 $\frac{d}{dt}x(t)=Ax(t)+Bu(t)=\begin{bmatrix} 0 & 1 \\ -3 & -2 \end{bmatrix}x(t)+\begin{bmatrix} 4 \\ 5 \end{bmatrix}r(t)$

$|sI-A|=\begin{bmatrix} s & 0 \\ 0 & s \end{bmatrix}-\begin{bmatrix} 0 & 1 \\ -3 & -2 \end{bmatrix}=\begin{bmatrix} s & -1 \\ 3 & s+2 \end{bmatrix}=s(s+2)+3=s^2+2s+3=0$

특성 방정식 : $s^2+2s+3=0$

★☆☆

02 상태 방정식 $\frac{d}{dt}x(t)=Ax(t)+Bu(t)$에서 $A=\begin{bmatrix} 0 & 1 \\ -3 & 4 \end{bmatrix}$, $B=\begin{bmatrix} 1 \\ 1 \end{bmatrix}$인 상태 방정식에 대한 특성 방정식을 구하면?

① $s^2-4s-3=0$ ② $s^2-4s+3=0$

③ $s^2+4s+3=0$ ④ $s^2+4s-3=0$

해설 $\frac{d}{dt}x(t)=Ax(t)+Bu(t)=\begin{bmatrix} 0 & 1 \\ -3 & 4 \end{bmatrix}x(t)+\begin{bmatrix} 1 \\ 1 \end{bmatrix}u(t)$

$|sI-A|=\begin{bmatrix} s & 0 \\ 0 & s \end{bmatrix}-\begin{bmatrix} 0 & 1 \\ -3 & 4 \end{bmatrix}=\begin{bmatrix} s & -1 \\ 3 & s-4 \end{bmatrix}=s(s-4)+3=s^2-4s+3=0$

- 특성 방정식 : $s^2-4s+3=0$
- 고유값 : 특성 방정식의 근 $(s=1,\ s=3)$

★★☆

03 상태 방정식 $\dot{x}(t)=Ax(t)+Bu(t)$에서 $A=\begin{bmatrix} 0 & 1 \\ -2 & -3 \end{bmatrix}$, $B=\begin{bmatrix} 0 \\ 1 \end{bmatrix}$일 때, 고유값은?

① $-1,\ -2$ ② $1,\ 2$

③ $-2,\ -3$ ④ $2,\ 3$

해설 $\frac{d}{dt}x(t)=Ax(t)+Bu(t)=\begin{bmatrix} 0 & 1 \\ -2 & -3 \end{bmatrix}x(t)+\begin{bmatrix} 0 \\ 1 \end{bmatrix}u(t)$

$|sI-A|=\begin{bmatrix} s & 0 \\ 0 & s \end{bmatrix}-\begin{bmatrix} 0 & 1 \\ -2 & -3 \end{bmatrix}=\begin{bmatrix} s & -1 \\ 2 & s+3 \end{bmatrix}=s(s+3)+2=s^2+3s+2=(s+1)(s+2)=0$

- 특성 방정식 : $s^2+3s+2=0$
- 고유값 : 특성 방정식의 근$(s=-1,\ s=-2)$

정답 01 ④ 02 ② 03 ①

★☆☆

04 상태 방정식 $\dot{x}(t)=Ax(t)+Bu(t)$에서 $A=\begin{bmatrix} 0 & 1 \\ -2 & -3 \end{bmatrix}$은 시스템의 안정도는 어떠한가?

① 안정하다 ② 불안정하다
③ 임계안정이다 ④ 판정불능

해설 $\frac{d}{dt}x(t)=Ax(t)+Bu(t)=\begin{bmatrix} 0 & 1 \\ -2 & -3 \end{bmatrix}x(t)+\begin{bmatrix} 0 \\ 1 \end{bmatrix}u(t)$

$|sI-A|=\begin{bmatrix} s & 0 \\ 0 & s \end{bmatrix}-\begin{bmatrix} 0 & 1 \\ -2 & -3 \end{bmatrix}=\begin{bmatrix} s & -1 \\ 2 & s+3 \end{bmatrix}=s(s+3)+2=s^2+3s+2=(s+1)(s+2)=0$

- 특성 방정식 : $s^2+3s+2=0$
- 특성 방정식의 근($s=-1,\ s=-2$)
- 모두 좌반부(음의 정수)의 근이므로 안정한다.

★☆☆

05 다음 중 $t=0$에서 상태천이행렬(state transition matrix) $\phi(t)=e^{At}$의 값은?

① e ② I
③ e^{-1} ④ 0

해설 **상태천이행렬의 성질**

- 상태천이행렬은 과도응답을 나타냄
- $\varnothing(t)=e^{At}=I+At+\frac{1}{2!}A^2t^2+\cdots$
- $\frac{d}{dt}\varnothing(t)=Ae^{At}$
- $\varnothing(0)=I\,(I$: 단위행렬)
- $x(t)=e^{At}x(0)=\varnothing(t)x(0)$

★★☆

06 다음의 상태 방정식으로 표시되는 제어계가 있다. 이 방정식의 값은 어떻게 되는가? (단, $x(0)$는 초기상태 벡터이다.)

$$\dot{x}(t)=Ax(t)$$

① $e^{-At}x(0)$ ② $e^{At}x(0)$
③ $Ae^{-At}x(0)$ ④ $Ae^{At}x(0)$

해설 **상태천이행렬의 성질**

- 상태천이행렬은 과도응답을 나타냄
- $\varnothing(t)=e^{At}=I+At+\frac{1}{2!}A^2t^2+\cdots$
- $\frac{d}{dt}\varnothing(t)=Ae^{At}$
- $\varnothing(0)=I\,(I$: 단위행렬)
- $x(t)=e^{At}x(0)=\varnothing(t)x(0)$

정답 04 ① 05 ② 06 ②

★☆☆

07 다음과 같은 미분방정식으로 표시되는 계의 계수 행렬 A는 어떻게 표시되는가?

$$\frac{d^2c(t)}{dt^2}+3\frac{dc(t)}{dt}+2c(t)=r(t)$$

① $\begin{bmatrix} -2 & -3 \\ 0 & 1 \end{bmatrix}$

② $\begin{bmatrix} 0 & 1 \\ -3 & -2 \end{bmatrix}$

③ $\begin{bmatrix} 0 & 1 \\ -2 & -3 \end{bmatrix}$

④ $\begin{bmatrix} -3 & -2 \\ 1 & 0 \end{bmatrix}$

해설

- $x_1(t)=c(t)$라 놓으면 $x_2(t)=\frac{d}{dt}x_1(t)=\frac{d}{dt}c(t)=\dot{x}_1(t)$
- $x_3(t)=\frac{d}{dt}x_2(t)=\frac{d}{dt}(\frac{d}{dt}x_1(t))=\frac{d}{dt}(\frac{d}{dt}c(t))=\frac{d}{dt}x_2(t)=\dot{x}_2(t)$

  그러므로 주어진 식은 $\frac{d^2c(t)}{dt^2}=-2c(t)-3\frac{dc(t)}{dt}+r(t)$

  $\dot{x}_2(t)=-2x_1(t)-3x_2(t)+r(t)$
- $\dot{x}_1(t)=0x_1(t)+x_2(t)+0r(t)$

  $\dot{x}_2(t)=-2x_1(t)-3x_2(t)+r(t)$

  $\therefore \begin{bmatrix} \dot{x}_1(t) \\ \dot{x}_2(t) \end{bmatrix}=\begin{bmatrix} 0 & 1 \\ -2 & -3 \end{bmatrix}\begin{bmatrix} x_1(t) \\ x_2(t) \end{bmatrix}+\begin{bmatrix} 0 \\ 1 \end{bmatrix}r(t)$

★★☆

08 다음과 같은 미분방정식으로 표현되는 제어시스템의 시스템 행렬 A는?

$$\frac{d^2c(t)}{dt^2}+5\frac{dc(t)}{dt}+3c(t)=r(t)$$

① $\begin{bmatrix} -5 & -3 \\ 0 & 1 \end{bmatrix}$

② $\begin{bmatrix} -3 & -5 \\ 0 & 1 \end{bmatrix}$

③ $\begin{bmatrix} 0 & 1 \\ -3 & -5 \end{bmatrix}$

④ $\begin{bmatrix} 0 & 1 \\ -5 & -3 \end{bmatrix}$

해설

- $x_1(t)=c(t)$라 놓으면 $x_2(t)=\frac{d}{dt}x_1(t)=\frac{d}{dt}c(t)=\dot{x}_1(t)$
- $x_3(t)=\frac{d}{dt}x_2(t)=\frac{d}{dt}(\frac{d}{dt}x_1(t))=\frac{d}{dt}x_2(t)=\dot{x}_2(t)$

  그러므로 주어진 식은 $\frac{d^2c(t)}{dt^2}=-3c(t)-5\frac{dc(t)}{dt}+r(t)$

  $\dot{x}_2(t)=-3x_1(t)-5x_2(t)+r(t)$
- $\dot{x}_1(t)=0x_1(t)+x_2(t)+0r(t)$

  $\dot{x}_2(t)=-3x_1(t)-5x_2(t)+r(t)$

  $\therefore \begin{bmatrix} \dot{x}_1(t) \\ \dot{x}_2(t) \end{bmatrix}=\begin{bmatrix} 0 & 1 \\ -3 & -5 \end{bmatrix}\begin{bmatrix} x_1(t) \\ x_2(t) \end{bmatrix}+\begin{bmatrix} 0 \\ 1 \end{bmatrix}r(t)$

정답 07 ③ 08 ③

★☆☆

09 다음의 미분방정식과 같이 표현되는 제어시스템이 있다. 이 제어시스템을 상태 방정식으로 나타내었을 때 시스템 행렬 A는?

$$\frac{d^3C(t)}{dt^3}+5\frac{d^2C(t)}{dt^2}+\frac{dc(t)}{dt}+2C(t)=r(t)$$

① $\begin{bmatrix} 0 & 1 & 0 \\ 0 & 0 & 1 \\ -2 & -1 & -5 \end{bmatrix}$

② $\begin{bmatrix} 1 & 0 & 0 \\ 0 & 1 & 0 \\ -2 & -1 & -5 \end{bmatrix}$

③ $\begin{bmatrix} 0 & 1 & 0 \\ 0 & 0 & 1 \\ 2 & 1 & 5 \end{bmatrix}$

④ $\begin{bmatrix} 1 & 0 & 0 \\ 0 & 1 & 0 \\ 2 & 1 & 5 \end{bmatrix}$

해설 $\frac{d^3C(t)}{dt^3}=-2C(t)-\frac{dc(t)}{dt}-5\frac{d^2C(t)}{dt^2}+r(t)$

정답 09 ①

Z 변환

1. 라플라스 변환과 Z 변환

① 라플라스 변환 : 연속적인 제어계에서 안정, 불안정 판별에 사용

② Z 변환 : 매우 짧은 샘플주기인 이산적인 제어계(디지탈)에서 안정, 불안정 판별에 사용

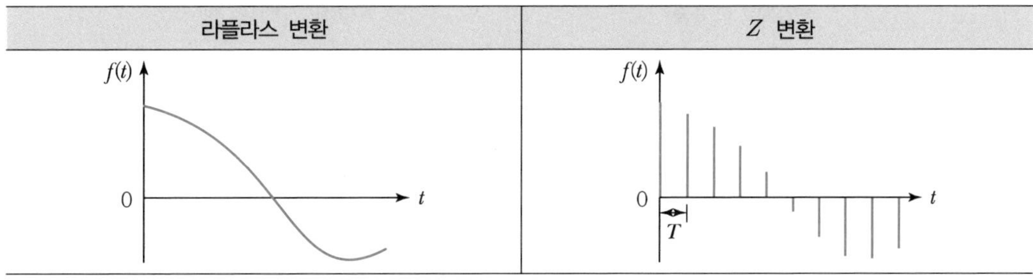

2. S 평면과 Z 평면의 대응관계

Z변환 $Z=e^{Ts}$ 을 라플라스 변환하면 $s=\frac{1}{T}\ln Z$($Z=e^{Ts}$ 의 양변을 ln 을 취하여 구한다.)

3. 시간함수에 대한 Z 변환표

$f(t)$	$F(s)$	$F(z)$
$\delta(t)$	1	1
$u(t)$	$\frac{1}{s}$	$\frac{z}{z-1}$
t	$\frac{1}{s^2}$	$\frac{Tz}{(z-1)^2}$
e^{-at}	$\frac{1}{s+a}$	$\frac{z}{z-e^{-at}}$

4. Z 변환에 대한 중요한 정리

구분	S 변환	Z 변환
초깃값 정리	$\lim_{t\to 0} f(t)=\lim_{s\to\infty} sF(s)$	$\lim_{k\to 0} e(KT)=\lim_{z\to\infty} E(z)$
최종값 정리	$\lim_{t\to\infty} f(t)=\lim_{s\to 0} sF(s)$	$\lim_{k\to\infty} e(KT)=\lim_{z\to 1}(1-z^{-1})E(z)$

5. 안정, 불안정, 임계

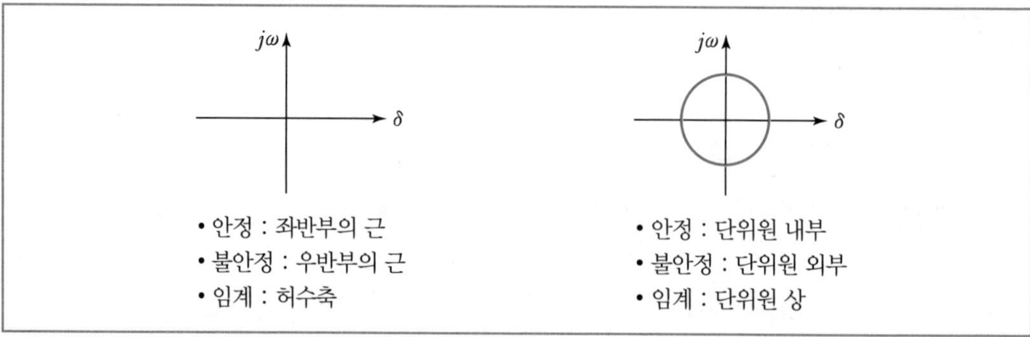
jω
δ
jω
δ
• 안정 : 좌반부의 근
• 불안정 : 우반부의 근
• 임계 : 허수축
• 안정 : 단위원 내부
• 불안정 : 단위원 외부
• 임계 : 단위원 상

과년도 기출 및 예상문제

★☆☆

01 T을 샘플 주기라고 할 때 Z변환은 라플라스 변환 함수의 S 대신 다음의 어느 것을 대입하여야 하는가?

① $\frac{1}{T}\ln\frac{1}{z}$ ② $\frac{1}{T}\ln z$

③ $T\ln z$ ④ $T\ln\frac{1}{z}$

해설 S **평면과** Z **평면의 대응관계**

Z 변환 $z=e^{Ts}$ 을 라플라스 변환하면 $s=\frac{1}{T}\ln z$($z=e^{Ts}$ 의 양변을 ln을 취하여 구한다.)

즉, 라플라스 변환 함수의 s 대신 $\frac{1}{T}\ln z$를 대입한다.

★★★

02 단위 계단함수의 라플라스 변환과 Z 변환함수는?

① $\frac{1}{s}$, $\frac{1}{z}$ ② s, $\frac{z}{z-1}$

③ $\frac{1}{s}$, $\frac{z}{z-1}$ ④ s, $\frac{z}{z-1}$

해설 **시간함수에 대한** Z **변환**

$f(t)$	$F(s)$	$F(z)$
$u(t)$	$\frac{1}{s}$	$\frac{z}{z-1}$

★★★

03 $f(t)=e^{-at}$의 Z 변환은?

① $\frac{1}{z-e^{-at}}$ ② $\frac{1}{z+e^{-at}}$

③ $\frac{z}{z-e^{-at}}$ ④ $\frac{z}{z+e^{-at}}$

해설 **시간함수에 대한** Z **변환**

$f(t)$	$F(s)$	$F(z)$
e^{-at}	$\frac{1}{s+a}$	$\frac{z}{z-e^{-at}}$

정답 01 ② 02 ③ 03 ③

★★★

04 Z 변환함수 $\frac{z}{z-e^{-at}}$ 에 대응되는 시간함수는?

① te^{-at} ② $\sum_{n=0}^{\infty}\delta(t-nT)$

③ $1-e^{-at}$ ④ e^{-at}

해설 **시간함수에 대한 Z 변환**

$f(t)$	$F(s)$	$F(z)$
e^{-at}	$\frac{1}{s+a}$	$\frac{z}{z-e^{-at}}$

★☆☆

05 Z 변환함수 $F(z)=\frac{3z}{(z-e^{-3t})}$ 에 대응되는 라플라스 변환 함수는?

① $\frac{1}{(s+3)}$ ② $\frac{3}{(s-3)}$

③ $\frac{1}{(s-3)}$ ④ $\frac{3}{(s+3)}$

해설 **시간함수에 대한 Z 변환**

$f(t)$	$F(s)$	$F(z)$
e^{-at}	$\frac{1}{s+a}$	$\frac{z}{z-e^{-at}}$
$3e^{-3t}$	$3\times\frac{1}{s+3}$	$3\times\frac{z}{z-e^{-3t}}$

★☆☆

06 그림과 같은 이산치계의 Z변환 전달함수 $\frac{C(z)}{R(z)}$ 를 구하면? (단, $Z\left[\frac{1}{s+a}\right]=\frac{z}{z-e^{-at}}$ 이다.)

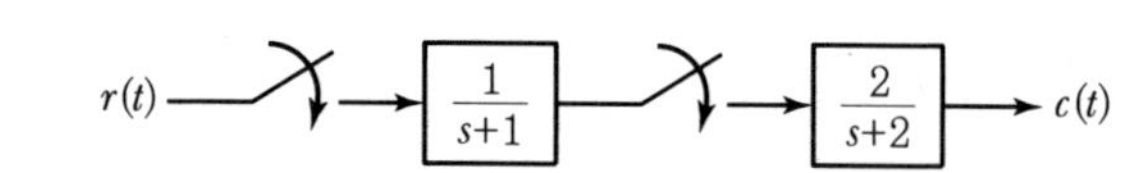

① $\frac{C(z)}{R(z)}=\frac{2z}{z-e^{-T}}-\frac{2z}{z-e^{-2T}}$ ② $\frac{C(z)}{R(z)}=\frac{2z^2}{(z-e^{-T})(z-e^{-2T})}$

③ $\frac{C(z)}{R(z)}=\frac{2z}{z-e^{-2T}}-\frac{2z}{z-e^{-T}}$ ④ $\frac{C(z)}{R(z)}=\frac{2z}{(z-e^{-T})(z-e^{-2T})}$

정답 04 ④ 05 ④ 06 ②

해설 시간함수에 대한 Z 변환

$f(t)$	$F(s)$	$F(z)$
e^{-at}	$\frac{1}{s+a}$	$\frac{z}{z-e^{-at}}$

- $\frac{c(t)}{r(t)}=\frac{1}{s+1}\times\frac{2}{s+2}=\frac{1}{s+1}\times 2\frac{1}{s+2}$
- 위 식을 Z 변환하면
  $\frac{C(z)}{R(z)}=\frac{z}{z-e^{-T}}\times 2\frac{z}{z-e^{-2T}}=\frac{z}{z-e^{-T}}\times\frac{2z}{z-e^{-2T}}=\frac{2z^2}{(z-e^{-T})(z-e^{-2T})}$

★★☆

07 $R(z)=\frac{(1-e^{-aT})z}{(z-1)(z-e^{-aT})}$ 의 역변환은?

① $1-e^{-aT}$ ② $1+e^{-aT}$

③ te^{-aT} ④ te^{aT}

해설
- $R(z)=\frac{(1-e^{-aT})z}{(z-1)(z-e^{-aT})}$
  $\frac{R(z)}{z}=\frac{(1-e^{-aT})}{(z-1)(z-e^{-aT})}$
- 위 식을 부분분수로 변형하면
  $\frac{R(z)}{z}=\frac{1}{z-1}-\frac{1}{z-e^{-aT}}$
  $R(z)=\frac{z}{z-1}-\frac{z}{z-e^{-aT}}$
- 역 Z 변환하면
  $r(z)=u(t)-e^{-aT}=1-e^{-aT}$

★☆☆

08 다음 설명 중 옳지 않은 것은?

① S 평면의 우측면은 Z 평면의 원점에 중심을 둔 단위원 내부로 사상된다.

② $\frac{Z}{Z-1}$ 에 대응되는 라플라스 변환함수는 $\frac{1}{s}$ 이다.

③ $\frac{Z}{Z-e^{-at}}$ 에 대응되는 시간함수는 e^{-at} 이다.

④ $e(t)$ 의 초깃값은 $e(t)$ 의 Z 변환을 $E(z)$ 라 할 때 $\lim_{z\to\infty}E(z)$ 이다.

해설 S 평면의 우측면은 Z 평면의 원점에 중심을 둔 단위원 외부로 사상된다.

정답	07 ① 08 ①

★★★

09 샘플러의 주기를 T라 할 때 S 평면상의 모든 점은 식 $z=e^{sT}$에 의하여 Z 평면상에 사상된다. S 평면의 좌반 평면상의 모든 점은 Z 평면상 단위원의 어느 부분으로 사상되는가?

① 내점
② 외점
③ 원주상의 점
④ Z 평면 전체

해설
- 안정 : 단위원 내부
- 불안정 : 단위원 외부
- 임계 : 단위원 상

★★☆

10 이산 시스템(discrete data system)에서의 안정도 해설에 대한 아래의 설명 중 맞는 것은?

① 특성 방정식의 모든 근이 Z 평면의 음의 반평면에 있으면 안정하다.
② 특성 방정식의 모든 근이 Z 평면의 양의 반평면에 있으면 안정하다.
③ 특성 방정식의 모든 근이 Z 평면의 단위원 내부에 있으면 안정하다.
④ 특성 방정식의 모든 근이 Z 평면의 단위원 외부에 있으면 안정하다.

해설
- 안정 : 단위원 내부
- 불안정 : 단위원 외부
- 임계 : 단위원 상

★☆☆

11 S 평면의 허수축은 Z 평면의 어느 부분에 사상되는가?

① 원점을 중심으로 한 무한소 원주상
② 원점을 중심으로 한 단위 원상
③ 원점을 중심으로 한 단위 원 내부
④ 원점을 중심으로 한 단위 원 외부

해설
- 안정 : 단위원 내부
- 불안정 : 단위원 외부
- 임계 : 단위원 상

정답 09 ① 10 ③ 11 ②

★☆☆

12 3차인 이산치 시스템의 특성 방정식의 근이 -0.3, $+0.3$, $+0.5$로 주어져 있다. 이 시스템의 안정도는?

① 이 시스템은 안정한 시스템이다.
② 이 시스템은 불안정한 시스템이다.
③ 이 시스템은 임계 안정한 시스템이다.
④ 위 정보로는 이 시스템의 안정도를 알 수 없다.

해설 근의 위치가 -0.3, $+0.3$, $+0.5$로 모두 단위원 내부에 있으므로 안정한 시스템이다.

★☆☆

13 $e(t)$의 Z 변환을 $E(z)$라 했을 때 $e(t)$의 최종값 $e(\infty)$은?

① $\lim_{z\to 1} E(z)$
② $\lim_{z\to\infty} E(z)$
③ $\lim_{z\to 1}(1-z^{-1})E(z)$
④ $\lim_{z\to\infty}(1-z^{-1})E(z)$

해설 **Z 변환에 대한 중요 정리**

구분	S 변환	Z 변환
초깃값 정리	$\lim_{t\to 0} f(t) = \lim_{s\to\infty} sF(s)$	$\lim_{k\to 0} e(KT) = \lim_{z\to\infty} E(z)$
최종값 정리	$\lim_{t\to\infty} f(t) = \lim_{s\to 0} sF(s)$	$\lim_{k\to\infty} e(KT) = \lim_{z\to 1}(1-z^{-1})E(z)$

정답 12 ① 13 ③

CHAPTER 09

시퀀스 제어

01 SECTION 시킨스 제어

1. a 접점과 b 접점

① a 접점 : 평소에 열려있고, 조작하고 있는 동안에만 닫히는 접점
② b 접점 : 평소에는 닫혀있고, 조작하고 있는 동안에는 열리는 접점

a 접점	b 접점

2. 유접점, 무접점, 논리기호, 논리표

회로	유접점	무접점(논리회로)	진리표
AND gate (논리곱 회로)		$X = A \cdot B$	A B X / 0 0 0 / 0 1 0 / 1 0 0 / 1 1 1
OR gate (논리합 회로)		$X = A + B$	A B X / 0 0 0 / 0 1 1 / 1 0 1 / 1 1 1

AND gate 진리표

A	B	X
0	0	0
0	1	0
1	0	0
1	1	1

OR gate 진리표

A	B	X
0	0	0
0	1	1
1	0	1
1	1	1

회로	유접점	무접점(논리회로)	진리표
Not gate	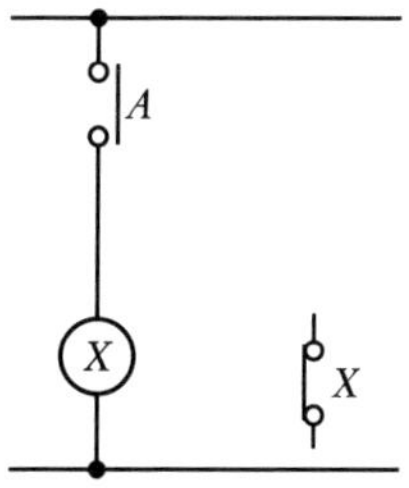	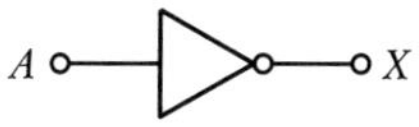 $X=\overline{A}$	A: 0, 1 / X: 1, 0
exclusive－OR (배타적논리회로)		$X=\overline{A}B+A\overline{B}$	A: 0, 0, 1, 1 / B: 0, 1, 0, 1 / X: 0, 1, 1, 0

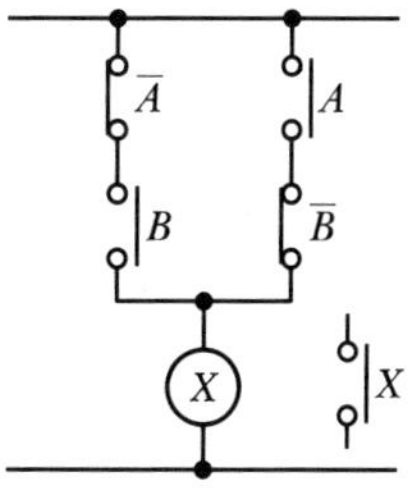

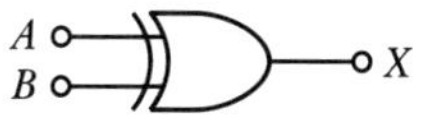

A	X
0	1
1	0

A	B	X
0	0	0
0	1	1
1	0	1
1	1	0

과년도 기출 및 예상문제

★☆☆

01 다음 그림과 같은 논리(logic) 회로는 무엇을 나타낸 것인가?

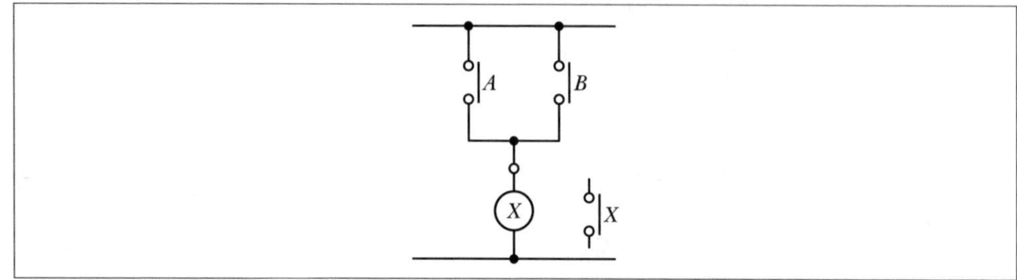

① AND 회로 ② OR 회로
③ NOT 회로 ④ NOR 회로

해설 병렬회로는 OR 회로이다.

★★☆

02 그림의 회로는 어느 게이트에 해당되는가?

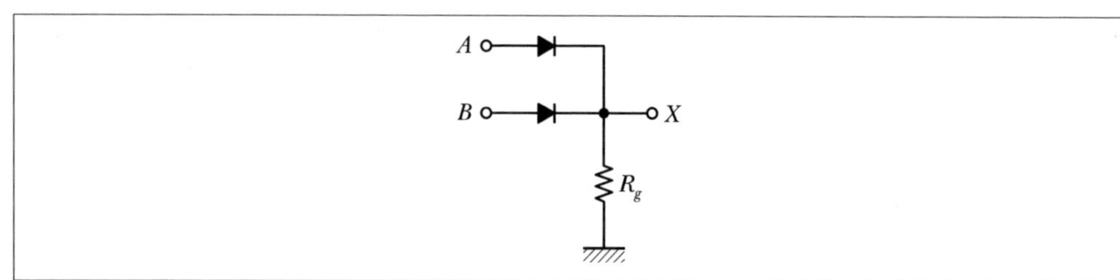

① AND gate ② OR gate
③ NAND gate ④ NOR gate

해설 병렬 입력 A와 B 중 어느 하나 이상이 입력되면 출력이 발생한다.

정답	01 ② 02 ②

★☆☆
03 그림과 같은 계전기 접전 회로의 논리식은?

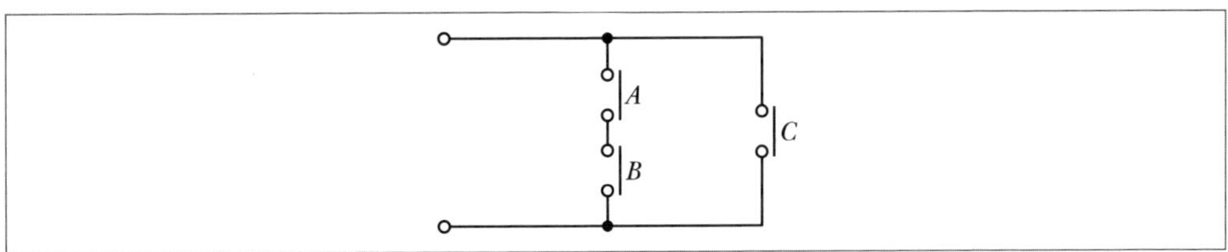

① $A+B+C$　　② $(A+B)C$
③ $AB+C$　　④ ABC

해설 A와 B는 직렬, AB와 C는 병렬이므로 $AB+C$이다.

★☆☆
04 그림과 같은 논리 회로에서 출력 F의 값은?

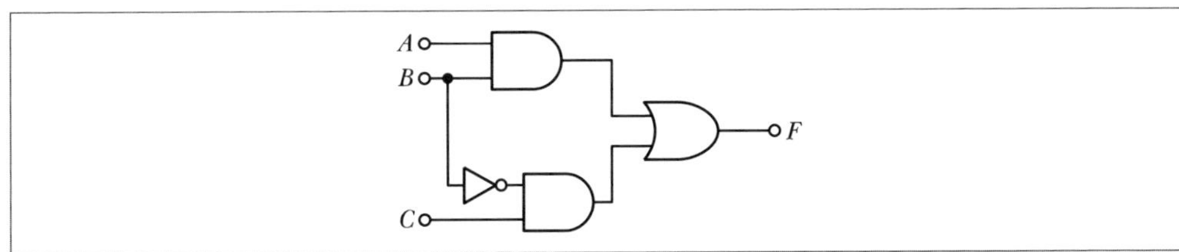

① A　　② $\overline{A}BC$
③ $AB+\overline{B}C$　　④ $(A+B)C$

해설 $F=AB+\overline{B}C$

정답	03 ③ 04 ③

★☆☆
05 다음 논리 심벌이 나타내는 식은?

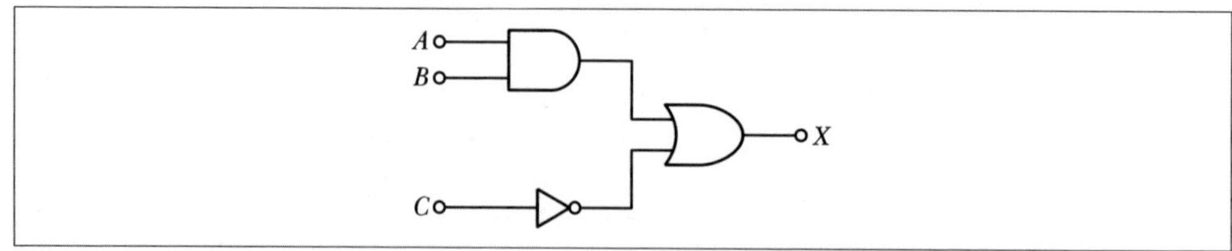

① $AB+\overline{C}$　　② $(A+B)\overline{C}$
③ $\overline{(AB)}+C$　　④ $\overline{(A+B)}+C$

해설 $X=AB+\overline{C}$

★★☆
06 다음 논리 회로의 출력 X_0는?

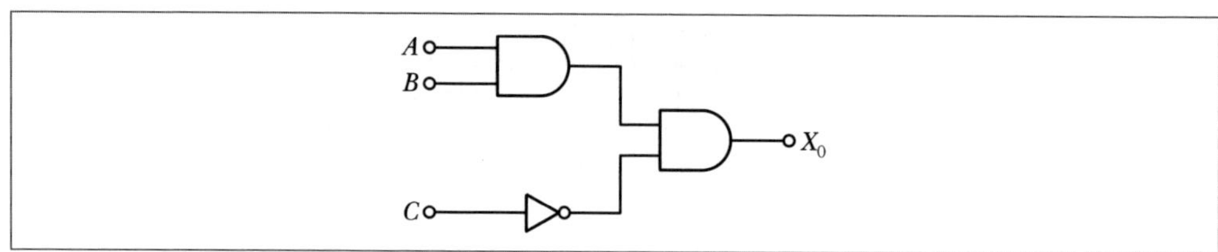

① $AB+\overline{C}$　　② $(A+B)\overline{C}$
③ $A+B+\overline{C}$　　④ $AB\overline{C}$

해설 $X_0=AB\overline{C}$

정답 05 ① 06 ④

★☆☆
07 다음 진리표의 논리소자는?

입력		출력
A	B	C
0	0	1
0	1	1
1	0	1
1	1	0

① OR ② NOR
③ NOT ④ NAND

해설

입력		AND	NAND
A	B	X	C
0	0	0	1
0	1	0	1
1	0	0	1
1	1	1	0

★★☆
08 다음 진리표의 논리소자는?

입력		출력
A	B	C
0	0	1
0	1	0
1	0	0
1	1	0

① OR ② NOR
③ NOT ④ NAND

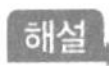

입력		OR	NOR
A	B	X	C
0	0	0	1
0	1	1	0
1	0	1	0
1	1	1	0

정답 07 ④ 08 ②

★★☆
09 다음 회로는 무엇을 나타낸 것인가?

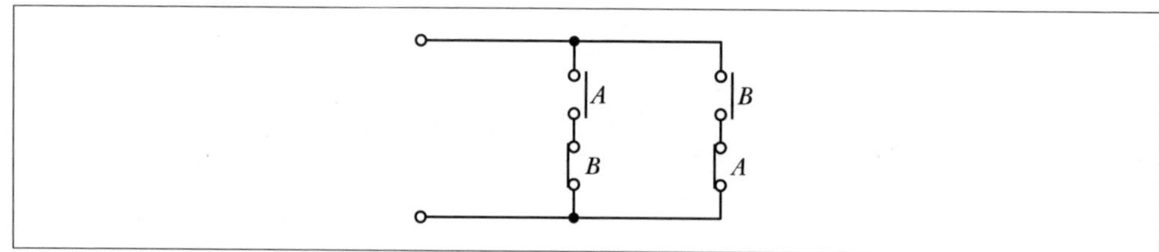

① AND
② OR
③ Exclusive OR
④ NAND

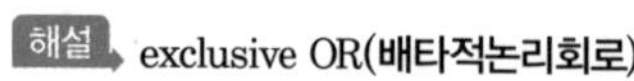
해설 exclusive OR(**배타적논리회로**)

$X = A\overline{B} + \overline{A}B$

★★☆
10 다음 진리표의 논리소자는?

입력		출력
A	B	C
0	0	0
0	1	1
1	0	1
1	1	0

① AND
② NAND
③ NOR
④ EX－OR

해설 exclusive OR(**배타적논리회로**)

$X = A\overline{B} + \overline{A}B$

정답 09 ③ 10 ④

★☆☆

11 다음 논리 회로의 출력은?

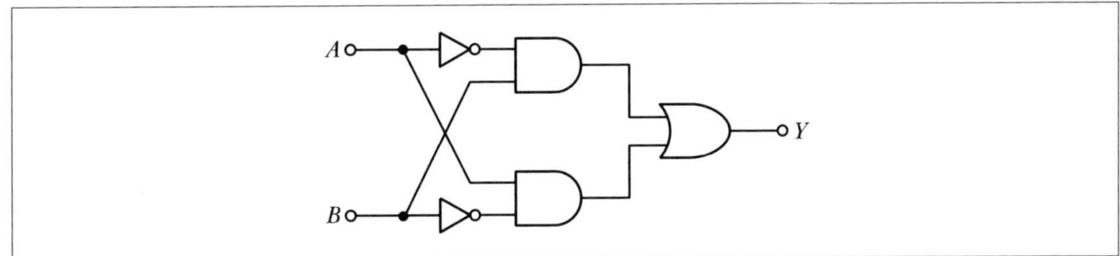

① $Y = A\overline{B} + \overline{A}B$
② $Y = \overline{A}\overline{B} + \overline{A}B$
③ $Y = A\overline{B} + \overline{A}\overline{B}$
④ $Y = \overline{A} + \overline{B}$

해설 exclusive OR(배타적논리회로)

$X = A\overline{B} + \overline{A}B$

정답	11 ①

논리식의 간단화

1. 논리식의 간단화

분배 법칙	$A+B\cdot C=(A+B)\cdot(A+C)$
흡수 법칙	$A+A\cdot B=A$
동일의 법칙	• $A+A=A$ • $A\cdot A=A$
부정의 법칙	• $\overline{A}+A=1$ • $\overline{A}\cdot A=0$
드모르간의 정리	• $\overline{A+B}=\overline{A}\cdot\overline{B}$ • $\overline{A\cdot B}=\overline{A}+\overline{B}$
이중부정의 법칙	• $\overline{\overline{A}}=A$ • $\overline{\overline{A\cdot B}}=\overline{\overline{A}+\overline{B}}=\overline{\overline{A}}\cdot\overline{\overline{B}}=A\cdot B$ • $\overline{\overline{A+B}}=\overline{\overline{A}\cdot\overline{B}}=\overline{\overline{A}}+\overline{\overline{B}}=A+B$

과년도 기출 및 예상문제

★☆☆

01 논리식 $A+AB$을 간단히 계산한 결과는?

① A
② $\overline{A}+B$
③ $A+\overline{B}$
④ $A+B$

해설 $A+AB=A(1+B)=A$

★☆☆

02 다음 논리식 중 옳지 않은 것은?

① $A+A=A$
② $A\ A=A$
③ $A+\overline{A}=1$
④ $A\ \overline{A}=1$

해설 $A\ \overline{A}=0$

★★★

03 $L=\overline{x}\ \overline{y}+\overline{x}\ y+x\ y$ 를 간단히 한 것은?

① $x+y$
② $\overline{x}+y$
③ $x+\overline{y}$
④ $\overline{x}+\overline{y}$

해설 $L=\overline{x}\overline{y}+\overline{x}y+xy=\overline{x}(\overline{y}+y)+xy=\overline{x}+xy=(\overline{x}+x)(\overline{x}+y)=\overline{x}+y$

★☆☆

04 논리식 $((AB+A\overline{B})+AB)+\overline{A}B$를 간단히 한 것은?

① $A+\overline{B}$
② $\overline{A}+B$
③ $\overline{A}+\overline{B}$
④ $A+B$

해설 $((AB+A\overline{B})+AB)+\overline{A}B=(AB+A\overline{B}+AB)+\overline{A}B=AB+A\overline{B}+\overline{A}B$
$=A(B+\overline{B})+\overline{A}B=A+\overline{A}B=(A+\overline{A})(A+B)=A+B$

정답 01 ① 02 ④ 03 ② 04 ④

★☆☆

05 논리식 $Y=(A+B)(\overline{A}+B)$을 간단히 하면?

① $A+\overline{B}$　　② $\overline{A}+B$

③ A　　④ B

해설 $Y=(A+B)(\overline{A}+B)=A\overline{A}+AB+\overline{A}B+BB=AB+\overline{A}B+B=AB+B=B$

★☆☆

06 그림의 논리 회로의 출력 y를 옳게 나타내지 못한 것은?

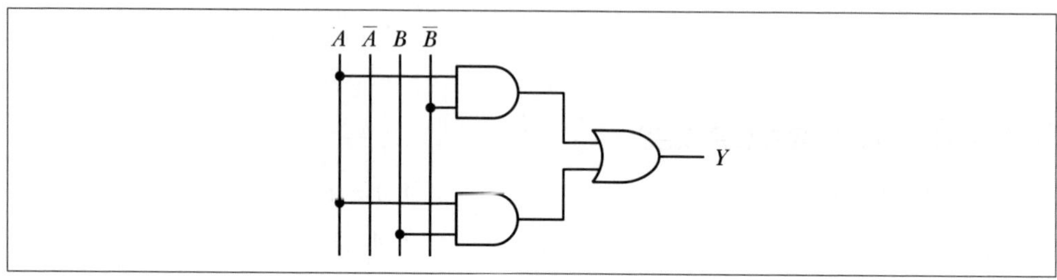

① $y=A\overline{B}+AB$　　② $y=A(\overline{B}+B)$

③ $y=A$　　④ $y=B$

해설 $y=A\overline{B}+AB=A(\overline{B}+B)=A$

★☆☆

07 그림과 같은 논리회로에서 $A=1$, $B=1$인 입력에 대한 출력 x, y는 각각 얼마인가?

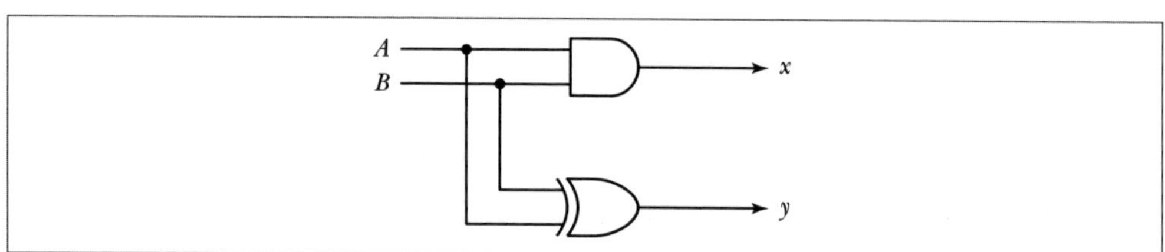

① $x=0$, $y=0$　　② $x=0$, $y=1$

③ $x=1$, $y=0$　　④ $x=1$, $y=1$

해설 exclusive-OR(배타적논리회로)

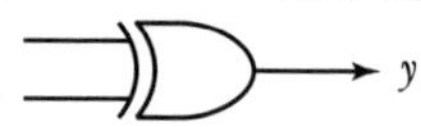

- $x=AB=1\times1=1$
- $y=A\overline{B}+\overline{A}B=1\times0+0\times1=0$

정답 05 ④ 06 ④ 07 ③

★★★

08 다음 논리 회로를 간단히 하면?

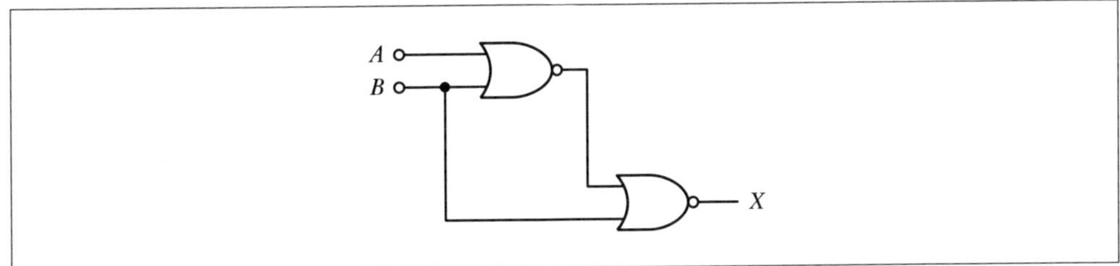

① $X = AB$

② $X = \overline{A}\,B$

③ $X = A\overline{B}$

④ $X = \overline{AB}$

해설 드모르간 정리에 의하여

$X = \overline{\overline{(A+B)} + B} = \overline{\overline{A+B}}\ \overline{B} = (A+B)\,\overline{B} = A\overline{B} + B\overline{B} = A\overline{B}$

★☆☆

09 다음의 논리 회로를 간단히 하면?

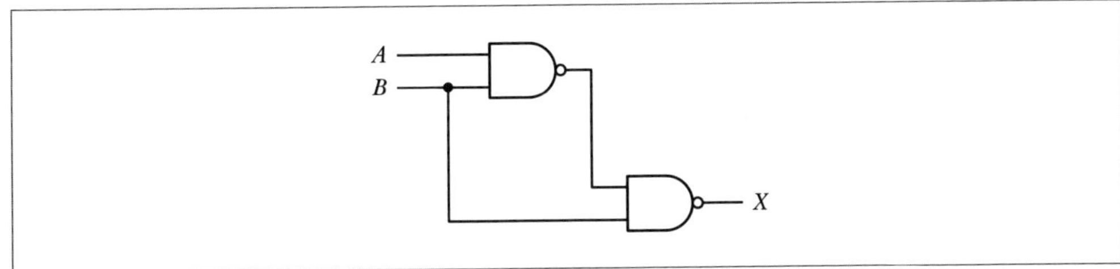

① $\overline{A} + B$

② $A + \overline{B}$

③ $\overline{A} + \overline{B}$

④ $A + B$

해설 드모르간 정리에 의하여

$X = \overline{\overline{AB}\,B} = \overline{\overline{AB}} + \overline{B} = AB + \overline{B} = (A+\overline{B})(B+\overline{B}) = A + \overline{B}$

정답	08 ③ 09 ②

★☆☆

10 그림과 같은 논리 회로와 등가인 것은?

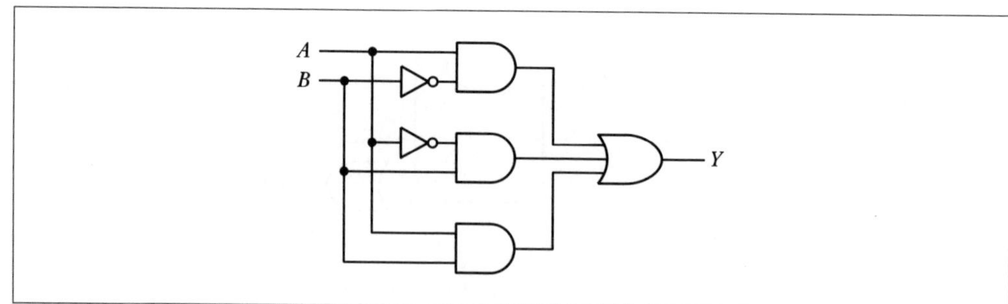

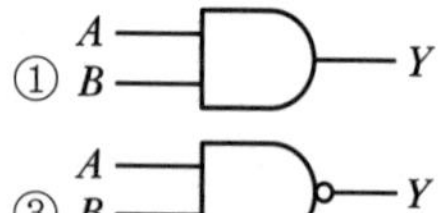

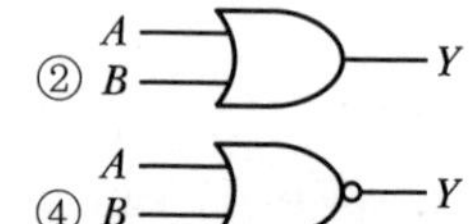

해설 $Y = A\overline{B} + \overline{A}B + AB = A\overline{B} + (\overline{A}B + AB) = A\overline{B} + (\overline{A} + A)B$
$= A\overline{B} + B = (A+B)(\overline{B} + B) = A + B$

★★★

11 그림과 같은 회로의 출력 Z는 어떻게 표현되는가?

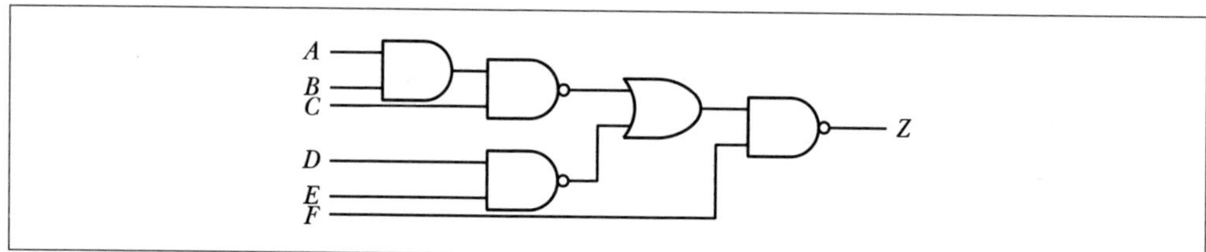

① $\overline{A}+\overline{B}+\overline{C}+\overline{D}+\overline{E}+\overline{F}$
② $A+B+C+D+E+F$
③ $\overline{A}\,\overline{B}\,\overline{C}\,\overline{D}\,\overline{E}+F$
④ $ABCDE+\overline{F}$

해설 $Z = \overline{(\overline{ABC} + \overline{DE})F} = \overline{(\overline{ABC} + \overline{DE})}\,\overline{F} = ABCDE + \overline{F}$

정답 10 ② 11 ④

CHAPTER 10 자동제어계의 종류와 분류

01 SECTION 자동 제어장치의 구성

1. 제어요소 : 조작부+조절부

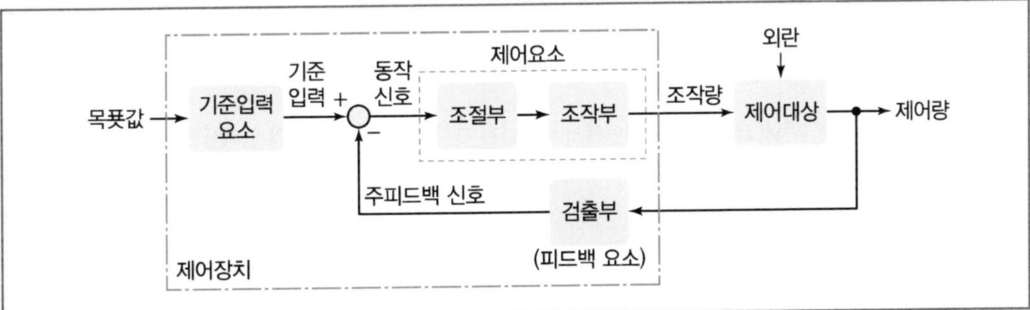

※ 조작량 : 제어장치의 출력인 동시에 제어대상의 입력신호

2. 제어량의 종류에 의한 분류

① 프로세스 제어(process control) : 온도, 유량, 압력, 레벨(level), 효율
② 서보기구(servo mechanism) : 물체의 위치, 각도(자세, 방향)
③ 자동조정(automatic regulation) : 회전수, 전압, 주파수, 힘, 전류

3. 목푯값의 시간적 성질에 의한 분류

① 정치제어 : 목푯값이 시간에 대하여 변화하지 않는 제어(프로세스 제어, 자동조정)
② 프로그램 제어 : 미리 정해진 프로그램에 따라 제어량을 변화시키는 것(무인운전열차, 무조정사의 엘리베이터)
③ 추종제어 : 목푯값이 시간에 따라 임의로 변화(서보기구, 인공위성을 추적하는 레이더)
④ 비율제어 : 목푯값이 다른 것과 일정비율 관계를 가지며 변화하는 추종제어
※ 커피 자동판매기 : 시퀀스제어

과년도 기출 및 예상문제

★★★

01 다음 그림 중 ①에 알맞은 신호는?

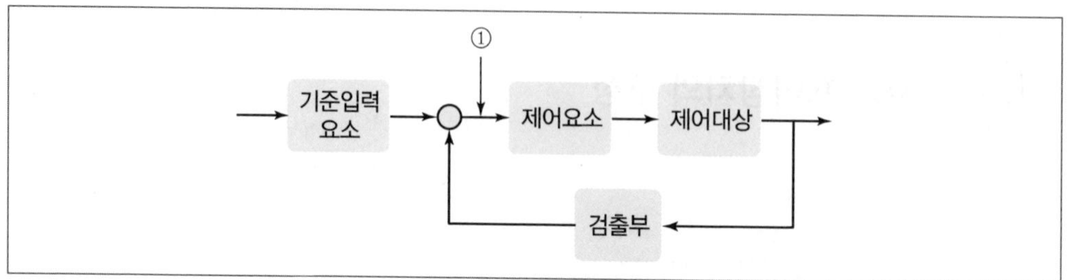

① 기준입력
② 동작신호
③ 조작량
④ 제어량

해설 동작신호 : 목푯값과 제어량 사이에서 나타나는 편차값으로 제어요소의 입력신호

★☆☆

02 블록선도에서 ⓐ에 해당하는 신호는?

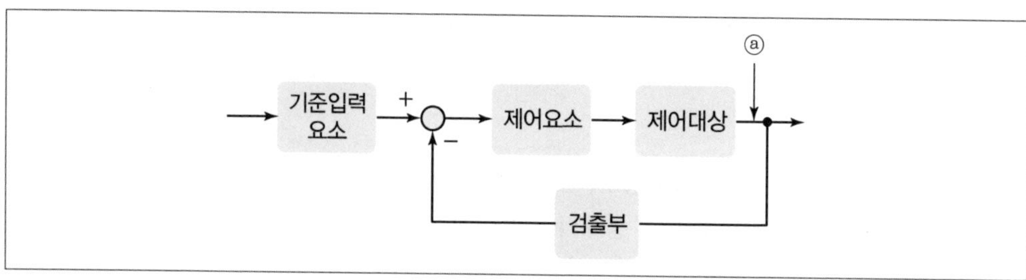

① 조작량
② 제어량
③ 기준입력
④ 동작신호

해설 제어량 : 제어계의 출력으로서 제어대상에서 만들어지는 값

★★☆

03 자동제어계의 기본적 구성에서 제어요소는 무엇으로 구성되는가?

① 검출부
② 검출부와 조절부
③ 검출부와 조작부
④ 조작부와 조절부

해설 제어요소는 조작부와 조절부로 구성되어 있다.

정답	01 ② 02 ② 03 ④

★☆☆

04 다음 요소 중 피드백(feed back) 제어계의 제어장치에 속하지 않는 것은?

① 설정부 ② 제어요소
③ 검출부 ④ 제어대상

해설 제어대상 : 제어기구로 제어장치를 제외한 나머지 부분을 의미

★★★

05 자동제어의 분류에서 제어량의 종류에 의한 자동제어의 분류가 아닌 것은?

① 프로세스 제어 ② 서보기구
③ 자동조정 ④ 추종제어

해설 추종제어(추치제어)는 목푯값에 의한 분류이다.

제어량의 종류에 의한 분류

- 프로세스 제어(process control) : 온도, 유량, 압력, 레벨(level), 효율
- 서보기구(servo mechanism) : 물체의 위치, 각도(자세, 방향)
- 자동조정(automatic regulation) : 회전수, 전압, 주파수, 힘, 전류

★★☆

06 제어계의 종류 중 목푯값에 의한 분류에 해당되는 것은?

① 프로세스 제어 ② 서보기구
③ 자동조정 ④ 비율제어

해설 **목푯값의 시간적 성질에 의한 분류**

- 정치제어 : 목푯값이 시간에 대하여 변화하지 않는 제어(프로세스 제어, 자동조정)
- 프로그램제어 : 미리 정해진 프로그램에 따라 제어량을 변화시키는 것(무인운전열차, 무조정사의 엘리베이터)
- 추종제어 : 목푯값이 시간에 따라 임의로 변화(서보기구, 인공위성을 추적하는 레이더)
- 비율제어 : 목푯값이 다른 것과 일정비율 관계를 가지며 변화하는 추종제어

★★☆

07 서보기구에서 직접 제어되는 제어량은 주로 어느 것인가?

① 압력, 유량, 액위, 온도 ② 수분, 화학 성분
③ 위치, 각도 ④ 전압, 전류, 회전 속도, 회전력

해설 **제어량의 종류에 의한 분류**

- 프로세스 제어(process control) : 온도, 유량, 압력, 레벨(level), 효율
- 서보기구(servo mechanism) : 물체의 위치, 각도(자세, 방향)
- 자동조정(automatic regulation) : 회전수, 전압, 주파수, 힘, 전류

정답	04 ④ 05 ④ 06 ④ 07 ③

★★☆

08 다음 중 제어량을 어떤 일정한 목푯값으로 유지하는 것을 목적으로 하는 제어법은?

① 비율제어 ② 추종제어
③ 비례제어 ④ 정치제어

해설 정치제어는 목푯값이 시간에 대하여 변화하지 않는 제어로 제어량을 어떤 일정한 목푯값으로 유지하는 것으로 프로세스 제어, 자동조정이 있다.

★★☆

09 주파수를 제어하고자 하는 경우 이는 어느 제어에 속하는가?

① 비율제어 ② 추종제어
③ 비례제어 ④ 정치제어

해설 정치제어는 목푯값이 시간에 대하여 변화하지 않는 제어를 말하며, 제어량을 어떤 일정한 목푯값으로 유지하는 기능을 한다. 프로세스 제어, 자동조정(회전수, 전압, 주파수, 힘, 전류)이 정치제어에 속한다.

★☆☆

10 연료의 유량과 공기의 유량과의 사이의 비율을 연소에 적합한 것으로 유지하고자 하는 제어는?

① 비율제어 ② 추종제어
③ 프로그램 제어 ④ 시퀀스 제어

해설 비율제어는 목푯값이 다른 양과 비율 관계를 가지고 변화하는 경우의 제어로 보일러의 자동 연소제어 등이 이에 속한다.

정답 08 ④ 09 ④ 10 ①

02 SECTION 조절부의 동작에 의한 제어

1. 조절부의 동작에 의한 제어

(1) 비례제어(P동작 : Proportional)

① 잔류편차(off-set) 발생

② 정상오차 수반

(2) 적분제어(I동작 : Integral)

잔류편차(off-set) 제거

(3) 미분제어(D동작 : Derivative)

오차가 커지는 것을 미리 방지

(4) 비례 · 적분제어(PI동작)

① 잔류편차(off-set) 제거

② 정상특성 개선에 쓰인다.

(5) 비례 · 미분제어(PD동작)

① 진상요소이므로 응답 속응성의 개선

② 진동억제

(6) 비례 · 적분 · 미분제어(PID동작)

① 정상특성과 응답속응성을 동시에 개선

② 뒤진-앞선 회로의 특성과 같으며 정상 편차, 응답, 속응성 모두가 최적이다.

과년도 기출 및 예상문제

★★☆

01 잔류 편차(off set)가 있는 제어계는?

① 비례 제어계(P 제어계)
② 적분 제어계(I 제어계)
③ 비례 적분 제어계(PI 제어계)
④ 비례 적분 미분 제어계(PID 제어계)

해설 **비례 제어**
잔류 편차는 비례 제어의 경우에 피할 수 없다.

★☆☆

02 off－set을 제거하기 위한 제어법은?

① 비례 제어
② 적분 제어
③ on－off 제어
④ 미분 제어

해설 **적분 제어**
오프셋(off－set)을 소멸시킨다.

★★☆

03 동작 중 속응도와 정상 편차에서 최적 제어가 되는 것은?

① PI 동작
② P 동작
③ PD 동작
④ PID 동작

해설 **PID 제어**
뒤진－앞선 회로의 특성과 같으며 정상 편차, 응답, 속응성 모두가 최적이다.

★☆☆

04 PID 동작은 어느 것인가?

① 사이클링을 제거할 수 있으나 오프셋이 생긴다.
② 응답속도를 빨리할 수 있으나 오프셋은 제거되지 않는다.
③ 오프셋은 제거되나 제어동작에 큰 부동작 시간이 있으면 응답이 늦어진다.
④ 사이클링과 오프셋이 제거되고 응답속도가 빠르며 안정성도 있다.

해설 **PID 제어**
- 정상특성과 응답속응성을 동시에 개선시킨다.
- 오버슈트를 감소시킨다.
- 정정시간을 적게 하는 효과가 있다.
- 연속선형 제어이다.

정답 01 ① 02 ② 03 ④ 04 ④

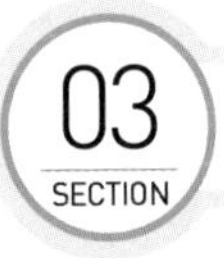

변환 요소의 종류

변환량		변환요소
압력 → 변위		벨로우즈, 다이어프램, 스프링
변위 → 압력		노즐 플래퍼, 유압 분사관, 스프링
변위 → 임피던스		가변 저항기, 용량형 변환기, 가변 저항 스프링
변위 → 전압		포텐셔미터, 차동 변압기, 전위차계
전압 → 변위		전자석, 전자 코일
광	임피던스	광전관, 광전도 셀, 광전 트랜지스터
	전압	광전지, 광전 다이오드
온도 → 임피던스		측온 저항(열선, 서미스터, 백금, 니켈)
온도 → 전압		열전대(백금 – 백금 로튬, 철 – 콘스탄탄, 구리 – 콘스탄탄, 크로멜 – 알루멜)

과년도 기출 및 예상문제

★☆☆
01 온도를 전압으로 변환시키는 요소는?

① 차동 변압기　　② 열전대
③ 측온 저항　　④ 광전기

해설 열전대 : 두종의 금속을 접속하고 접속부의 양단에 온도차가 생기면 열기전력이 발생하는 것(제백효과)을 이용하여 온도를 측정하는 소자

★☆☆
02 압력을 변위로 변환시키는 요소는?

① 노즐 플래퍼　　② 차동 변압기
③ 다이어프램　　④ 전자석

해설 변위 : 물체가 어느 위치에서 다른 위치로 옮겨지는 것

정답 01 ② 02 ③

PART

02

전기기사 필기
과년도 기출문제

CRAFTSMAN

ELECTRICITY

※ 2022년 2회 이후 CBT로 출제된 기출문제는 개정된 출제기준과 해당 회차의 기출 키워드 등을 분석하여 복원하였습니다.

CHAPTER 01 2020년 제1·2회 과년도 기출문제

01 3상 전류가 $I_a = 10 + j3$[A], $I_b = -5 - j2$[A], $I_c = -3 + j4$[A]일 때 정상분 전류의 크기는 약 몇 [A]인가?

① 5
② 6.4
③ 10.5
④ 13.34

해설 계산기 사용

$$I_1 = \frac{1}{3}(I_a + aI_b + a^2 I_c) = \frac{1}{3}\{(10 + j3) + 1\angle 120(-5 - j2) + 1\angle 240(-3 + j4)\}$$
$$= 6.4 + j0.09 = 6.4\angle 0.8$$

02 그림의 회로에서 영상 임피던스 Z_{01}이 6[Ω]일 때, 저항 R의 값은 몇 [Ω]인가?

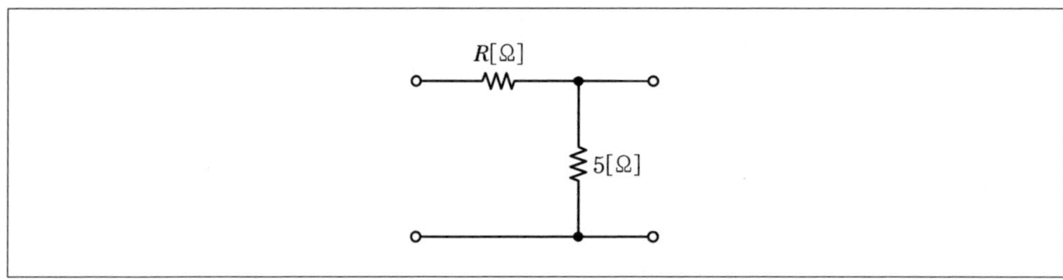

① 2
② 4
③ 6
④ 9

해설 • $Z_{01} = \sqrt{\frac{AB}{CD}}$

$- A = 1 + ↘ = 1 + \frac{R}{5}$

$- B = R$

$- C = \frac{1}{5}$

$- D = 1 + ↙ = 1$

정답 01 ② 02 ②

• $Z_{01} = \sqrt{\frac{AB}{CD}}$

$6 = \sqrt{\frac{(1+\frac{R}{5})R}{\frac{1}{5}\times 1}}$ 은 $6 = \sqrt{(5+R)R}$ $\therefore R^2+5R-36=0$

인수분해하면 $(R+9)(R-4)=0$ $\therefore R=4$

03

Y결선의 평형 3상 회로에서 선간전압 V_{ab}와 상전압 V_{an}의 관계로 옳은 것은? (단, $V_{bn} = V_{an}e^{-j(2\pi/3)}$, $V_{cn} = V_{bn}e^{j(2\pi/3)}$)

① $V_{ab} = \frac{1}{\sqrt{3}}e^{j(\pi/6)}V_{an}$

② $V_{ab} = \sqrt{3}\,e^{j(\pi/6)}V_{an}$

③ $V_{ab} = \frac{1}{\sqrt{3}}e^{-j(\pi/6)}V_{an}$

④ $V_{ab} = \sqrt{3}\,e^{-j(\pi/6)}V_{an}$

해설 $V_{ab} = 2\sin\frac{\pi}{n}\,V_{an}\angle\frac{\pi}{2}\left(1-\frac{2}{n}\right) = 2\sin\frac{\pi}{3}\,V_{an}\angle\frac{\pi}{2}\left(1-\frac{2}{3}\right)$

$= \sqrt{3}\,V_{an}\angle\frac{\pi}{6} = \sqrt{3}\,e^{j(\pi/6)}V_{an}$

04

$f(t) = t^2e^{-\alpha t}$를 라플라스 변환하면?

① $\frac{2}{(s+\alpha)^2}$

② $\frac{3}{(s+\alpha)^2}$

③ $\frac{2}{(s+\alpha)^3}$

④ $\frac{3}{(s+\alpha)^3}$

해설 **복소 추이 정리**

$F(s) = \mathcal{L}\left[t^2e^{-\alpha t}\right] = \frac{2}{s^3}\Big|_{s\to s+\alpha} = \frac{2}{(s+\alpha)^3}$

05

선로의 단위 길이당 인덕턴스, 저항, 정전용량, 누설 컨덕턴스를 각각 L, R, C, G라 하면 전파정수는?

① $\frac{\sqrt{(R+j\omega L)}}{(G+j\omega C)}$

② $\sqrt{(R+j\omega L)(G+j\omega C)}$

③ $\sqrt{\frac{(R+j\omega C)}{(G+j\omega L)}}$

④ $\sqrt{\frac{(G+j\omega C)}{(R+j\omega L)}}$

해설 $\Upsilon = \sqrt{ZY} = \sqrt{(R+j\omega L)(G+j\omega C)}$

정답	03 ② 04 ③ 05 ②

06 회로에서 0.5[Ω] 양단 전압(V)은 약 몇 [V]인가?

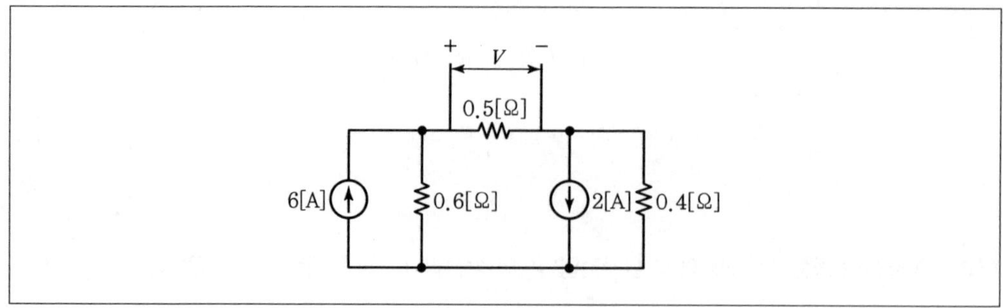

① 0.6　　② 0.93
③ 1.47　　④ 1.5

해설 **중첩의 정리**

- 2[A] 전류원 개방(전류는 남의 저항만큼 흐름)

  $I_1 = \frac{0.6}{0.6+0.9} \times 6 = 2.4[\mathrm{A}]$, $V_1 - 0.5 \times 2.4 = 1.2[\mathrm{V}]$

- 6[A] 전류원 개방(전류는 남의 저항만큼 흐름)

  $I_2 = \frac{0.4}{1.1+0.4} \times 2 = 0.53[\mathrm{A}]$, $V_2 = 0.5 \times 0.53 = 0.265[\mathrm{V}]$

$\therefore\ V = V_1 + V_2 = 1.2 + 0.265 = 1.465[\mathrm{V}]$

07 RLC직렬회로의 파라미터가 $R^2 = \frac{4L}{C}$의 관계를 가진다면, 이 회로에 직류 전압을 인가하는 경우 과도 응답특성은?

① 무제동　　② 과제동
③ 부족제동　　④ 임계제동

해설

- 비진동 : $R^2 - \frac{4L}{C} > 0$
- 임계진동 : $R^2 - \frac{4L}{C} = 0$
- 진동 : $R^2 - \frac{4L}{C} < 0$

08 $v(t) = 3 + 5\sqrt{2}\sin\omega t + 10\sqrt{2}\sin\left(3\omega t - \frac{\pi}{3}\right)$[V]의 실횻값 크기는 약 몇 [V]인가?

① 9.6　　② 10.6
③ 11.6　　④ 12.6

정답 | 06 ③ 07 ④ 08 ③

해설 정현파의 실횻값 $I=\dfrac{I_m(\text{최댓값})}{\sqrt{2}}$

$$I=\sqrt{3^2+\left(\frac{5\sqrt{2}}{\sqrt{2}}\right)^2+\left(\frac{10\sqrt{2}}{\sqrt{2}}\right)^2}=\sqrt{3^2+5^2+10^2}=11.57[\text{A}]$$

09 그림과 같이 결선된 회로의 단자(a, b, c)에 선간전압이 V[V]인 평형 3상 전압을 인가할 때 상전류 I[A]의 크기는?

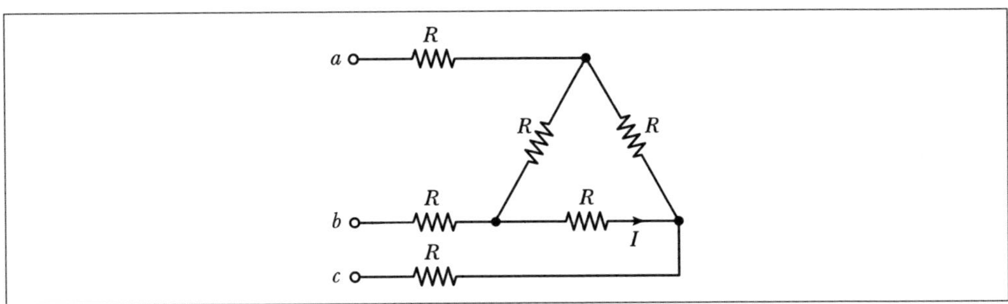

① $\dfrac{V}{4R}$ ② $\dfrac{3V}{4R}$

③ $\dfrac{\sqrt{3}\,V}{4R}$ ④ $\dfrac{V}{4\sqrt{3}\,R}$

해설 • △ → Y 변환로 변환하면

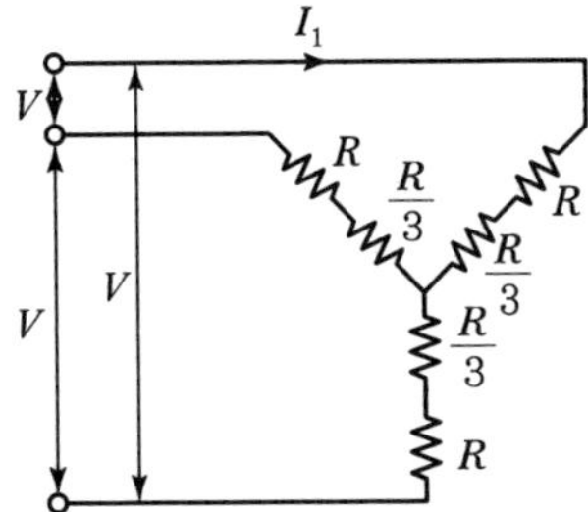

$$R'=\frac{R\times R}{R+R+R}=\frac{R}{3}$$

1상당 저항값은 $R_a=R+\dfrac{R}{3}=\dfrac{4R}{3}$

1상당 전압값은 $V_p=\dfrac{V}{\sqrt{3}}$

• 선류값은 $I_l=\dfrac{V_p}{R_a}=\dfrac{\frac{V}{\sqrt{3}}}{\frac{4R}{3}}=\dfrac{3V}{4\sqrt{3}\,R}$

상값은 $I_p=I=\dfrac{I_l}{\sqrt{3}}=\dfrac{\frac{3V}{4\sqrt{3}\,R}}{\sqrt{3}}=\dfrac{3V}{4\times 3R}=\dfrac{V}{4R}$[A]

정답 09 ①

10 $8+j6[\Omega]$인 임피던스에 $13+j20[V]$의 전압을 인가할 때 복소전력은 약 몇 [VA]인가?

① $12.7+j34.1$
② $12.7+j55.5$
③ $45.5+j34.1$
④ $45.5+j55.5$

해설
- $P_a = VI^*$이므로 $V=13+j20$, $I=\frac{V}{Z}=\frac{13+j20}{8+j6}=2.24+j0.82$
- $P_a = VI^* = (13+j20)(2.24+j0.82)^* = (13+j20)(2.24-j0.82) = 45.52+j34.14[VA]$

11 특성방정식이 $s^3+2s^2+Ks+10=0$로 주어지는 제어시스템이 안정하기 위한 K의 범위는?

① $K>0$
② $K>5$
③ $K<0$
④ $0<K<5$

해설 **루드－훌비쯔 표**

s^3	1	K
s^2	2	10
s^1	$\frac{2K-10}{2}$	0
s^0	10	

제1열의 부호 변화가 없으려면 $\frac{2K-10}{2}>0$

$\therefore K>5$

12 제어시스템의 개루프 전달함수가 $G(s)H(s)=\frac{K(s+30)}{s^4+s^3+2s^2+s+7}$로 주어질 때, 다음 중 $K>0$인 경우 근궤적의 점근선이 실수축과 이루는 각[°]은?

① 20[°]
② 60[°]
③ 90[°]
④ 120[°]

해설
- 점근선의 각 : $\beta_0 = \frac{(2k+1)\pi}{\text{극점의 수} - \text{영점의 수}}$(k=0, 1, 2, 3, ⋯)
  - 극점의 수는 분모가 4차식이므로 4개
  - 영점의 수는 분자가 1차식이므로 1개
- k=0 : $\beta_0 = \frac{(2k+1)\pi}{\text{극점의 수} - \text{영점의 수}} = \frac{\pi}{4-1} = \frac{\pi}{3} = 60[°]$

  k=1 : $\beta_0 = \frac{(2k+1)\pi}{\text{극점의 수} - \text{영점의 수}} = \frac{(2+1)\pi}{4-1} = \pi = 180[°]$

  k=2 : $\beta_0 = \frac{(2k+1)\pi}{\text{극점의 수} - \text{영점의 수}} = \frac{(4+1)\pi}{4-1} = \frac{5}{3}\pi = 300[°] =-60[°]$

정답 10 ③ 11 ② 12 ②

13 z 변환된 함수 $F(z)=\frac{3z}{(z-e^{-3T})}$ 에 대응되는 라플라스변환 함수는?

① $\frac{1}{(s+3)}$
② $\frac{3}{(s-3)}$
③ $\frac{1}{(s-3)}$
④ $\frac{3}{(s+3)}$

해설 **라플라스 변환함수**

$f(t)$	$F(s)$	$F(z)$
e^{-at}	$\frac{1}{s+a}$	$\frac{z}{z-e^{-at}}$
$3e^{-3t}$	$3\times\frac{1}{s+3}$	$3\times\frac{z}{z-e^{-3t}}$

14 그림과 같은 제어시스템의 전달함수 $\frac{C(s)}{R(s)}$ 는?

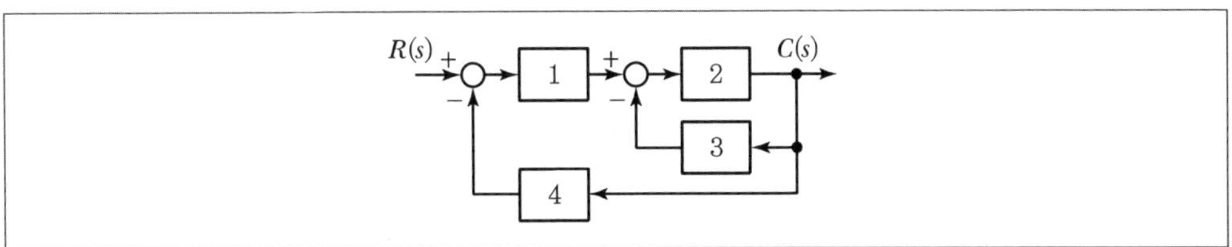

① $\frac{1}{15}$
② $\frac{2}{15}$
③ $\frac{3}{15}$
④ $\frac{4}{15}$

해설 **간이 전달함수 계산**

$$\text{전달함수}=\frac{\text{출력}}{\text{입력}}=\frac{C(s)}{R(s)}=\frac{\sum\text{경로}}{1-\sum\text{피드백}}=\frac{1\times2}{1-(-2\times3-1\times2\times4)}=\frac{2}{15}$$

15 전달함수가 $G_C(s)=\frac{2s+5}{7s}$ 인 제어기가 있다. 이 제어기는 어떤 제어기인가?

① 비례·미분 제어기
② 적분 제어기
③ 비례·적분 제어기
④ 비례·적분·미분 제어기

해설 $G_C(s)=\frac{2s+5}{7s}=\frac{2}{7}+\frac{5}{7s}=\frac{2}{7}\left(1+\frac{1}{\frac{2}{5}s}\right)$ 이므로 비례 · 적분 제어기이다.

정답 13 ④ 14 ② 15 ③

16 단위 피드백제어계에서 개루프 전달함수 $G(s)$가 다음과 같이 주어졌을 때 단위계단입력에 대한 정상상태 편차는?

$$G(s) = \frac{5}{s(s+1)(s+2)}$$

① 0 ② 1
③ 2 ④ 3

해설 정상편차 : $e_{ss} = \lim_{s\to 0} sE(s) = \lim_{s\to 0} s\frac{R(s)}{1+G(s)}$

$$e_{ss} = \lim_{s\to 0} sE(s) = \lim_{s\to 0} s\frac{R(s)}{1+G(s)} = \lim_{s\to 0} s\frac{\frac{1}{s}}{1+\frac{5}{s(s+1)(s+2)}} = \lim_{s\to 0}\frac{1}{1+\frac{5}{s(s+1)(s+2)}} = \frac{1}{1+\infty} = 0$$

17 그림과 같은 논리회로의 출력 Y는?

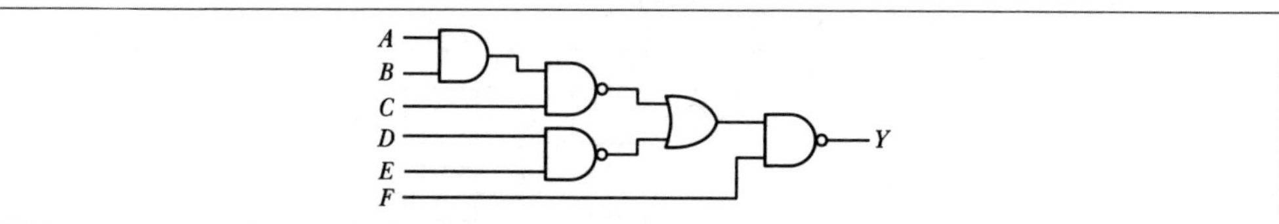

① $ABCDE+\overline{F}$ ② $\overline{A}\,\overline{B}\,\overline{C}\,\overline{D}\,\overline{E}+F$
③ $\overline{A}+\overline{B}+\overline{C}+\overline{D}+\overline{E}+F$ ④ $A+B+C+D+E+\overline{F}$

해설 $Z=\overline{(\overline{\overline{ABC}+\overline{DE}})F} = \overline{(\overline{ABC}+\overline{DE})}+\overline{F} = ABCDE+\overline{F}$

18 그림의 신호흐름선도에서 전달함수 $\frac{C(s)}{R(s)}$는?

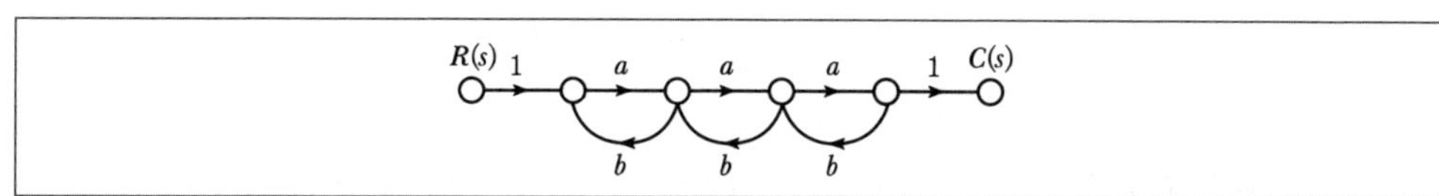

① $\frac{a^3}{(1-ab)^3}$ ② $\frac{a^3}{(1-3ab+a^2b^2)}$
③ $\frac{a^3}{1-3ab}$ ④ $\frac{a^3}{1-3ab+2a^2b^2}$

정답 16 ① 17 ① 18 ②

해설 전달함수 $= \dfrac{C(s)}{R(s)} = \dfrac{\Sigma[G(1-loop)]}{1-\Sigma L_1+\Sigma L_2-\Sigma L_3} = \dfrac{aaa}{1-(ab+ab+ab)+ab\cdot ab} = \dfrac{a^3}{1-3ab+a^2b^2}$

- G : 각각의 순방향 경로의 이득 → aaa
- loop : 각각의 순방향 경로에 접촉하지 않는 이득 → 없음
- ΣL_1 : 각각의 모든 폐루프 이득의 곱의 합 → $ab+ab+ab=3ab$
- ΣL_2 : 서로 접촉하고 있지 않은 2개 이상의 L_1의 곱의 합 → $ab\cdot ab=a^2b^2$
- ΣL_3 : 서로 접촉하고 있지 않은 3개 이상의 L_1의 곱의 합 → 없음

19 다음과 같은 미분방정식으로 표현되는 제어시스템의 시스템 행렬 A는?

$$\frac{d^2c(t)}{dt^2}+5\frac{dc(t)}{dt}+3c(t)=r(t)$$

① $\begin{bmatrix}-5 & -3\\ 0 & 1\end{bmatrix}$　② $\begin{bmatrix}-3 & -5\\ 0 & 1\end{bmatrix}$

③ $\begin{bmatrix}0 & 1\\ -3 & -5\end{bmatrix}$　④ $\begin{bmatrix}0 & 1\\ -5 & -3\end{bmatrix}$

해설
- $x_1(t)=c(t)$라 놓으면 $x_2(t)=\dfrac{d}{dt}x_1(t)=\dfrac{d}{dt}c(t)=\dot{x}_1(t)$
- $x_3(t)=\dfrac{d}{dt}x_2(t)=\dfrac{d}{dt}(\dfrac{d}{dt}x_1(t))=\dfrac{d}{dt}x_2(t)=\dot{x}_2(t)$

  그러므로 주어진 식은 $\dfrac{d^2c(t)}{dt^2}=-3c(t)-5\dfrac{dc(t)}{dt}+r(t)$

  $\dot{x}_2(t)=-3x_1(t)-5x_2(t)+r(t)$
- $\dot{x}_1(t)=0x_1(t)+x_2(t)+0r(t)$

  $\dot{x}_2(t)=-3x_1(t)-5x_2(t)+r(t)$

  $\therefore \begin{bmatrix}\dot{x}_1(t)\\ \dot{x}_2(t)\end{bmatrix}=\begin{bmatrix}0 & 1\\ -3 & -5\end{bmatrix}\begin{bmatrix}x_1(t)\\ x_2(t)\end{bmatrix}+\begin{bmatrix}0\\ 1\end{bmatrix}r(t)$

20 안정한 제어시스템의 보드 선도에서 이득여유는?

① −20~20[dB] 사이에 있는 크기[dB] 값이다.
② 0~20[dB] 사이에 있는 크기 선도의 길이이다.
③ 위상이 0[°]가 되는 주파수에서 이득의 크기[dB]이다.
④ 위상이 −180[°]가 되는 주파수에서 이득의 크기[dB]이다.

해설 **이득여유**

위상 선도가 −180[°] 축과 교차되는 점에 대응되는 이득의 크기[dB]

정답 19 ③ 20 ④

CHAPTER 02

2020년 제3회 과년도 기출문제

01 선간전압이 V_{ab}[V]인 3상 평형 전원에 대칭 부하 R[Ω]이 그림과 같이 접속되어 있을 때, a, b 두 상 간에 접속된 전력계의 지시 값이 W[W]라면 C상 전류의 크기[A]는?

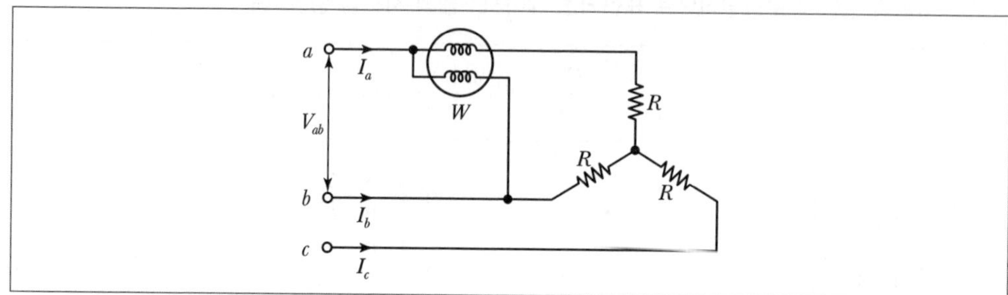

① $\dfrac{W}{2V_{ab}}$　　② $\dfrac{2W}{3V_{ab}}$

③ $\dfrac{2W}{\sqrt{3}V_{ab}}$　　④ $\dfrac{\sqrt{3}W}{V_{ab}}$

해설
- 3상 평형이므로 $V_{ab}=V_{bc}=V_{ca}=V$, $I_a=I_b=I_c=I$
- $P=2W=\sqrt{3}VI$

$I=\dfrac{2W}{\sqrt{3}V}$ $\therefore I_c=\dfrac{2W}{\sqrt{3}V_{ab}}$

02 불평형 3상 전류가 $I_a=15+j2$[A], $I_b=-20-j14$[A], $I_c=-3+j10$[A]일 때, 역상분 전류 I_2[A]는?

① $1.91+j6.24$　　② $15.74-j3.57$

③ $-2.67-j0.67$　　④ $-8-j2$

해설 계산기 사용

$I_2=\dfrac{1}{3}(I_a+a^2I_b+aI_c)=\dfrac{1}{3}\{(15+j2)+1\angle 240(-20-j14)+1\angle 120(-3+j10)\}$

$=1.91+j6.24=6.525\angle 72.988$

정답 01 ③ 02 ①

03 회로에서 20[Ω]의 저항이 소비하는 전력은 몇 [W]인가?

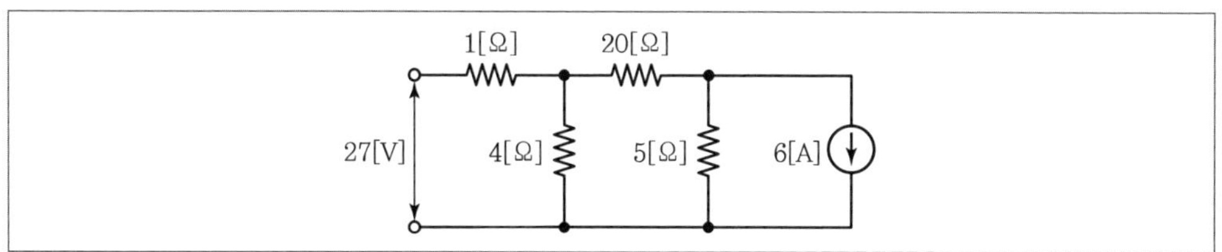

① 14 ② 27
③ 40 ④ 80

해설 **중첩의 정리**

- 전류원 개방

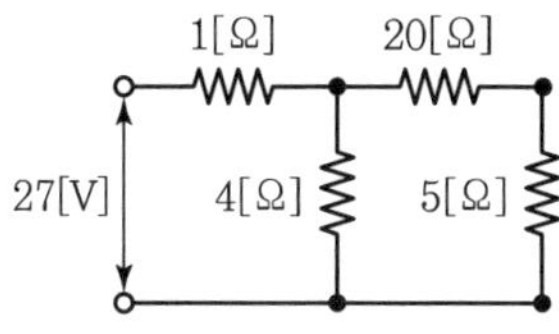

– 합성저항 $R = 1 + \frac{4 \times 25}{4+25} = \frac{129}{29}$

– 전체전류 $I = \frac{V}{R} = \frac{27}{\frac{129}{29}} = \frac{261}{43}$

– 20[Ω]에 흐르는 전류 $I_1 = \frac{4}{4+25} \times \frac{261}{43} = 0.837[A]$

- 전압원 단락

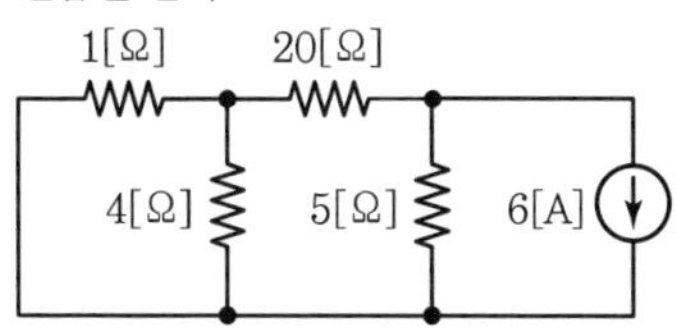

20[Ω]에 흐르는 전류 $I_2 = \frac{5}{5 + \left(20 + \frac{4}{5}\right)} \times 6 = 1.163[A]$

- 20[Ω]에 흐르는 전전류 $I = 0.837 + 1.163 = 2$

$P = I^2 R = 2^2 \times 20 = 80[W]$

정답 03 ④

04 RC 직렬회로에 직류전압 V[V]가 인가되었을 때, 전류 $i(t)$에 대한 전압방정식[KVL]이 $V = Ri(t) + \frac{1}{C}\int i(t)dt$[V]이다. 전류 $i(t)$의 라플라스 변환인 $I(s)$는? (단, C에는 초기 전하가 없다.)

① $I(s) = \frac{V}{R}\frac{1}{s - \frac{1}{RC}}$

② $I(s) = \frac{C}{R}\frac{1}{s + \frac{1}{RC}}$

③ $I(s) = \frac{V}{R}\frac{1}{s + \frac{1}{RC}}$

④ $I(s) = \frac{R}{C}\frac{1}{s - \frac{1}{RC}}$

해설 **실미분 정리, 실적분 정리**

- 양변을 라플라스하면 $\frac{V}{s} = RI(s) + \frac{1}{C}\frac{1}{s}I(s)$
- 공통인수를 묶으면 $\frac{V}{s} = I(s)\left(R + \frac{1}{Cs}\right)$

$I(s) = \frac{V}{s}\frac{1}{R + \frac{1}{Cs}} = \frac{V}{s}\frac{Cs}{RCs+1} = \frac{V}{sRC}\frac{Cs}{s + \frac{1}{RC}} = \frac{V}{R}\frac{1}{s + \frac{1}{RC}}$

05 선간전압이 100[V]이고, 역률이 0.6인 평형 3상 부하에서 무효전력이 $Q = 10$[kVar]일 때, 선전류의 크기는 약 [A]인가?

① 57.7

② 72.2

③ 96.2

④ 125

해설

- $Q = \sqrt{3}\,VI\sin\theta$[Var]
- $I = \frac{Q}{\sqrt{3}\,V\sin\theta} = \frac{10 \times 10^3}{\sqrt{3} \times 100 \times \sqrt{1 - 0.6^2}} = 72.2$[A]

06 그림과 같은 T형 4단자 회로망에서 4단자 정수 A와 C는? (단, $Z_1 = \frac{1}{Y_1}$, $Z_2 = \frac{1}{Y_2}$, $Z_3 = \frac{1}{Y_3}$)

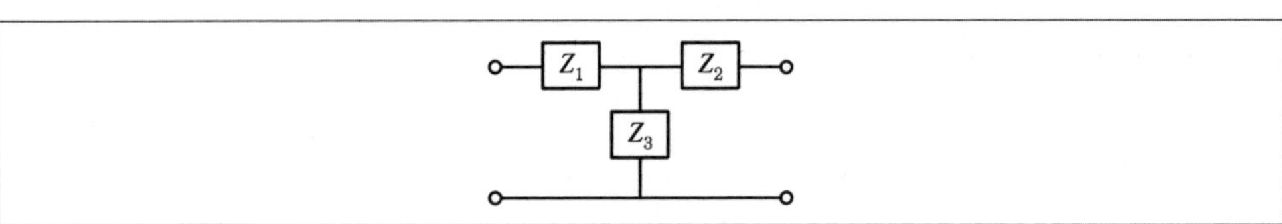

① $A = 1 + \frac{Y_3}{Y_1}$, $C = Y_2$

② $A = 1 + \frac{Y_3}{Y_1}$, $C = \frac{1}{Y_3}$

③ $A = 1 + \frac{Y_3}{Y_1}$, $C = Y_3$

④ $A = 1 + \frac{Y_1}{Y_3}$, $C = \left(1 + \frac{Y_1}{Y_3}\right)\frac{1}{Y_3} + \frac{1}{Y_2}$

정답	04 ③ 05 ② 06 ③

해설 • $A = 1 + \searrow = 1 + \frac{Z_1}{Z_3} = 1 + \frac{Y_3}{Y_1}$,

• $B = Z_1 + \frac{Z_1 Z_2}{Z_3} + Z_2 = \frac{Z_1 Z_2 + Z_2 Z_3 + Z_3 Z_1}{Z_3}$

• $C = Y_3 = \frac{1}{Z_3}$

• $D = 1 + \swarrow = 1 + \frac{Z_2}{Z_3}$

07 어떤 회로의 유효전력이 300[W], 무효전력이 400[Var]이다. 이 회로의 복소전력의 크기[VA]는?

① 350
② 500
③ 600
④ 700

해설 $P_a = P + jP_r = 300 + j400 = \sqrt{300^2 + 400^2} = 500[\text{VA}]$

08 $R = 4[\Omega]$, $\omega L = 3[\Omega]$의 직렬회로에 $e = 100\sqrt{2}\sin\omega t + 50\sqrt{2}\sin 3\omega t$를 인가할 때 이 회로의 소비전력은 약 몇 [W]인가?

① 1,000
② 1,414
③ 1,560
④ 1,703

해설 • 기본파 전압이 걸리면 전류는 $I_1 = \frac{E_1}{Z} = \frac{100}{\sqrt{4^2 + 3^2}} = \frac{100}{5} = 20[\text{A}]$

이때 전력 $P_1 = I_1^2 R = 20^2 \times 4 = 1{,}600[\text{W}]$

• 제3고조파 전압이 걸리면 전류는 $I_3 = \frac{E_3}{R + 3j\omega L} = \frac{50}{4 + j9} = \frac{50}{\sqrt{4^2 + 9^2}} = 5.076[\text{A}]$

이때 전력 $P_3 = I_3^2 R = 5.076^2 \times 4 = 103[\text{W}]$

• $P = P_1 + P_3 = 1{,}600 + 103 = 1{,}703[\text{W}]$

09 단위 길이당 인덕턴스가 L[H/m]이고, 단위 길이 당 정전용량이 C[F/m]인 무손실선로에서의 진행파 속도[m/s]는?

① $\sqrt{LC}$
② $\frac{1}{\sqrt{LC}}$
③ $\sqrt{\frac{C}{L}}$
④ $\sqrt{\frac{L}{C}}$

해설 $v = \frac{\omega}{\beta} = \frac{\omega}{\omega\sqrt{LC}} = \frac{1}{\sqrt{LC}}$ [m/s]

정답	07 ② 08 ④ 09 ②

10 $t=0$[s]에서 스위치(S)를 닫았을 때 $t=0^+$에서의 $i(t)$는 몇 [A]인가? (단, 커패시터에 초기 전하는 없다.)

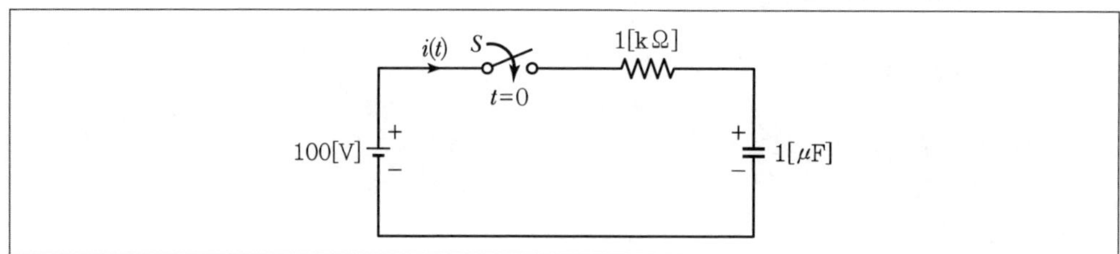

① 0.1　　② 0.2
③ 0.4　　④ 1.0

해설 $i(t)=\frac{E}{R}e^{-\frac{1}{RC}t}$에서 $t=0$이므로

$$i(t)=\frac{100}{1,000}e^0=\frac{1}{10}\times 1=0.1[\text{A}]$$

11 그림과 같은 피드백제어 시스템에서 입력이 단위계단함수일 때 정상상태 오차상수인 위치상수(K_p)는?

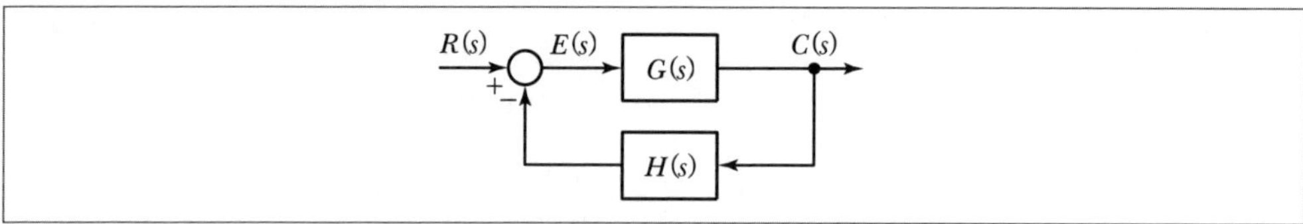

① $K_p=\lim_{s\to 0}G(s)H(s)$　　② $K_p=\lim_{s\to 0}\frac{G(s)}{H(s)}$
③ $K_p=\lim_{s\to \infty}G(s)H(s)$　　④ $K_p=\lim_{s\to \infty}\frac{G(s)}{H(s)}$

해설 정상 위치편차 : 입력이 단위계단 $u(t)$일 때 $R(s)=\mathcal{L}[u(t)]=\frac{1}{s}$

$$e_{ss}=\lim_{s\to 0}s\frac{R(s)}{1+G(s)H(s)}=\lim_{s\to 0}s\frac{\frac{1}{s}}{1+G(s)H(s)}=\lim_{s\to 0}\frac{1}{1+G(s)H(s)}$$

$$=\frac{1}{1+\lim_{s\to 0}G(s)H(s)}=\frac{1}{1+K_P}\ (K_P : \text{위치편차 상수})$$

정답 10 ① 11 ①

12 적분 시간 4[sec], 비례 감도가 4인 비례 · 적분동작을 하는 제어요소에 동작신호 $z(t)=2t$를 주었을 때 이 제어요소의 조작량은? (단, 조작량의 초깃값은 0이다.)

① t^2+8t　　② t^2+2t

③ t^2-8t　　④ t^2-2t

해설
- 비례 · 적분동작(PI)이므로

$$y(t)=K_P[z(t)+\frac{1}{T_i}\int z(t)dt]$$

$$y(t)=4[2t+\frac{1}{4}\int 2tdt]$$

- 양변을 라플라스하면

$$Y(s)=4[2\frac{1}{s^2}+\frac{1}{4}\frac{1}{s}2\frac{1}{s^2}]=\frac{8}{s^2}+\frac{2}{s^3}$$

- 역라플라스하면

$$y(t)=8t+t^2$$

※ 실적분 정리 : $\mathcal{L}\left[\int f(t)\,dt\right]=\frac{1}{s}F(s)$

13 시간함수 $f(t)=\sin\omega t$의 z변환은? (단, T는 샘플링 주기이다.)

① $\dfrac{z\sin\omega T}{z^2+2z\cos\omega T+1}$　　② $\dfrac{z\sin\omega T}{z^2-2z\cos\omega T+1}$

③ $\dfrac{z\cos\omega T}{z^2-2z\sin\omega T+1}$　　④ $\dfrac{z\cos\omega T}{z^2+2z\sin\omega T+1}$

해설 **시간함수에 대한 z변환표**

$f(t)$	$F(s)$	$F(z)$
$\delta(t)$	1	1
$u(t)$	$\frac{1}{s}$	$\frac{z}{z-1}$
t	$\frac{1}{s^2}$	$\frac{Tz}{(z-1)^2}$
e^{-at}	$\frac{1}{s+a}$	$\frac{z}{z-e^{-at}}$
$\sin\omega t$	$\frac{\omega}{s^2+\omega^2}$	$\frac{z\sin\omega T}{z^2-2z\cos\omega T+1}$
$\cos\omega t$	$\frac{s}{s^2+\omega^2}$	$\frac{z(z-\cos\omega T)}{z^2-2z\cos\omega T+1}$

정답 12 ① 13 ②

14 다음과 같은 신호흐름선도에서 $\dfrac{C(s)}{R(s)}$의 값은?

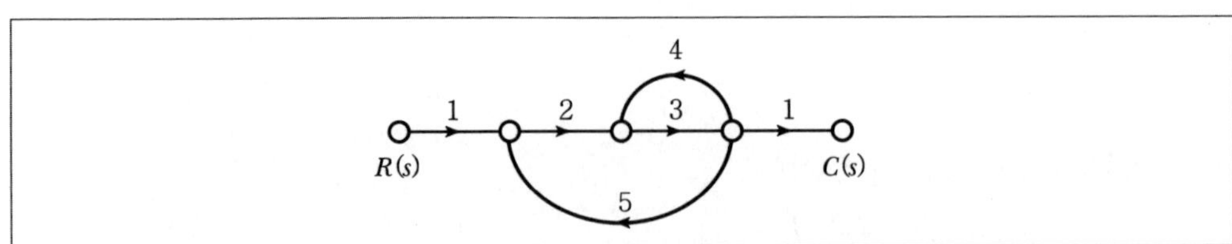

① $-\dfrac{1}{41}$　　② $-\dfrac{3}{41}$

③ $-\dfrac{6}{41}$　　④ $-\dfrac{8}{41}$

해설 **간이 전달함수 계산법**

$$\text{전달함수}=\frac{\text{출력}}{\text{입력}}=\frac{C(s)}{R(s)}=\frac{\Sigma\text{경로}}{1-\Sigma\text{피드백}}=\frac{1\times2\times3\times1}{1-(3\times4+2\times3\times5)}=-\frac{6}{41}$$

15 Routh – Hurwitz 방법으로 특성방정식이 $s^4+2s^3+s^2+4s+2=0$인 시스템의 안정도를 판별하면?

① 안정　　② 불안정

③ 임계안정　　④ 조건부 안정

해설 **루드－훌비쯔 표**

s^4	1	1	2
s^3	2	4	0
s^2	$\frac{2-4}{2}=-1$	$\frac{4-0}{2}=2$	
s^1	$\frac{-4-4}{-1}=8$		
s^0	2		

- 제1열의 부호 변화가 있어 불안정
- 부호의 변화가 2번 있으므로 불안정 근이 2개(안정근 : 2개)

※불안정 근 : s 평면의 우반면에 존재하는 근의 수

정답 14 ③ 15 ②

16 제어시스템의 상태방정식이 $\frac{dx(t)}{dt} = Ax(t) + Bu(t)$, $A = \begin{bmatrix} 0 & 1 \\ -3 & 4 \end{bmatrix}$, $B = \begin{bmatrix} 1 \\ 1 \end{bmatrix}$ 일 때, 특성방정식을 구하면?

① $s^2 - 4s - 3 = 0$
② $s^2 - 4s + 3 = 0$
③ $s^2 + 4s + 3 = 0$
④ $s^2 + 4s - 3 = 0$

해설 $\frac{d}{dt}x(t) = Ax(t) + Bu(t) = \begin{bmatrix} 0 & 1 \\ -3 & 4 \end{bmatrix}x(t) + \begin{bmatrix} 1 \\ 1 \end{bmatrix}u(t)$

$|sI - A| = \begin{bmatrix} s & 0 \\ 0 & s \end{bmatrix} - \begin{bmatrix} 0 & 1 \\ -3 & 4 \end{bmatrix} = \begin{bmatrix} s & -1 \\ 3 & s-4 \end{bmatrix} = s(s-4) + 3 = s^2 - 4s + 3 = 0$

- 특성방정식 : $s^2 - 4s + 3 = 0$
- 고유값 : 특성방정식의 근($s = 1$, $s = 3$)

17 어떤 제어시스템의 개루프 이득이 $G(s)H(s) = \frac{K(s+2)}{s(s+1)(s+3)(s+4)}$ 일 때 이 시스템이 가지는 근궤적의 가지(Branch) 수는?

① 1
② 3
③ 4
④ 5

해설
- 근궤적의 개수는 극점의 수와 영점의 수에서 큰 것과 일치한다.
- 근의 수(P)와 영점수(Z)에서 $Z=1$, $P=4$이므로 근궤적의 개수는 4이다.

18 다음 회로에서 입력전압 $v_1(t)$에 대한 출력전압 $v_2(t)$의 전달함수 $G(s)$는?

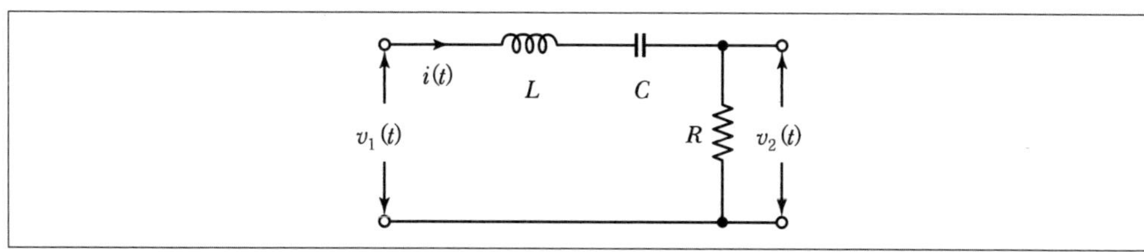

① $\frac{RCs}{LCs^2 + RCs + 1}$
② $\frac{RCs}{LCs^2 - RCs - 1}$
③ $\frac{Cs}{LCs^2 + RCs + 1}$
④ $\frac{Cs}{LCs^2 - RCs - 1}$

해설 $G(s) = \frac{V_2(s)}{V_1(s)} = \frac{R}{Ls + \frac{1}{Cs} + R} = \frac{RCs}{LCs^2 + RCs + 1}$

정답 16 ② 17 ③ 18 ①

19 특성방정식의 모든 근이 s평면(복소평면)의 $j\omega$축(허수 축)에 있을 때 이 제어시스템의 안정도는?

① 알 수 없다. ② 안정하다.

③ 불안정하다. ④ 임계안정이다.

해설
- s 평면의 좌반부 : 안정
- s 평면의 허수축상 : 임계안정
- s 평면의 우반부 : 불안정

20 논리식 $((AB+A\overline{B})+AB)+\overline{A}B$를 간단히 하면?

① $A+B$ ② $\overline{A}+B$

③ $A+\overline{B}$ ④ $A+A\cdot B$

해설 $((AB+A\overline{B})+AB)+\overline{A}B=(AB+A\overline{B}+AB)+\overline{A}B=AB+A\overline{B}+\overline{A}B$
$=A(B+\overline{B})+A\overline{B}=A+\overline{A}B=(A+\overline{A})(A+B)=A+B$

정답 19 ④ 20 ①

CHAPTER 03

2020년 제4회 과년도 기출문제

01 대칭 3상 전압이 공급되는 3상 유도 전동기에서 각 계기의 지시는 다음과 같다. 유도전동기의 역률은 약 얼마인가?

- 전력계(W_1) : 2.84[kW], 전력계(W_2) : 6.00[kW]
- 전압계(V) : 200[V], 전류계[A] : 30[A]

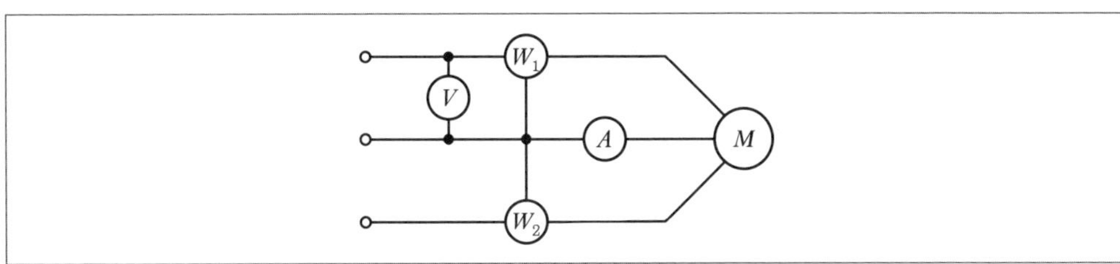

① 0.70
② 0.75
③ 0.80
④ 0.85

해설 $\cos\theta = \dfrac{P}{\sqrt{3}VI} = \dfrac{2.84+6}{\sqrt{3}\times0.2\times30} = 0.85$

02 불평형 3상 전류 $I_a = 25 + j4$[A], $I_b = -18 - j16$[A], $I_c = 7 + j15$[A]일 때 영상전류 I_0[A]는?

① $2.67 + j1$
② $2.67 + j2$
③ $4.67 + j1$
④ $4.67 + j2$

해설 $I_0 = \dfrac{1}{3}(\dot{I_a} + \dot{I_b} + \dot{I_c}) = \dfrac{1}{3}(25 + j4 - 18 - j16 + 7 + j15) = \dfrac{1}{3}(14 + j3) = 4.67 + j1$[A]

03 Δ결선으로 운전 중인 3상 변압기에서 하나의 변압기 고장에 의해 V결선으로 운전하는 경우, V결선으로 공급할 수 있는 전력은 고장 전 Δ결선으로 공급할 수 있는 전력에 비해 약 몇 [%]인가?

① 86.6
② 75.0
③ 66.7
④ 57.7

정답	01 ④ 02 ③ 03 ④

해설 • 고장 전 출력비 $\frac{P_v}{P_\triangle}=\frac{\sqrt{3}\,V_pI_p}{3V_pI_p}=\frac{1}{\sqrt{3}}=0.577$

• 고장 후 이용률 $\frac{\sqrt{3}\,V_pI_p}{2V_pI_p}=\frac{\sqrt{3}}{2}=0.866$

04 분포정수회로에서 직렬 임피던스를 Z, 병렬 어드미턴스를 Y라 할 때, 선로의 특성 임피던스 Z_c는?

① ZY ② $\sqrt{ZY}$

③ $\sqrt{\frac{Y}{Z}}$ ④ $\sqrt{\frac{Z}{Y}}$

해설 **선로의 특성 임피던스**

$$Z_\omega=\sqrt{\frac{Z}{Y}}=\sqrt{\frac{R+j\omega L}{G+j\omega C}}=\sqrt{\frac{L}{C}}\,(R\ll\omega L,\ G\ll\omega C)$$

05 4단자 정수 A, B, C, D 중에서 전압이득의 차원을 가진 정수는?

① A ② B

③ C ④ D

해설 $\begin{bmatrix} V_1 \\ I_1 \end{bmatrix}=\begin{bmatrix} A\,B \\ C\,D \end{bmatrix}\begin{bmatrix} V_2 \\ I_2 \end{bmatrix}$ $\begin{cases} V_1=A\,V_2+BI_2 \\ I_1=CC_2+DI_2 \end{cases}$

• $A=\frac{V_1}{V_2}|_{I_2=0}$: 전압이득 • $B=\frac{V_1}{I_2}|_{V_2=0}$: 임피던스 차원

• $C=\frac{I_1}{V_2}|_{I_2=0}$: 어드미턴스 차원 • $D=\frac{I_1}{I_2}|_{V_2=0}$: 전류이득

06 그림과 같은 회로의 구동점 임피던스[Ω]는?

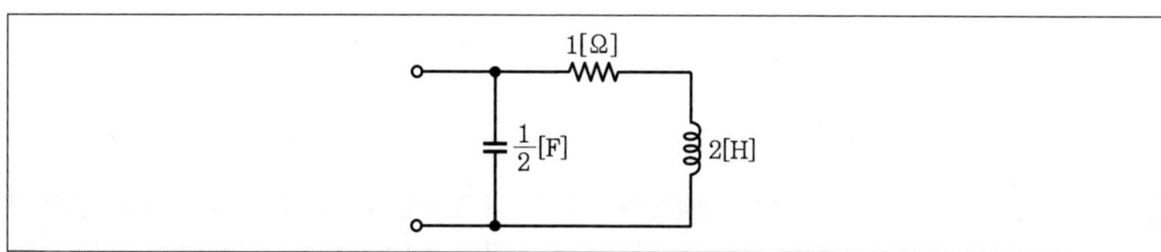

① $\frac{2(2s+1)}{2s^2+s+2}$ ② $\frac{2s^2+s-2}{-2(2s+1)}$

③ $\frac{-2(2s+1)}{2s^2+s-2}$ ④ $\frac{2s^2+s+2}{2(2s+1)}$

정답 04 ④ 05 ① 06 ①

해설 • $\frac{1}{Z}=\frac{1}{\frac{1}{sC}}+\frac{1}{R+sL}=sC+\frac{1}{R+sL}=\frac{sC(R+sL)+1}{R+sL}$

• $Z=\frac{R+sL}{sC(R+sL)+1}=\frac{1+2s}{\frac{1}{2}s(1+2s)+1}=\frac{1+2s}{s^2+\frac{1}{2}s+1}=\frac{2(2s+1)}{2s^2+s+2}$

07 회로의 단자 a와 b 사이에 나타나는 전압 V_{ab}는 몇 [V]인가?

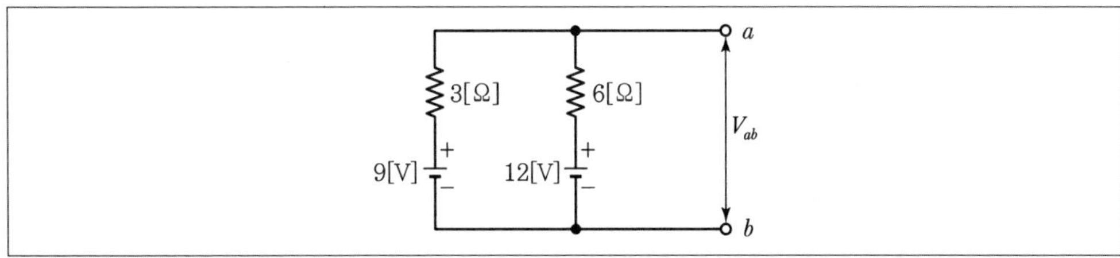

① 3 ② 9
③ 10 ④ 12

해설 **밀만의 정리**

$$V_{ab}=\frac{I}{Y}=\frac{YE}{Y}=\frac{\frac{1}{3}\times 9+\frac{1}{6}\times 12}{\frac{1}{3}+\frac{1}{6}}=10[\text{V}]$$

08 $R-L$ 직렬회로에 순시치 전압 $v(t)=20+100\sin\omega t+40\sin(3\omega t+60[°])+40\sin 5\omega t[\text{V}]$를 가할 때 제 5고조파 전류의 실횻값 크기는 약 몇 [A]인가? (단, $R=4[\Omega]$, $\omega L=1[\Omega]$이다.)

① 4.4 ② 5.66
③ 6.25 ④ 8.0

해설 • $Z_3=R+j5\omega L=4+j5\times 1=4+j5=\sqrt{41}\angle 51.3$

• $V_5=\frac{40}{\sqrt{2}}=20\sqrt{2}[\text{V}]$

• $I_5=\frac{V_5}{|Z_5|}=\frac{20\sqrt{2}}{\sqrt{41}}=4.417[\text{A}]$

정답 07 ③ 08 ①

09 그림의 교류 브리지 회로가 평형이 되는 조건은?

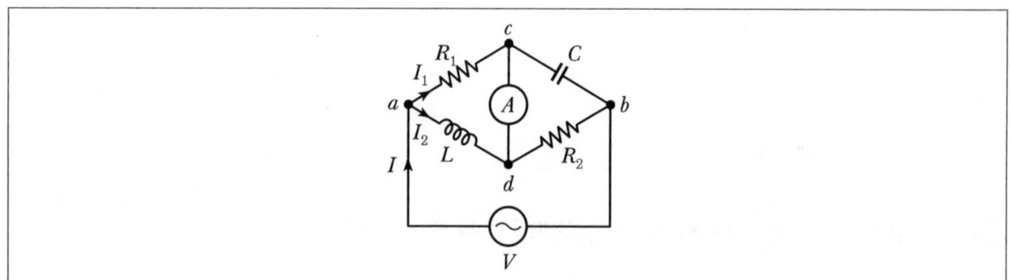

① $L=\dfrac{R_1R_2}{C}$　　② $L=\dfrac{C}{R_1R_2}$

③ $L=R_1R_2C$　　④ $L=\dfrac{R_2}{R_1}C$

해설
- $R_1R_2=j\omega L\dfrac{1}{j\omega C}$
- $R_1R_2=\dfrac{L}{C}$

$\therefore L=R_1R_2C$

10 $f(t)=t^n$의 라플라스 변환식은?

① $\dfrac{n}{s^n}$　　② $\dfrac{n+1}{s^{n+1}}$

③ $\dfrac{n!}{s^{n+1}}$　　④ $\dfrac{n+1}{s^{n!}}$

해설 $\dfrac{n!}{s^{n+1}}$ (단, $n \neq n\times(n-1)+\cdots+2\times1$)

11 그림과 같은 블록선도의 제어시스템에서 속도 편차 상수 K_v는 얼마인가?

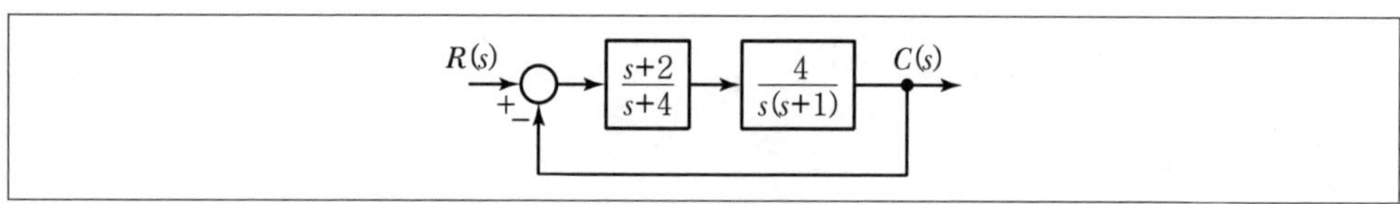

① 0　　② 0.5

③ 2　　④ ∞

정답 09 ③ 10 ③ 11 ③

해설 • 정상속도 편차 : 입력이 단위속도 $tu(t)$일 때 $R(s)=\mathcal{L}[tu(t)]=\frac{1}{s^2}$

$$e_{ss}=\lim_{s\to 0} s\frac{R(s)}{1+G(s)}=\lim_{s\to 0} s\frac{\frac{1}{s^2}}{1+G(s)}=\lim_{s\to 0}\frac{1}{s(1+G(s))}$$

$$=\lim_{s\to 0}\frac{1}{s+sG(s)}=\frac{1}{\lim\limits_{s\to 0} sG(s)}=\frac{1}{K_v}\ (K_v\text{ : 속도편차 상수})$$

• $G(s)=\frac{s+2}{s+4}\times\frac{4}{s(s+1)}=\frac{4(s+2)}{s(s+1)(s+4)}$

• $K_v=\lim_{s\to 0} sG(s)=\lim_{s\to 0} s\frac{4(s+2)}{s(s+1)(s+4)}=\lim_{s\to 0}\frac{4(s+2)}{(s+1)(s+4)}=\frac{8}{4}=2$

12 근궤적의 성질 중 틀린 것은?

① 근궤적은 실수축을 기준으로 대칭이다.
② 점근선은 허수축 상에서 교차한다.
③ 근궤적의 가짓수는 특성방정식의 차수와 같다.
④ 근궤적은 개루프 전달함수의 극점으로부터 출발한다.

해설 점근선의 교차점은 실수축에서만 교차하고 그 수는 $n=P-Z$이다.

13 Routh－Hurwitz 안정도 판별법을 이용하여 특성방정식이 $s^3+3s^2+3s+1+K=0$으로 주어진 제어 시스템이 안정하기 위한 K의 범위를 구하면?

① $-1\le K<8$　　② $-1<K\le 8$
③ $-1<K<8$　　④ $K<-1$ 또는 $K>8$

해설 **루드－훌비쯔 표**

s^3	1	3
s^2	3	$1+K$
s^1	$\frac{9-(1+K)}{3}$	0
s^0	$1+K$	

제1열의 부호 변화가 없으려면 $\frac{9-(1+K)}{3}>0,\ 1+K>0$

$\therefore -1<K<8$

정답	12 ② 13 ③

14 $e(t)$의 z변환을 $E(z)$라고 했을 때 $e(t)$의 초깃값 $e(0)$는?

① $\lim_{z\to 1} E(z)$
② $\lim_{z\to\infty} E(z)$
③ $\lim_{z\to 1}(1-z^{-1})E(z)$
④ $\lim_{z\to\infty}(1-z^{-1})E(z)$

해설 **z변환에 대한 중요한 정리**

구분	s변환	z변환
초깃값 정리	$\lim_{t\to 0} f(t) = \lim_{s\to\infty} sE(s)$	$\lim_{k\to 0} e(KT) = \lim_{z\to\infty} E(z)$
최종값 정리	$\lim_{t\to\infty} f(t) = \lim_{s\to 0} sF(s)$	$\lim_{k\to\infty} e(KT) = \lim_{z\to 1}(1-z^{-1})E(z)$

15 그림의 신호흐름선도에서 $\dfrac{C(s)}{R(s)}$는?

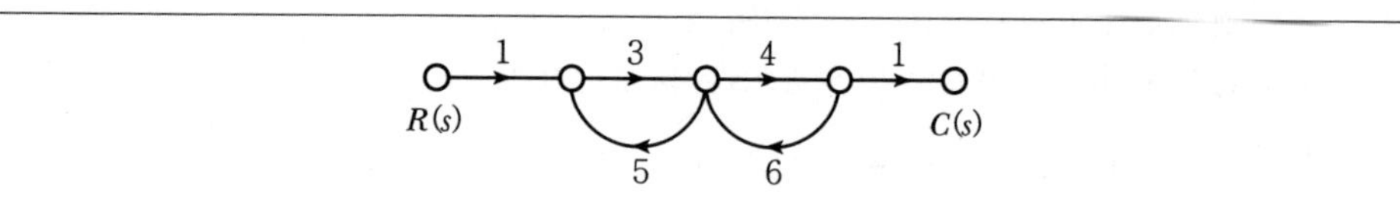

① $-\dfrac{2}{5}$
② $-\dfrac{6}{19}$
③ $-\dfrac{12}{29}$
④ $-\dfrac{12}{37}$

해설 전달함수$=\dfrac{\text{출력}}{\text{입력}}=\dfrac{C(s)}{R(s)}=\dfrac{\Sigma\text{경로}}{1-\Sigma\text{피드백}}=\dfrac{1\times3\times4\times1}{1-(3\times5+4\times6)}=-\dfrac{12}{38}=-\dfrac{6}{19}$

16 전달함수가 $G(s)=\dfrac{10}{s^2+3s+2}$으로 표현되는 제어시스템에서 직류 이득은 얼마인가?

① 1
② 2
③ 3
④ 5

해설 직류 이득은 $s=0$이다.

$\therefore G(0)=\dfrac{10}{2}=5$

정답 14 ② 15 ② 16 ④

17 전달함수가 $\frac{C(s)}{R(s)} = \frac{25}{s^2+6s+25}$ 인 2차 제어시스템의 감쇠 진동 주파수(ω_d)는 몇 [rad/sec]인가?

① 3
② 4
③ 5
④ 6

해설 • 전달함수 $= \frac{C(s)}{R(s)} = \frac{\omega_n^2}{s^2+2\delta\omega_n s+\omega_n^2} = \frac{25}{s^2+6s+25}$

– 고유각주파주 : $\omega_n^2 = 25$, $\omega_n = \sqrt{25} = 5$

– 감쇠비(제동비) : $2\delta\omega_n = 6$에서 $2\delta\times 5 = 6$ $\therefore \delta = 0.6$

• 진동 주파수 : $\omega_d = \omega_n\sqrt{1-\delta^2} = 5\sqrt{1-0.6^2} = 4$

18 다음 논리식을 간단히 한 것은?

$$Y = \overline{A}BC\overline{D} + \overline{A}BCD + \overline{A}\,\overline{B}C\overline{D} + \overline{A}\,\overline{B}CD$$

① $Y = \overline{A}C$
② $Y = A\overline{C}$
③ $Y = AB$
④ $Y = BC$

해설 $Y = \overline{A}BC\overline{D} + \overline{A}BCD + \overline{A}\,\overline{B}C\overline{D} + \overline{A}\,\overline{B}CD = \overline{A}BC(\overline{D}+D) + \overline{A}\,\overline{B}C(\overline{D}+D)$

$= \overline{A}BC + \overline{A}\,\overline{B}C = \overline{A}C(B+\overline{B}) = \overline{A}C$

19 폐루프 시스템에서 응답의 잔류 편차 또는 정상상태오차를 제거하기 위한 제어 기법은?

① 비례 제어
② 적분 제어
③ 미분 제어
④ On–Off 제어

해설 **조절부의 동작에 의한 제어**

• 비례 제어(P동작 : Proportional)
  – 잔류편차(off–set) 발생
  – 정상오차 수반
• 적분 제어(I동작 : Integral)
  – 잔류편차 (off–set) 제거
• 미분 제어(D동작 : Derivative)
  – 오차가 커지는 것을 미리 방지
• 비례 · 적분 제어(PI동작)
  – 잔류편차(off–set) 제거
  – 정상특성 개선에 활용
• 비례 · 미분 제어(PD동작)
  – 진상요소이므로 응답 속응성의 개선
  – 진동억제

정답 17 ② 18 ① 19 ②

- 비례 · 적분 · 미분 제어(PID동작)
  - 정상특성과 응답 속응성을 동시에 개선
  - 뒤진, 앞선 회로의 특성과 같으며 정상 편차, 응답 속응성 모두가 최적

20 시스템행렬 A가 다음과 같을 때 상태천이행렬을 구하면?

$$A=\begin{bmatrix}0 & 1\\ -2 & -3\end{bmatrix}$$

① $\begin{bmatrix}2e^{t}-e^{2t} & -e^{t}+e^{2t}\\ 2e^{t}-2e^{2t} & -e^{t}-2e^{2t}\end{bmatrix}$

② $\begin{bmatrix}2e^{-t}-e^{-2t} & e^{-t}-e^{-2t}\\ -2e^{-t}+2e^{-2t} & -e^{-t}-2e^{2t}\end{bmatrix}$

③ $\begin{bmatrix}2e^{-t}-e^{-2t} & -e^{-t}+e^{-2t}\\ 2e^{-t}-2e^{-2t} & -e^{-t}-2e^{-2t}\end{bmatrix}$

④ $\begin{bmatrix}2e^{-t}-e^{-2t} & e^{-t}-e^{-2t}\\ -2e^{-t}+2e^{-2t} & -e^{-t}+2e^{-2t}\end{bmatrix}$

해설

- 상태방정식

$$|sI-A|=\begin{bmatrix}s & 0\\ 0 & s\end{bmatrix}-\begin{bmatrix}0 & 1\\ -2 & -3\end{bmatrix}=\begin{bmatrix}s & -1\\ 2 & s+3\end{bmatrix}$$

- 상태천이행렬

$$-\varnothing(s)=[(sI-A)^{-1}]=\begin{bmatrix}s & -1\\ 2 & s+3\end{bmatrix}^{-1}=\frac{1}{\begin{bmatrix}s & -1\\ 2 & s+3\end{bmatrix}}\begin{bmatrix}s+3 & 1\\ -2 & s\end{bmatrix}$$

$$=\frac{1}{s^2+3s+2}\begin{bmatrix}s+3 & 1\\ -2 & s\end{bmatrix}=\begin{bmatrix}\frac{s+3}{(s+1)(s+2)} & \frac{1}{(s+1)(s+2)}\\ \frac{-2}{(s+1)(s+2)} & \frac{s}{(s+1)(s+2)}\end{bmatrix}$$

$$-\varnothing(t)=\mathcal{L}^{-1}[(sI-A)^{-1}]=\mathcal{L}^{-1}\begin{bmatrix}\frac{s+3}{(s+1)(s+2)} & \frac{1}{(s+1)(s+2)}\\ \frac{-2}{(s+1)(s+2)} & \frac{s}{(s+1)(s+2)}\end{bmatrix}$$

$$=\begin{bmatrix}2e^{-t}-e^{-2t} & e^{-t}-e^{-2t}\\ -2e^{-t}+2e^{-2t} & -e^{-t}+2e^{-2t}\end{bmatrix}$$

정답 20 ④

CHAPTER 04

2021년 제1회 과년도 기출문제

01 특성 임피던스가 400[Ω]인 회로 말단에 1,200[Ω]의 부하가 연결되어 있다. 전원 측에 20[kV]의 전압을 인가할 때 반사파의 크기[kV]는? (단, 선로에서의 전압감쇠는 없는 것으로 간주한다.)

① 3.3　　② 5
③ 10　　④ 33

해설

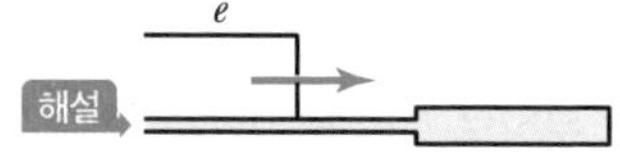

- 반사계수 $\beta = \dfrac{Z_2 - Z_1}{Z_2 + Z_1} = \dfrac{1,200 - 400}{1,200 + 400} = \dfrac{1}{2}$
- 반사전압 $V = \beta \times e(\text{입사전압}) = \dfrac{1}{2} \times 20 = 10[\text{kV}]$

02 그림과 같은 H형 4단자 회로망에서 4단자 정수(전송 파라미터) A는? (단, V_1은 입력전압이고, V_2는 출력전압이고, A는 출력 개방 시 회로망의 전압이득$\left(\dfrac{V_1}{V_2}\right)$이다.)

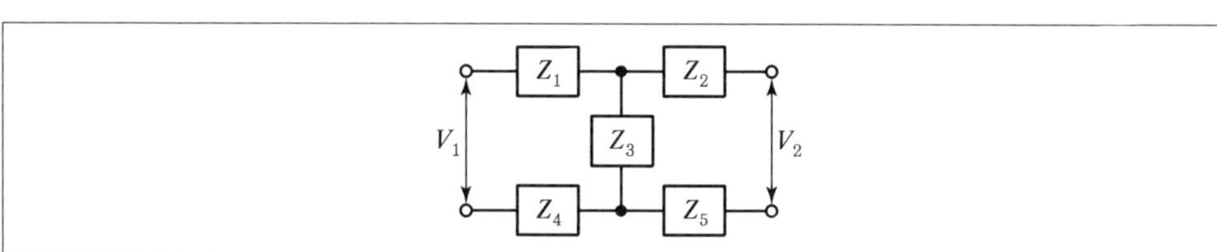

① $\dfrac{Z_1 + Z_2 + Z_3}{Z_3}$　　② $\dfrac{Z_1 + Z_3 + Z_4}{Z_3}$
③ $\dfrac{Z_2 + Z_3 + Z_5}{Z_3}$　　④ $\dfrac{Z_3 + Z_4 + Z_5}{Z_3}$

해설 $A = 1 + \searrow + \nearrow = 1 + Z_1\dfrac{1}{Z_3} + Z_4\dfrac{1}{Z_3} = \dfrac{Z_1 + Z_3 + Z_4}{Z_3}$

정답 01 ③ 02 ②

03 $F(s)=\dfrac{2s^2+s-3}{s(s^2+4s+3)}$ 의 라플라스 역변환은?

① $1-e^{-t}+2e^{-3t}$　　② $1-e^{-t}-2e^{-3t}$

③ $-1-e^{-t}-2e^{-3t}$　　④ $-1+e^{-t}+2e^{-3t}$

해설 $F(s)=\mathcal{L}[-1+e^{-t}+2e^{-3t}]=-\dfrac{1}{s}+\dfrac{1}{s+1}+2\dfrac{1}{s+3}$

$$=\frac{-(s+1)(s+3)+s(s+3)+2s(s+1)}{s(s+1)(s+3)}=\frac{-s^2-4s-3+s^2+3s+2s^2+2s}{s(s^2+4s+3)}$$

$$=\frac{2s^2+s-3}{s(s^2+4s+3)}$$

04 △결선된 평형 3상 부하로 흐르는 선전류가 I_a, I_b, I_c일 때, 이 부하로 흐르는 영상분 전류 I_0[A]는?

① $3I_a$　　② I_a

③ $\dfrac{1}{3}I_a$　　④ 0

해설 비접지 △결선에서는 영상전류는 흐르지 않는다.

05 저항 $R=15[\Omega]$과 인덕턴스 $L=3[\text{mH}]$를 병렬로 접속한 회로의 서셉턴스의 크기는 약 몇 [℧]인가? (단, $\omega=2\pi\times10^5$)

① 3.2×10^{-2}　　② 8.6×10^{-3}

③ 5.3×10^{-4}　　④ 4.9×10^{-5}

해설 • 병렬회로 $\dfrac{1}{Z}=\dfrac{1}{R}+\dfrac{1}{j\omega L}=\dfrac{1}{R}-j\dfrac{1}{\omega L}$

$Y=G-jB$

– 콘덕턴스 $G=\dfrac{1}{R}$

– 서셉턴스 $B=\dfrac{1}{\omega L}$

• $B=\dfrac{1}{\omega L}=\dfrac{1}{2\pi\times10^5\times3\times10^{-3}}=5.3\times10^{-4}$

정답 03 ④ 04 ④ 05 ③

06 그림과 같이 △회로를 Y회로로 등가 변환하였을 때 임피던스 $Z_a[\Omega]$는?

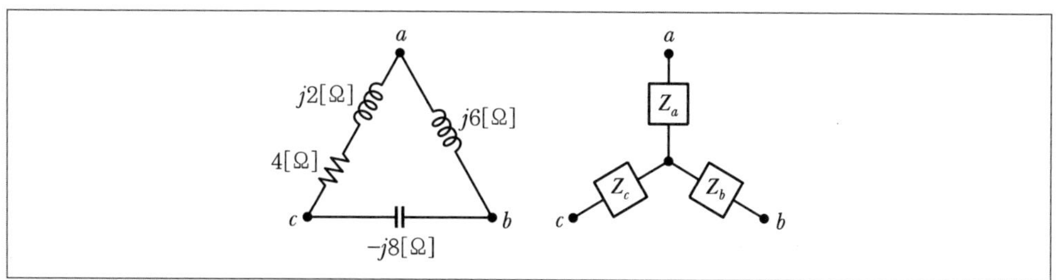

① 12
② $-3+j6$
③ $4-j8$
④ $6+j8$

해설 $Z_a = \dfrac{Z_{ca} \times Z_{ab}}{Z_{ab}+Z_{bc}+Z_{ca}} = \dfrac{(j2+4)\times j6}{j2+4+j6-j8} = -3+j6$

07 회로에서 $t=0$[초]일 때 닫혀 있는 스위치 S를 열었다. 이때 $\dfrac{dv(0^+)}{dt}$의 값은? (단, C의 초기 전압은 0[V]이다.)

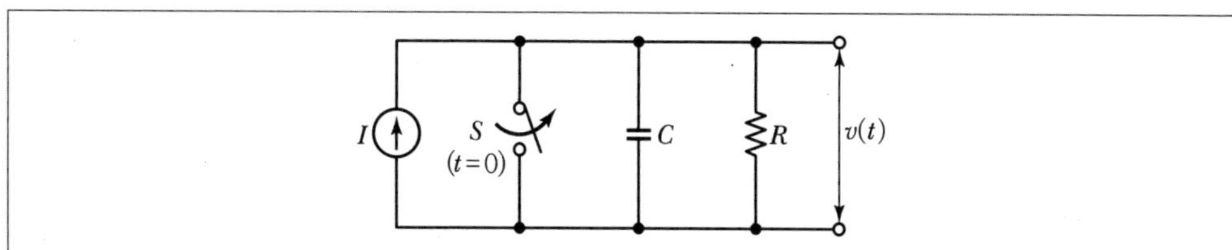

① $\dfrac{1}{RI}$
② $\dfrac{C}{I}$
③ RI
④ $\dfrac{I}{C}$

해설 스위치를 off할 때 C에 흐르는 전류는 $i(t) = C\dfrac{dv(t)}{dt}$ 이다.

$t=0$일 때 모든 전류는 C에만 흐르므로 $i(0) = C\dfrac{dv(0)}{dt} = I$에서

$$C\frac{dv(0)}{dt} = I$$

$$\frac{dv(0)}{dt} = \frac{I}{C}$$

정답 06 ② 07 ④

08 회로에서 전압 V_{ab}[V]는?

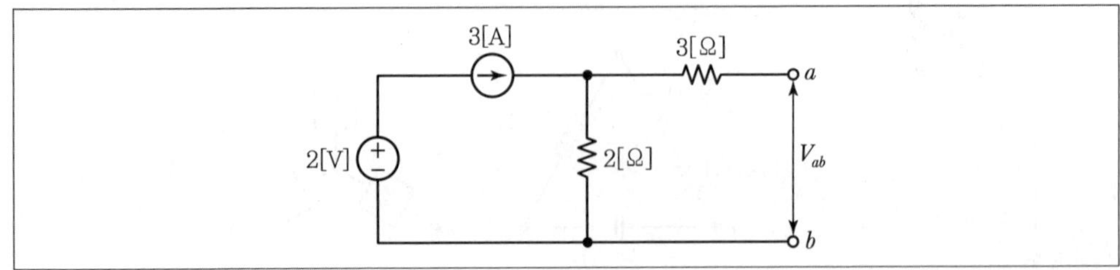

① 2　　② 3
③ 6　　④ 9

해설 **중첩의 정리**

- 전류원 개방 : $V_{ab1} = 0$
- 전압원 단락 : $V_{ab2} = 3 \times 2 = 6[V]$
- $V_{ab} = V_{ab1} + V_{ab2} = 0 + 6 = 6[V]$

09 전압 및 전류가 다음과 같을 때 유효전력[W] 및 역률[%]은 각각 약 얼마인가?

$$v(t) = 100\sin\omega t - 50\sin(3\omega t + 30[°]) + 20\sin(5\omega t + 45[°])[V]$$
$$i(t) = 20\sin(\omega t + 30[°]) + 10\sin(3\omega t - 30[°]) + 5\cos 5\omega t[A]$$

① 825[W], 48.6[%]　　② 776.4[W], 59.7[%]
③ 1,120[W], 77.4[%]　　④ 1,850[W], 89.6[%]

해설

- 전류에서 코사인을 사인으로 일치시키면
  - $v(t) = 100\sin\omega t - 50\sin(3\omega t + 30[°]) + 20\sin(5\omega t + 45[°])[V]$
  - $i(t) = 20\sin(\omega t + 30[°]) + 10\sin(3\omega t - 30[°]) + 5\sin(5\omega t + 90[°])[A]$
- 주파수가 같은 고조파만이 전력이 유도된다.
  - $P = V_1 I_1 \cos\theta_1 + V_3 I_3 \cos\theta_3 + V_5 I_5 \cos\theta_5$

$$= \frac{100}{\sqrt{2}} \times \frac{20}{\sqrt{2}} \times \cos 30[°] + \frac{-50}{\sqrt{2}} \times \frac{10}{\sqrt{2}} \times \cos 60[°] + \frac{20}{\sqrt{2}} \times \frac{5}{\sqrt{2}} \times \cos 45[°]$$

$$= \frac{2{,}000}{2} \times \frac{\sqrt{3}}{2} - \frac{500}{2} \times \frac{1}{2} + \frac{100}{2} \times \frac{\sqrt{2}}{2} = 866 - 125 + 35.35 = 776.35[W]$$

  - $P_a = VI = \sqrt{\left(\frac{100}{\sqrt{2}}\right)^2 + \left(\frac{50}{\sqrt{2}}\right)^2 + \left(\frac{20}{\sqrt{2}}\right)^2} \times \sqrt{\left(\frac{20}{\sqrt{2}}\right)^2 + \left(\frac{10}{\sqrt{2}}\right)^2 + \left(\frac{5}{\sqrt{2}}\right)^2}$

$$= 80.31 \times 16.2 = 1{,}301[VA]$$

$$\cos\theta = \frac{P}{P_a} = \frac{776.35}{1{,}301} = 0.5967 = 59.67[\%]$$

정답 08 ③ 09 ②

10

△결선된 대칭 3상 부하가 0.5[Ω]인 저항만의 선로를 통해 평형 3상 전압원에 연결되어 있다. 이 부하의 소비전력이 1,800[W]이고 역률이 0.8(지상)일 때, 선로에서 발생하는 손실이 50[W]이면 부하의 단자 전압[V]의 크기는?

① 627　② 525
③ 326　④ 225

해설
- 선로손실 $P_l = 3I^2R$[W]

$50 = 3I^2 \times 0.5$

$\therefore I = \sqrt{\dfrac{50}{3\times 0.5}} = 5.77$[A]

- 소비전력 $P = \sqrt{3}\,VI\cos\theta$[W]

$1{,}800 = \sqrt{3}\,V \times 5.77 \times 0.8$

$\therefore V = \dfrac{1{,}800}{\sqrt{3}\times 5.77\times 0.8} = 225.136$[V]

11

개루프 전달함수 $G(s)H(s)$로부터 근궤적을 작성할 때 실수축에서의 점근선의 교차점은?

$$G(s)H(s) = \frac{K(s-2)(s-3)}{s(s+1)(s+2)(s+4)}$$

① 2　② 5
③ −4　④ −6

해설
- 영점의 수 : $(s-2)(s-3)=0$ $\therefore s=2,\ 3$(2개)
- 극점의 수 : $s(s+1)(s+2)(s+4)=0$ $\therefore s=0,\ -1,\ -2,\ -4$(4개)
- 교차점 $= \dfrac{\sum 극점 - \sum 영점}{극점의 수 - 영점의 수} = \dfrac{(-1-2-4)-(2+3)}{4-2} = \dfrac{-12}{2} = -6$

12

특성방정식이 $2s^4+10s^3+11s^2+5s+K=0$으로 주어진 제어시스템이 안정하기 위한 조건은?

① $0<K<2$　② $0<K<5$
③ $0<K<6$　④ $0<K<10$

해설 **루드-훌비쯔 표**

s^4	2	11	K
s^3	10	5	0
s^2	$\dfrac{10\times 11-2\times 5}{10}=10$	$\dfrac{10K-0}{10}=K$	
s^1	$\dfrac{10\times 5-10\times K}{10}=5-K$		
s^0	K		

정답 10 ④ 11 ④ 12 ②

제1열의 부호 변화가 같아야 하므로 $5-K>0$, $K>0$이어야 한다.
$\therefore\ 0<K<5$

13 신호흐름선도에서 전달함수$\left(\dfrac{C(s)}{R(s)}\right)$는?

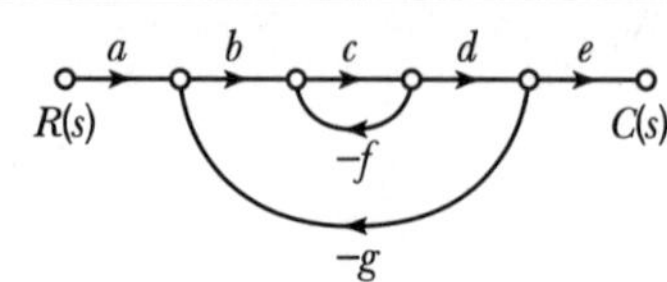

① $\dfrac{abcde}{1-cg-bcdg}$ ② $\dfrac{abcde}{1-cf+bcdg}$

③ $\dfrac{abcde}{1+cf-bcdg}$ ④ $\dfrac{abcde}{1+cf+bcdg}$

해설 **간이식**

$$G(s)=\frac{C}{R}=\frac{\sum 경로}{1-\sum 피드백}=\frac{abcde}{1-(-cf-bcdg)}=\frac{abcde}{1+cf+bcdg}$$

14 적분시간이 3[sec], 비례감도가 3인 비례 · 적분동작을 하는 제어요소가 있다. 이 제어요소에 동작신호 $x(t)=2t$를 주었을 때 조작량은 얼마인가? (단, 초기 조작량 $y(t)$는 0으로 한다.)

① t^2+2t ② t^2+4t

③ t^2+6t ④ t^2+8t

해설
- 비례 · 적분동작(PI)이므로

$$y(t)=K_P[z(t)+\frac{1}{T_i}\int z(t)dt]$$

$$y(t)=3[2t+\frac{1}{3}\int 2tdt]$$

- 양변을 라플라스하면

$$Y(s)=3[2\frac{1}{s^2}+\frac{1}{3}\frac{1}{s}2\frac{1}{s^2}]=\frac{6}{s^2}+\frac{2}{s^3}$$

- 역라플라스하면

$$y(t)=6t+t^2$$

※ 실적분 정리 : $\mathcal{L}\left[\int f(t)\,dt\right]=\frac{1}{s}F(s)$

정답	13 ④ 14 ③

15 $\overline{A}+\overline{B}\cdot\overline{C}$와 등가인 논리식은?

① $\overline{A\cdot(B+C)}$　② $\overline{A+B\cdot C}$

③ $\overline{A\cdot B+C}$　④ $\overline{A\cdot B}+C$

해설 $\overline{A}+\overline{B}\cdot\overline{C}=\overline{A}+(\overline{B+C})=\overline{A(B+C)}$

16 블록선도와 같은 단위 피드백 제어시스템의 상태방정식은? (단, 상태변수는 $x_1(t)=c(t)$, $x_2(t)=\frac{d}{dt}c(t)$로 한다.)

R(s), +, −, $\frac{5}{s(s+1)}$, C(s)

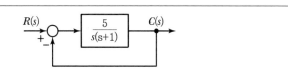

① $\dot{x}_1(t)=x_2(t)$, $\dot{x}_2(t)=-5x_1(t)-x_2(t)+5r(t)$

② $\dot{x}_1(t)=x_2(t)$, $\dot{x}_2(t)=-5x_1(t)-x_2(t)-5r(t)$

③ $\dot{x}_1(t)=-x_2(t)$, $\dot{x}_2(t)=5x_1(t)+x_2(t)-5r(t)$

④ $\dot{x}_1(t)=-x_2(t)$, $\dot{x}_2(t)=-5x_1(t)+x_2(t)+5r(t)$

해설 • 전달함수 $\frac{C(s)}{R(s)}=\frac{\frac{5}{s(s+1)}}{1+\frac{5}{s(s+1)}}=\frac{5}{s(s+1)+5}=\frac{5}{s^2+s+5}$에서

$$\frac{C(s)}{R(s)}=\frac{5}{s^2+s+5}$$

$$C(s)(s^2+s+5)=5R(s)$$

$$s^2C(s)+sC(s)+5C(s)=5R(s)$$

$$\frac{d^2}{dt^2}c(t)+\frac{d}{dt}c(t)+5c(t)=5r(t)$$

• $x_1(t)=c(t)$라 놓으면 $x_2(t)=\frac{d}{dt}x_1(t)=\frac{d}{dt}c(t)=\dot{x}_1(t)$

• $\frac{d}{dt}x_2(t)=\frac{d}{dt}(\frac{d}{dt}x_1(t))=\frac{d}{dt}(\frac{d}{dt}c(t))=\frac{d}{dt}x_2(t)=\dot{x}_2(t)$

• $\frac{d^2}{dt^2}c(t)+\frac{d}{dt}c(t)+5c(t)=5r(t)$은

$$\dot{x}_2(t)+x_2(t)+5x_1(t)=5r(t)$$

$$\dot{x}_2(t)=-5x_1(t)-x_2(t)+5r(t)$$

정답 15 ① 16 ①

17 2차 제어시스템의 감쇠율(Damping Ratio, ζ)이 $\zeta<0$인 경우 제어시스템의 과도응답 특성은?

① 발산　② 무제동
③ 임계제동　④ 과제동

해설 **2차 지연 제어계의 과도응답**

전달함수$=\dfrac{C(s)}{R(s)}=\dfrac{\omega_n^2}{S^2+2\zeta\omega_n S+\omega_n^2}$ (ζ : 감쇠비(제동비), ω_n : 고유각주파주(고유진동수))

특성방정식 : $S^2+2\delta\omega_n S+\omega_n^2=0$

- $\zeta>1$: 과제동(비제동)
- $\zeta=1$: 임계진동(제동)
- $0<\zeta<1$: 감쇠진동(부족제동)
- $\zeta=0$: 무제동
- $\zeta<0$: 발산

18 $e(t)$의 z변환을 $E(z)$라고 했을 때 $e(t)$의 최종값 $e(\infty)$은?

① $\lim\limits_{z\to 1}E(z)$　② $\lim\limits_{z\to\infty}E(z)$
③ $\lim\limits_{z\to 1}(1-z^{-1})E(z)$　④ $\lim\limits_{z\to\infty}(1-z^{-1})E(z)$

해설 **z변환에 대한 중요한 정리**

구분	s변환	z변환
초깃값 정리	$\lim\limits_{t\to 0}f(t)=\lim\limits_{s\to\infty}sE(s)$	$\lim\limits_{k\to 0}e(KT)=\lim\limits_{z\to\infty}E(z)$
최종값 정리	$\lim\limits_{t\to\infty}f(t)=\lim\limits_{s\to 0}sF(s)$	$\lim\limits_{k\to\infty}e(KT)=\lim\limits_{z\to 1}(1-z^{-1})E(z)$

19 블록선도의 제어시스템은 단위 램프 입력에 대한 정상상태 오차(정상편차)가 0.01이다. 이 제어시스템의 제어요소인 $G_{C1}(s)$의 k는?

$$G_{C1}(s)=k,\ G_{C2}(s)=\frac{1+0.1s}{1+0.2s}$$

$$G_P(s)=\frac{200}{s(s+1)(s+2)}$$

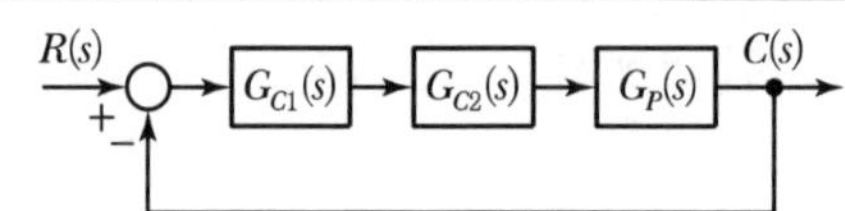

① 0.1　② 1
③ 10　④ 100

정답 17 ① 18 ③ 19 ②

해설 • 정상속도 편차 : 입력이 단위속도 $tu(t)$일 때 $R(s)=\mathcal{L}[tu(t)]=\frac{1}{s^2}$

$$e_{ss}=\lim_{s\to 0}s\frac{R(s)}{1+G(s)}=\lim_{s\to 0}s\frac{\frac{1}{s^2}}{1+G(s)}=\lim_{s\to 0}\frac{1}{s(1+G(s))}$$

$$=\lim_{s\to 0}\frac{1}{s+sG(s)}=\frac{1}{\lim_{s\to 0}sG(s)}=\frac{1}{K_v}\ (K_v : \text{속도편차 상수})$$

• $G(s)=k\times\frac{1+0.1s}{1+0.2s}\times\frac{200}{s(s+1)(s+2)}=\frac{200k(1+0.1s)}{s(s+1)(s+2)(1+0.2s)}$

$$e_{ss}=\frac{1}{\lim_{s\to 0}sG(s)}=\frac{1}{\lim_{s\to 0}s\frac{200k(1+0.1s)}{s(s+1)(s+2)(1+0.2s)}}=\frac{1}{\lim_{s\to 0}\frac{200k(1+0.1s)}{(s+1)(s+2)(1+0.2s)}}=\frac{1}{100k}$$

$$e_{ss}=\frac{1}{100k}$$

$$0.01=\frac{1}{100k}\quad \therefore k=1$$

20 블록선도의 전달함수$\left(\frac{C(s)}{R(s)}\right)$는?

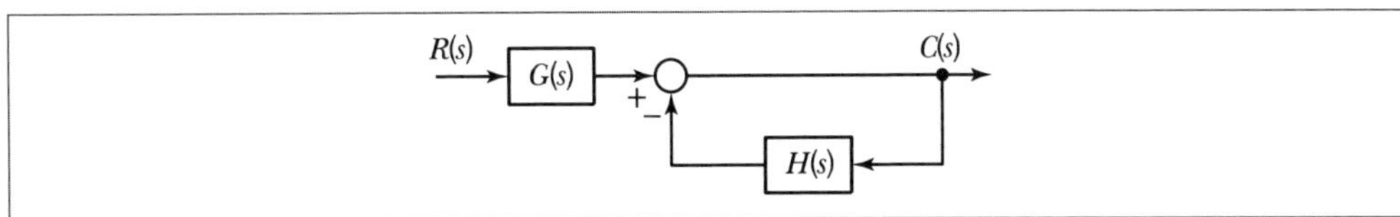

① $\frac{G(s)}{1+H(s)}$　② $\frac{G(s)}{1+G(s)H(s)}$

③ $\frac{1}{1+H(s)}$　④ $\frac{1}{1+G(s)H(s)}$

해설 **간이식**

$$G(s)=\frac{C}{R}=\frac{\sum\text{경로}}{1-\sum\text{피드백}}=\frac{G(s)}{1-(-H(s))}=\frac{G(s)}{1+H(s)}$$

정답 20 ①

CHAPTER 05 2021년 제2회 과년도 기출문제

01 그림 (a)와 같은 회로에 대한 구동점 임피던스의 극점과 영점이 각각 그림 (b)에 나타낸 것과 같고 $Z(0)=1$일 때, 이 회로에서 $R[\Omega]$, $L[\mathrm{H}]$, $C[\mathrm{F}]$의 값은?

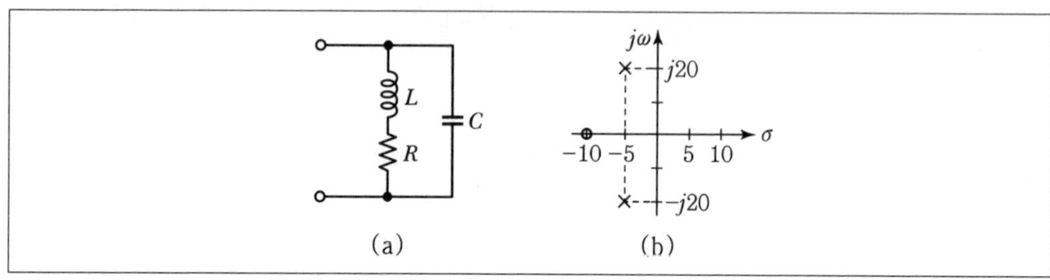

① $R=1.0[\Omega]$, $L=0.1[\mathrm{H}]$, $C=0.0235[\mathrm{F}]$
② $R=1.0[\Omega]$, $L=0.2[\mathrm{H}]$, $C=1.0[\mathrm{F}]$
③ $R=2.0[\Omega]$, $L=0.1[\mathrm{H}]$, $C=0.0235[\mathrm{F}]$
④ $R=2.0[\Omega]$, $L=0.2[\mathrm{H}]$, $C=1.0[\mathrm{F}]$

해설

• $\dfrac{1}{Z}=\dfrac{1}{Ls+R}+\dfrac{1}{\dfrac{1}{sC}}=\dfrac{1}{Ls+R}+\dfrac{sC}{1}=\dfrac{1+sC(Ls+R)}{Ls+R}=\dfrac{LCs^2+RCs+1}{Ls+R}$

$\therefore\ Z(s)=\dfrac{R+Ls}{LCs^2+RCs+1}$ ············ ①식

• $Z(0)=\dfrac{R+L\times 0}{LC\times 0^2+RC\times 0+1}$ $\therefore\ R=1.0[\Omega]$

• ①식에 $R=1$을 대입하면 $Z(s)=\dfrac{1+Ls}{LCs^2+Cs+1}$ ············ ②식

• (b)에서 영점은 −10이므로 $s=-10$

②식에서 $1+Ls=0$, $s=-\dfrac{1}{L}=-10$ $\therefore\ L=\dfrac{1}{10}=0.1[\mathrm{H}]$

• ②식에 $L=\dfrac{1}{10}=0.1[\mathrm{H}]$을 대입하면

$Z(s)=\dfrac{1+0.1s}{0.1Cs^2+Cs+1}=\dfrac{s+10}{Cs^2+10Cs+10}=\dfrac{s+10}{s^2+10s+\dfrac{10}{C}}$ ····· ③식

• (b)에서 극점은 분모가 $s=-5+j20$, $s=-5-j20$이므로

$(s+5-j20)(s+5+j20)=(s+5)^2+20^2=s^2+10s+425$

③식에서 $\dfrac{10}{C}=425$ $\therefore\ C=\dfrac{10}{425}=0.0235[\mathrm{F}]$

정답 01 ①

02 회로에서 저항 1[Ω]에 흐르는 전류 I[A]는?

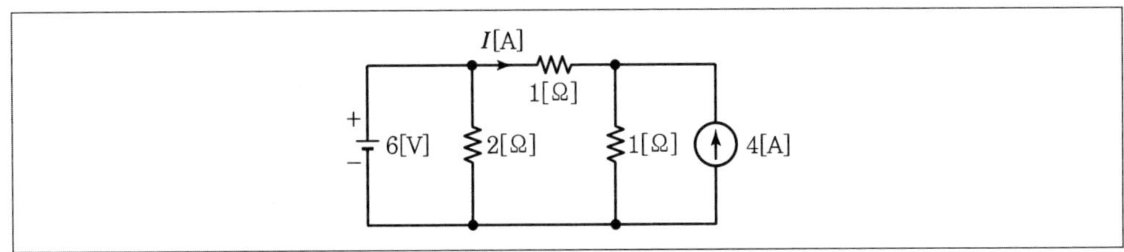

① 3　　② 2
③ 1　　④ −1

해설 **중첩의 정리**

- 전류원 개방 시 1[Ω]에 흐르는 전류
  - 합성저항 $R=\frac{2\times2}{2+2}=1[\Omega]$
  - 전체전류 $I=\frac{V}{R}=\frac{6}{1}=6[A]$
  - 1[Ω]에 흐르는 전류 $I_1=\frac{2}{2+2}\times6=3[A]$
- 전압원 단락 : 1[Ω]에 흐르는 전류 $I_2=\frac{1}{1+1}\times(-4)=-2[A]$
- 1[Ω]에 흐르는 전전류 $I=I_1+I_2=3-2=1[A]$

03 파형이 톱니파인 경우 파형률은 약 얼마인가?

① 1.155　　② 1.732
③ 1.414　　④ 0.577

해설 **파형에 따른 실횻값, 평균값**

파형	실횻값	평균값
삼각파	$\frac{V_m}{\sqrt{3}}$	$\frac{V_m}{2}$

$$\text{파형률}=\frac{\text{실횻값}}{\text{평균값}}=\frac{\frac{V_m}{\sqrt{3}}}{\frac{V_m}{2}}=\frac{2V_m}{\sqrt{3}\,V_m}=\frac{2}{\sqrt{3}}=1.1547$$

정답 02 ③ 03 ①

04 무한장 무손실 전송선로의 임의의 위치에서 전압이 100[V]이었다. 이 선로의 인덕턴스가 7.5[μH/m]이고, 커패시턴스가 0.012[μF/m]일 때 이 위치에서 전류[A]는?

① 2　　② 4
③ 6　　④ 8

해설
- $Z_\omega = \sqrt{\frac{L}{C}} = \sqrt{\frac{7.5\times10^{-6}}{0.012\times10^{-6}}} = \sqrt{\frac{7.5}{0.012}} = 25[\Omega]$
- $I = \frac{V}{Z_\omega} = \frac{100}{25} = 4[A]$

05 전압 $v(t) = 14.14\sin\omega t + 7.07\sin\left(3\omega t + \frac{\pi}{6}\right)$[V]의 실횻값은 약 몇 [V]인가?

① 3.87　　② 11.2
③ 15.8　　④ 21.2

해설 비정현파 교류 실횻값 $V = \sqrt{\left(\frac{14.14}{\sqrt{2}}\right)^2 + \left(\frac{7.07}{\sqrt{2}}\right)^2} = 11.178[V]$

06 그림과 같은 평형 3상 회로에서 전원 전압이 V_{ab} =200[V]이고 부하 한상의 임피던스가 $Z = 4 + j3[\Omega]$인 경우 전원과 부하 사이 선전류 I_a는 약 몇 [A]인가?

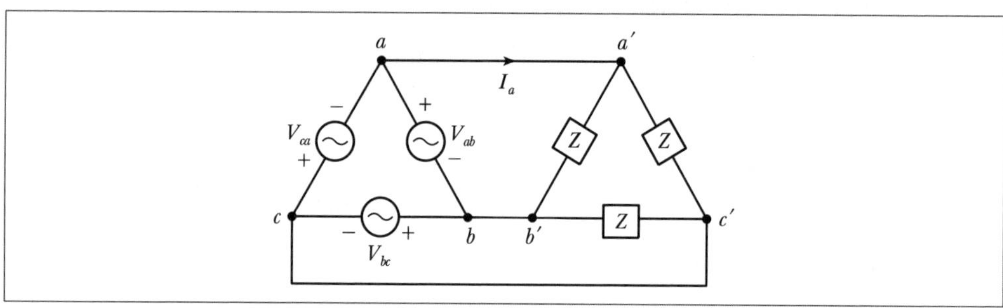

① $40\sqrt{3}\angle 36.87[°]$　　② $40\sqrt{3}\angle -36.87[°]$
③ $40\sqrt{3}\angle 66.87[°]$　　④ $40\sqrt{3}\angle -66.87[°]$

해설
- 전원 전압이 $V_{ab} = 200[V]$이므로
  부하의 전압 $V_{a'b'} = 200[V]$ 부하의 상전류 $I_p = \frac{V_p}{Z} = \frac{200}{4+j3} = 40\angle -36.87[A]$
- $I_l = 2\sin\frac{\pi}{n} I_p \angle -\frac{\pi}{2}\left(1 - \frac{2}{n}\right) = \sqrt{3} I_p \angle -30[°]$이므로
  선전류 $I_l = \sqrt{3} I_p \angle -30[°] = \sqrt{3}\times 40\angle -36.87[°] - 30[°] = 40\sqrt{3}\angle -66.87[°][A]$

정답	04 ② 05 ② 06 ④

07 정상상태에서 $t=0$[초]인 순간에 스위치 S를 열었다. 이때 흐르는 전류 $i(t)$는?

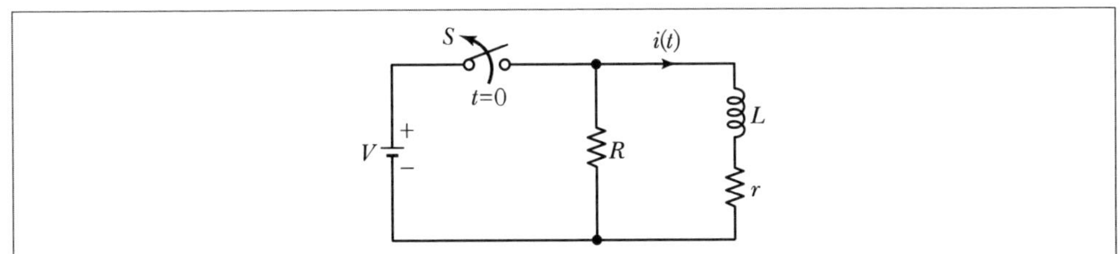

① $\frac{V}{R}e^{-\frac{R+r}{L}t}$　　② $\frac{V}{r}e^{-\frac{R+r}{L}t}$

③ $\frac{V}{R}e^{-\frac{L}{R+r}t}$　　④ $\frac{V}{r}e^{-\frac{L}{R+r}t}$

해설 개방 시 전압방정식 $L\frac{d}{dt}i(t)+(R+r)i(t)=0$

$\frac{d}{dt}i(t)+\frac{R+r}{L}i(t)=0$

양변을 라플라스하면

$sI(s)+\frac{R+r}{L}I(s)=A$

$I(s)(s+\frac{R+r}{L})=A$

$I(s)=A\frac{1}{s+\frac{R+r}{L}}$

$\therefore\ i(t)=Ae^{-\frac{R+r}{L}t}$

• $t=0$에서 $i(0)=Ae^{-\frac{R+r}{L}\times 0}=A=\frac{V}{r}$

(병렬은 전압이 같고, L은 단락과 같으므로 전류 $i(0)=\frac{V}{r}$ 만큼 흐른다.)

• $i(t)=\frac{V}{r}e^{-\frac{R+r}{L}t}$[A]

08 선간전압이 150[V], 선전류가 $10\sqrt{3}$[A], 역률이 80[%]인 평형 3상 유도성 부하로 공급되는 무효전력[Var]은?

① 3,600　　② 3,000

③ 2,700　　④ 1,800

해설 무효전력 $P_r=\sqrt{3}\,VI\sin\theta$[Var]

$=\sqrt{3}\times 150\times 10\sqrt{3}\times 0.6$[Var] $=2,700$[Var]

$(\sin\theta=\sqrt{1-\cos^2\theta}=\sqrt{1-0.8^2}=0.6)$

정답 07 ② 08 ③

09 그림과 같은 함수의 라플라스 변환은?

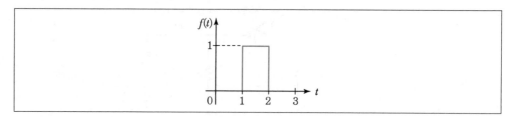

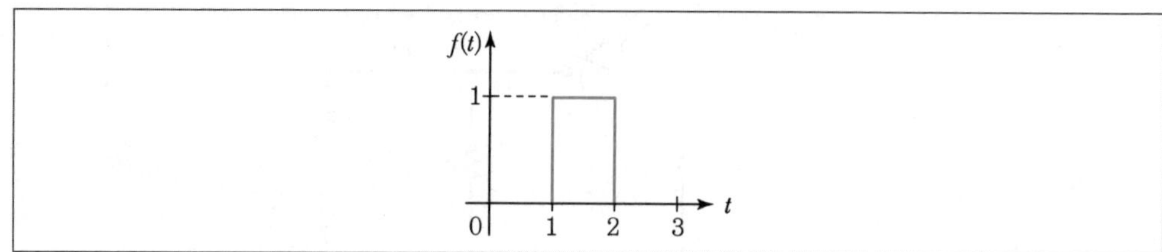

① $\frac{1}{s}(e^{s}-e^{2s})$ ② $\frac{1}{s}(e^{-s}-e^{-2s})$

③ $\frac{1}{s}(e^{-2s}-e^{-s})$ ④ $\frac{1}{s}(e^{-s}+e^{-2s})$

해설 $F(s)=\mathcal{L}[f(t)]=\mathcal{L}[u(t-1)-u(t-2)]=\mathcal{L}[u(t-1)]-\mathcal{L}[u(t-2)]$

$=\frac{1}{s}e^{-1s}-\frac{1}{s}e^{-2s}=\frac{1}{s}(e^{-s}-e^{-2s})$

10 상의 순서가 $a-b-c$인 불평형 3상 전류가 $I_a=15+j2$[A], $I_b=-20-j14$[A], $I_c=-3+j10$[A]일 때 영상분 전류 I_0는 약 몇 [A]인가?

① $2.67+j0.38$ ② $2.02+j6.98$

③ $15.5-j3.56$ ④ $-2.67-j0.67$

해설 $I_0=\frac{1}{3}(\dot{I}_a+\dot{I}_b+\dot{I}_c)=\frac{1}{3}(15+j2-20-j14-3+j10)=\frac{1}{3}(-8-j2)$

$=-2.666-j0.666$[A]

11 전달함수가 $G_c(s)=\frac{s^2+3s+5}{2s}$인 제어기가 있다. 이 제어기는 어떤 제어기인가?

① 비례·미분 제어기

② 적분 제어기

③ 비례·적분 제어기

④ 비례·미분·적분 제어기

해설 $G_C(s)=\frac{s^2+3s+5}{2s}=\frac{s^2}{2s}+\frac{3s}{2s}+\frac{5}{2s}=\frac{s}{2}+\frac{3}{2}+\frac{5}{2s}=\frac{3}{2}\left(1+\frac{1}{3}s+\frac{1}{\frac{3}{5}s}\right)$이므로 비례 · 미분 · 적분 제어기

정답 09 ② 10 ④ 11 ④

12 다음 논리회로의 출력 Y는?

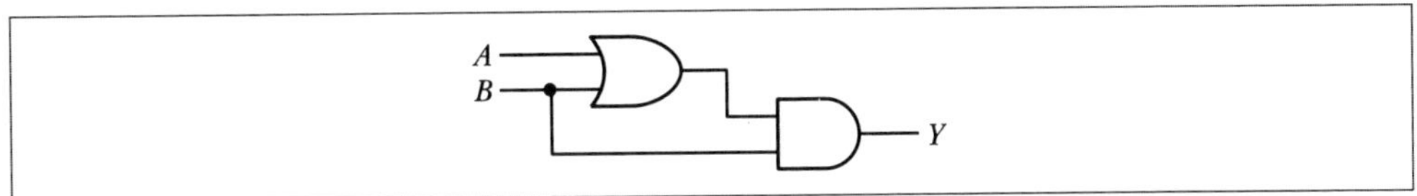

① A
② B
③ $A+B$
④ $A \cdot B$

해설 $Y=(A+B)B=AB+BB=AB+B=B$

13 그림과 같은 제어시스템이 안정하기 위한 k의 범위는?

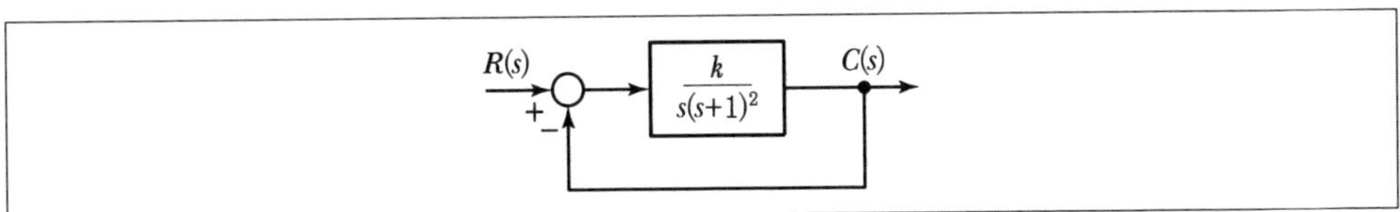

① $k>0$
② $k>1$
③ $0<k<1$
④ $0<k<2$

해설 • 전달함수 $\dfrac{C(s)}{R(s)}=\dfrac{\sum 경로}{1-\sum 피드백}=\dfrac{\dfrac{k}{s(s+1)^2}}{1-\left(-\dfrac{k}{s(s+1)^2}\right)}=\dfrac{\dfrac{k}{s(s+1)^2}}{1+\dfrac{k}{s(s+1)^2}}$

$$=\frac{k}{s(s+1)^2+k}=\frac{k}{s^3+2s^2+s+k}$$

특성방정식은 $s^3+2s^2+s+k=0$

• 루드-훌비쯔 표

s^3	1	1
s^2	2	k
s^1	$\dfrac{2-k}{2}$	0
s^0	k	

제1열의 부호 변화가 없으려면 $\dfrac{2-k}{2}>0$, $k>0$ $\therefore 0<k<2$

정답 12 ② 13 ④

14 다음과 같은 상태방정식으로 표현되는 제어시스템의 특성방정식의 근(s_1, s_2)은?

$$\begin{bmatrix} \dot{x}_1 \\ \dot{x}_2 \end{bmatrix} = \begin{bmatrix} 0 & 1 \\ -2 & -3 \end{bmatrix} \begin{bmatrix} x_1 \\ x_2 \end{bmatrix} + \begin{bmatrix} 1 \\ 0 \end{bmatrix} u$$

① 1, −3
② −1, −2
③ −2, −3
④ −1, −3

해설 $|sI-A| = \begin{bmatrix} s & 0 \\ 0 & s \end{bmatrix} - \begin{bmatrix} 0 & 1 \\ -2 & -3 \end{bmatrix} = \begin{bmatrix} s & -1 \\ 2 & s+3 \end{bmatrix} = s(s+3)+2 = s^2+3s+2 = (s+1)(s+2) = 0$

- 특성방정식 : $s^2+3s+2=0$
- 고유값 : 특성방정식의 근($s=-1$, $s=-2$)

15 그림의 블록선도와 같이 표현되는 제어시스템에서 $A=1$, $B=1$일 때, 블록선도의 출력 C는 약 얼마인가?

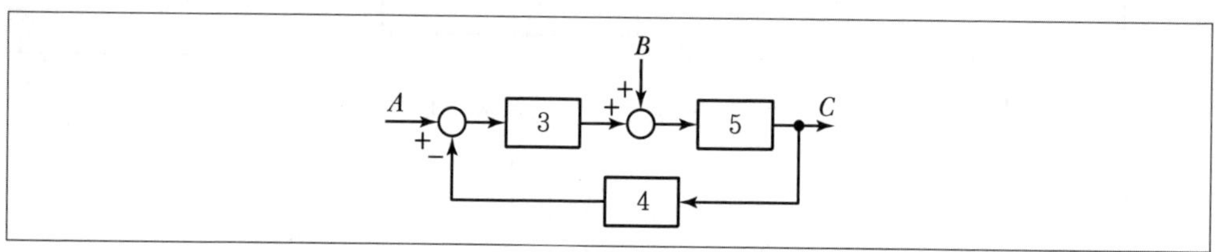

① 0.22
② 0.33
③ 1.22
④ 3.1

해설 **간이식**

- $\dfrac{C_1}{A} = \dfrac{3\times5}{1-(-3\times5\times4)} = \dfrac{15}{61}$, $\dfrac{C_2}{B} = \dfrac{5}{1-(-5\times4\times3)} = \dfrac{5}{61}$

  $C_1 = \dfrac{15}{61}\times A = \dfrac{15}{61}\times1 = \dfrac{15}{61}$, $C_2 = \dfrac{5}{61}\times B = \dfrac{5}{61}\times1 = \dfrac{5}{61}$
- $C = C_1 + C_2 = \dfrac{15}{61} + \dfrac{5}{61} = \dfrac{20}{61} = 0.327$

정답 14 ② 15 ②

16 제어요소가 제어대상에 주는 양은?

① 동작신호 ② 조작량
③ 제어량 ④ 궤환량

해설 **자동 제어장치 구성**

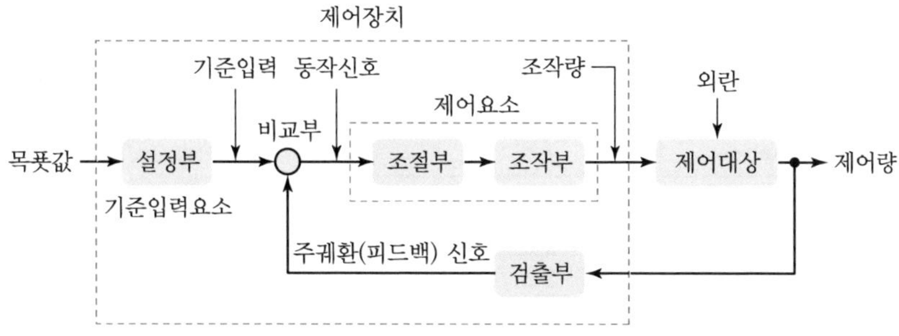

17 전달함수가 $\dfrac{C(s)}{R(s)}=\dfrac{1}{3s^2+4s+1}$인 제어시스템의 과도응답 특성은?

① 무제동 ② 부족제동
③ 임계제동 ④ 과제동

해설 • 전달함수$=\dfrac{C(s)}{R(s)}=\dfrac{\omega_n^2}{S^2+2\delta\omega_n S+\omega_n^2}$로 만든다.

• $\dfrac{C(s)}{R(s)}=\dfrac{1}{3s^2+4s+1}\times\dfrac{\frac{1}{3}}{\frac{1}{3}}=\dfrac{1\times\frac{1}{3}}{(3s^2+4s+1)\frac{1}{3}}=\dfrac{\frac{1}{3}}{s^2+\frac{4}{3}s+\frac{1}{3}}$

• $\dfrac{\omega_n^2}{s^2+2\delta\omega_n s+\omega_n^2}=\dfrac{\frac{1}{3}}{s^2+\frac{4}{3}s+\frac{1}{3}}$ 에서

$-\omega_n^2=\dfrac{1}{3}$, $\therefore \omega_n=\dfrac{1}{\sqrt{3}}$

$-2\delta\omega_n=\dfrac{4}{3}$ 에서

$2\delta\dfrac{1}{\sqrt{3}}=\dfrac{4}{3}$

$\therefore \delta=\dfrac{4\times\sqrt{3}}{2\times3}=1.15$ 이므로 $\delta>1$인 과제동(비제동)이다.

정답 16 ② 17 ④

18 함수 $f(t)=e^{-at}$의 z변환함수 $F(z)$는?

① $\frac{2z}{z-e^{aT}}$
② $\frac{1}{z+e^{aT}}$
③ $\frac{z}{z+e^{-aT}}$
④ $\frac{z}{z-e^{-aT}}$

해설 **시간함수에 대한 z변환표**

$f(t)$	$F(s)$	$F(z)$
$\delta(t)$	1	1
$u(t)$	$\frac{1}{s}$	$\frac{z}{z-1}$
t	$\frac{1}{s^2}$	$\frac{Tz}{(z-1)^2}$
e^{-at}	$\frac{1}{s+a}$	$\frac{z}{z-e^{-at}}$

19 제어시스템의 주파수 전달함수가 $G(j\omega)=j5\omega$이고, 주파수가 $\omega=0.02$[rad/sec]일 때 이 제어시스템의 이득[dB]은?

① 20
② 10
③ −10
④ −20

해설 이득$(g)=20\log|G(j\omega)|$ [dB]
$g=20\log|G(j\omega)|=20\log|j5\omega|=20\log|j5\times0.02|=20\log|0.1|=-20$ [dB]

20 그림과 같은 제어시스템의 폐루프 전달함수 $T(s)=\frac{C(s)}{R(s)}$에 대한 감도 S_K^T는?

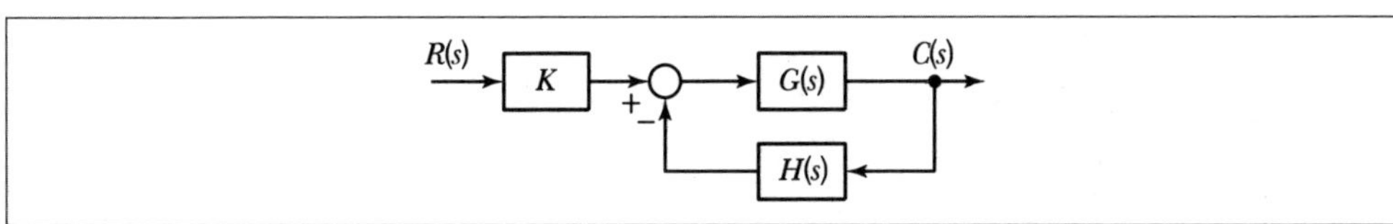

① 0.5
② 1
③ $\frac{G}{1+GH}$
④ $\frac{-GH}{1+GH}$

정답 18 ④ 19 ④ 20 ②

해설 • 전달함수 $T=\dfrac{C}{R}=\dfrac{KG}{1+GH}$

• $S_K^T=\dfrac{K}{T}\dfrac{d}{dK}T=\dfrac{K}{\dfrac{KG}{1+GH}}\dfrac{d}{dK}\left(\dfrac{KG}{1+GH}\right)=\dfrac{1+GH}{G}\dfrac{(KG)'(1+GH)-KG(1+GH)'}{(1+GH)^2}$

$=\dfrac{1+GH}{G}\dfrac{G(1+GH)-0}{(1+GH)^2}=\dfrac{1+GH}{G}\dfrac{G(1+GH)}{(1+GH)^2}=\dfrac{G}{G}=1$

※ $\dfrac{d}{dS}\dfrac{f(s)}{g(s)}=\dfrac{f'(x)g(x)-f(x)g'(x)}{\{g(x)\}^2}$

CHAPTER 06

2021년 제3회 과년도 기출문제

01 그림과 같은 파형의 라플라스 변환은?

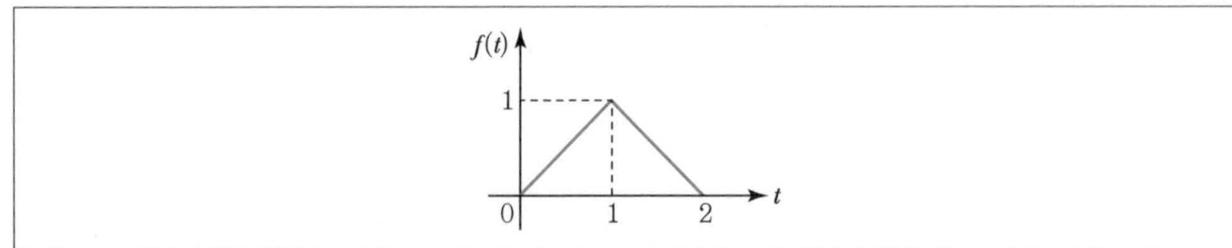

① $\frac{1}{s^2}(1-2e^{s})$ ② $\frac{1}{s^2}(1-2e^{-s})$

③ $\frac{1}{s^2}(1-2e^{s}+e^{2s})$ ④ $\frac{1}{s^2}(1-2e^{-s}+e^{-2s})$

해설 $F(s)=\mathcal{L}[f(t)]=\int_0^1 t e^{-st}dt+\int_1^2(2-t)e^{-st}dt$

$$=\left[t\frac{e^{-st}}{-s}\right]_0^1+\frac{1}{s}\int_0^1 e^{-st}dt+\left[(2-t)\frac{e^{-st}}{-s}\right]_1^2-\frac{1}{s}\int_1^2 e^{-st}dt$$

$$=-\frac{e^{-s}}{s}-\frac{e^{-s}}{s^2}+\frac{1}{s^2}+\frac{e^{-s}}{s}+\frac{e^{-2s}}{s^2}-\frac{e^{-s}}{s^2}=\frac{1}{s^2}(1-2e^{-s}+e^{-2s})$$

02 단위 길이당 인덕턴스 및 커패시턴스가 각각 L 및 C일 때 전송선로의 특성 임피던스는? (단, 전송선로는 무손실 선로이다.)

① $\sqrt{\frac{L}{C}}$ ② $\sqrt{\frac{C}{L}}$

③ $\frac{L}{C}$ ④ $\frac{C}{L}$

해설 **선로의 특성 임피던스**

$$Z_\omega=\sqrt{\frac{Z}{Y}}=\sqrt{\frac{R+j\omega L}{G+j\omega C}}=\sqrt{\frac{L}{C}}\ (R\ll\omega L,\ G\ll\omega C)$$

정답 01 ④ 02 ①

03

전압 $v(t)$를 $R-L$ 직렬회로에 인가했을 때 제3고조파 전류의 실횻값[A]의 크기는? (단, $R=8[\Omega]$, $\omega L=2[\Omega]$, $v(t)=100\sqrt{2}\sin\omega t+200\sqrt{2}\sin 3\omega t+50\sqrt{2}\sin 5\omega t[V]$이다.)

① 10 ② 14
③ 20 ④ 28

해설
- $Z_3=R+j3\omega L=8+j3\times 2=8+j6=10\angle 36.87$
- $V_3=\dfrac{200\sqrt{2}}{\sqrt{2}}=200[V]$
- $I_3=\dfrac{V_3}{|Z_3|}=\dfrac{200}{10}=20[A]$

04

내부 임피던스가 $0.3+j2[\Omega]$인 발전기에 임피던스가 $1.1+j3[\Omega]$인 선로를 연결하여 어떤 부하에 전력을 공급하고 있다. 이 부하의 임피던스가 몇 $[\Omega]$일 때 발전기로부터 부하로 전달되는 전력이 최대가 되는가?

① $1.4-j5$ ② $1.4+j5$
③ 1.4 ④ $j5$

해설
- $Z_g+Z_\ell=0.3+j2+1.1+j3=1.4+j5$
- $Z_L=(Z_g+Z_\ell)^*=(1.4+j5)^*=1.4-j5$

05

회로에서 $t=0$[초]에 전압 $v_1(t)=e^{-4t}[V]$를 인가하였을 때 $v_2(t)$는 몇 [V]인가? (단, $R=2[\Omega]$, $L=1[H]$이다.)

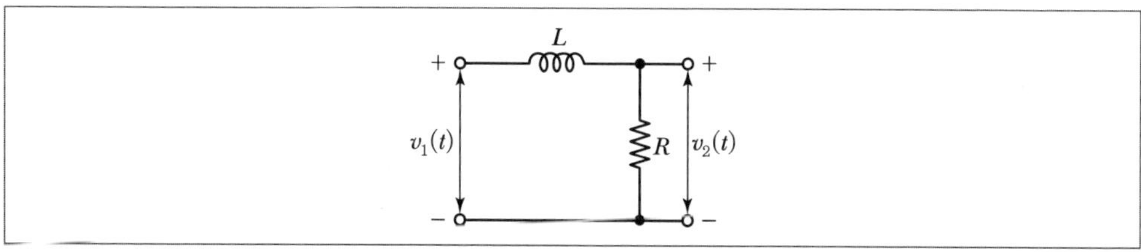

① $e^{-2t}-e^{-4t}$ ② $2e^{-2t}-2e^{-4t}$
③ $-2e^{-2t}+2e^{-4t}$ ④ $-2e^{-2t}-2e^{-4t}$

해설 전달함수 $\dfrac{V_2(s)}{V_1(s)}=\dfrac{R}{Ls+R}$

$$V_2(s)=\frac{R}{Ls+R}V_1(s)=\frac{2}{s+2}\times\frac{1}{s+4}=\frac{2}{(s+2)(s+4)}=\frac{1}{s+2}-\frac{1}{s+4}$$

$v_2(t)=e^{-2t}-e^{-4t}$

정답 03 ③ 04 ① 05 ①

06 동일한 저항 $R[\Omega]$ 6개를 그림과 같이 결선하고 대칭 3상 전압 V[V]를 가하였을 때 전류 I[A]의 크기는?

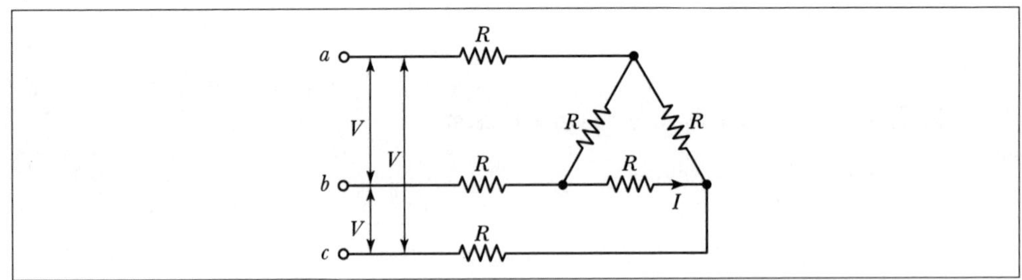

① $\frac{V}{R}$　　② $\frac{V}{2R}$

③ $\frac{V}{4R}$　　④ $\frac{V}{5R}$

해설 • △ → Y 변환으로 변환하면

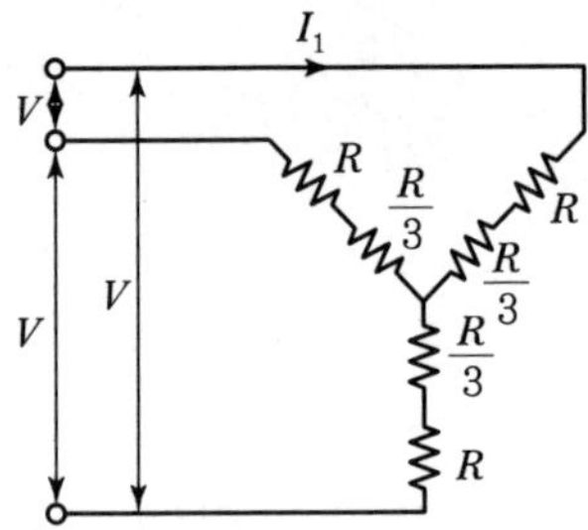

$$R' = \frac{R \times R}{R+R+R} = \frac{R}{3}$$

1상당 저항값은 $R_a = R + \frac{R}{3} = \frac{4R}{3}$

1상당 전압값은 $V_p = \frac{V}{\sqrt{3}}$

• 선류값은 $I_l = \frac{V_p}{R_a} = \frac{\frac{V}{\sqrt{3}}}{\frac{4R}{3}} = \frac{3V}{4\sqrt{3}R}$

상값은 $I_p = I = \frac{I_l}{\sqrt{3}} = \frac{\frac{3V}{4\sqrt{3}R}}{\sqrt{3}} = \frac{3V}{4 \times 3R} = \frac{V}{4R}$[A]

07 각 상의 전류가 $i_a(t) = 90\sin\omega t$[A], $i_b(t) = 90\sin(\omega t - 90[°])$[A], $i_c(t) = 90\sin(\omega t + 90[°])$[A]일 때 영상분 전류[A]의 순시치는?

① $30\cos\omega t$　　② $30\sin\omega t$

③ $90\sin\omega t$　　④ $90\cos\omega t$

정답 06 ③ 07 ②

해설 계산기 사용

$$I_0=\frac{1}{3}(i_a+i_b+i_c)=\frac{1}{3}[90\sin\omega t+90\sin(\omega t-90[°])+90\sin(\omega t+90[°])$$
$$=\frac{1}{3}(90\angle 0[°]+90\angle-90[°]+90\angle 90[°])=\frac{90}{3}\angle 0[°]=30\sin\omega t[\mathrm{A}]$$

08

어떤 선형 회로망의 4단자 정수가 $A=8$, $B=j2$, $D=1.625+j$일 때, 이 회로망의 4단자 정수 C는?

① $24-j14$
② $8-j11.5$
③ $4-j6$
④ $3-j4$

해설
- $AD-BC=1$
- $AD-1=BC$
- $C=\frac{AD-1}{B}=\frac{8(1.625+j)-1}{j2}=4-j6$

09

평형 3상 부하에 선간전압의 크기가 200[V]인 평형 3상 전압을 인가했을 때 흐르는 선전류의 크기가 8.6[A]이고 무효전력이 1,298[Var]이었다. 이때 이 부하의 역률은 약 얼마인가?

① 0.6
② 0.7
③ 0.8
④ 0.9

해설
- 무효전력 $P_r=\sqrt{3}\,VI\sin\theta[\mathrm{Var}]$

  $1{,}298=\sqrt{3}\times 200\times 8.6\times\sin\theta[\mathrm{Var}]$

  $\sin\theta=\frac{1{,}298}{\sqrt{3}\times 200\times 8.6}=0.435$
- $\cos\theta=\sqrt{1-\sin^2\theta}=\sqrt{1-0.435^2}=0.9$

10

어떤 회로에서 $t=0$[초]에 스위치를 닫은 후 $i=2t+3t^2$[A]의 전류가 흘렀다. 30초까지 스위치를 통과한 총 전기량[A · h]은?

① 4.25
② 6.75
③ 7.75
④ 8.25

해설 계산기 사용

$$Q=\int_0^t i\,dt=\int_0^{30}(2X+3X^2)=27{,}900[\mathrm{A\cdot sec}]=\frac{27{,}900}{3{,}600}[\mathrm{A\cdot h}]=7.75[\mathrm{A\cdot h}]$$

정답 08 ③ 09 ④ 10 ③

11 블록선도의 전달함수가 $\frac{C(s)}{R(s)}=10$과 같이 되기 위한 조건은?

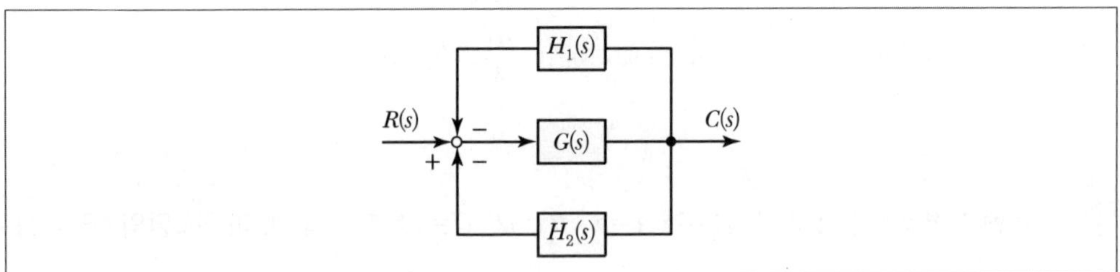

① $G(s)=\frac{1}{1-H_1(s)-H_2(s)}$
② $G(s)=\frac{10}{1-H_1(s)-H_2(s)}$
③ $G(s)=\frac{1}{1-10H_1(s)-10H_2(s)}$
④ $G(s)=\frac{10}{1-10H_1(s)-10H_2(s)}$

해설 $\frac{C(s)}{R(s)}=\frac{\sum 경로}{1-\sum 피드백}=\frac{G(s)}{1-(-G(s)H_1(s)-G(s)H_2(s))}=\frac{G(s)}{1+[H_1(s)+H_2(s)]G(s)}$

$10=\frac{G(s)}{1+[H_1(s)+H_2(s)]G(s)}$

$10+[10H_1(s)+10H_2(s)]G(s)=G(s)$

$10=G(s)-[10H_1(s)+10H_2(s)]G(s)$

$10=[1-10H_1(s)-10H_2(s)]G(s)$

$G(s)=\frac{10}{1-10H_1(s)-10H_2(s)}$

12 그림의 제어시스템이 안정하기 위한 K의 범위는?

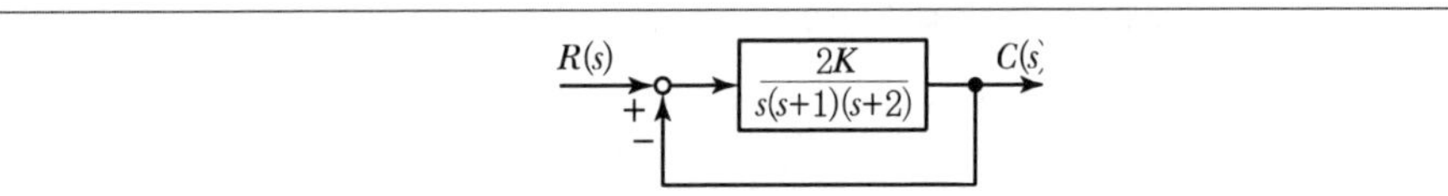

① $0<K<3$
② $0<K<4$
③ $0<K<5$
④ $0<K<6$

해설 전달함수 $\frac{C(s)}{R(s)}=\frac{\sum 경로}{1-\sum 피드백}=\frac{\frac{2k}{s(s+1)(s+2)}}{1-(-\frac{2k}{s(s+1)(s+2)})}=\frac{\frac{2k}{s(s+1)(s+2)}}{1+\frac{2k}{s(s+1)(s+2)}}$

$=\frac{2k}{s(s+1)(s+2)+2k}=\frac{2k}{s^3+3s^2+2s+2k}$

특성방정식은 $s^3+3s^2+2s+2k=0$

정답 11 ④ 12 ①

• 루드-훌비쯔 표

s^3	1	2
s^2	3	$2k$
s^1	$\frac{6-2k}{3}$	0
s^0	$2k$	

제1열의 부호 변화가 없으려면 $\frac{6-2k}{3}>0,\ 2k>0$

$\therefore 0<k<3$

13 개루프 전달함수가 다음과 같은 제어시스템의 근궤적이 $j\omega$(허수)축과 교차할 때 K는 얼마인가?

$$G(s)H(s) = \frac{K}{s(s+3)(s+4)}$$

① 30　　② 48
③ 84　　④ 180

해설 • 전달함수 $\frac{C(s)}{R(s)} = \frac{\sum 경로}{1-\sum 피드백} = \frac{\frac{K}{s(s+3)(s+4)}}{1-(-\frac{K}{s(s+3)(s+4)})} = \frac{\frac{K}{s(s+3)(s+4)}}{1+\frac{K}{s(s+3)(s+4)}}$

$$= \frac{K}{s(s+3)(s+4)+K} = \frac{K}{s^3+7s^2+12s+K}$$

특성방정식은 $s^3+7s^2+12s+K=0$

• 루드-훌비쯔 표

s^3	1	12
s^2	7	K
s^1	$\frac{84-K}{7}$	0
s^0	K	

허수축과 교차하면 제1요소가 0이 되면 얻을 수 있다.

$\frac{84-K}{7}=0$

$\therefore K=84$

정답 13 ③

14 제어요소의 표준 형식인 적분요소에 대한 전달함수는? (단, K는 상수이다.)

① Ks　　② $\frac{K}{s}$

③ K　　④ $\frac{K}{1+Ts}$

해설
- 비례요소 : K
- 미분요소 : Ks
- 적분요소 : $\frac{K}{s}$
- 1차 지연요소 : $\frac{K}{Ts+1}$
- 2차 지연요소 : $\frac{K}{T^2s^2+2\delta Ts+1}$

15 블록선도의 제어시스템은 단위 램프 입력에 대한 정상상태 오차(정상편차)가 0.01이다. 이 제어시스템의 제어요소인 $G_{C1}(s)$의 k는?

- $G_{C1}(s)=k$
- $G_{C2}(s)=\frac{1+0.1s}{1+0.2s}$
- $G_P(s)=\frac{20}{s(s+1)(s+2)}$

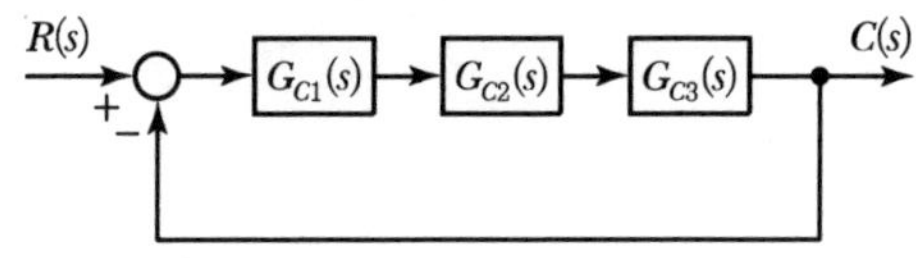

① 0.1　　② 1

③ 10　　④ 100

해설
- 정상속도 편차 : 입력이 단위속도 $tu(t)$일 때 $R(s)=\mathcal{L}[tu(t)]=\frac{1}{s^2}$

$$e_{ss}=\lim_{s\to0}s\frac{R(s)}{1+G(s)}=\lim_{s\to0}s\frac{\frac{1}{s^2}}{1+G(s)}=\lim_{s\to0}\frac{1}{s(1+G(s))}=\lim_{s\to0}\frac{1}{s+sG(s)}=\frac{1}{\lim\limits_{s\to0}sG(s)}=\frac{1}{K_v}$$

(K_v : 속도편차 상수)

- $G(s)=k\times\frac{1+0.1s}{1+0.2s}\times\frac{20}{s(s+1)(s+2)}=\frac{20k(1+0.1s)}{s(s+1)(s+2)(1+0.2s)}$

$$e_{ss}=\frac{1}{\lim\limits_{s\to0}sG(s)}=\frac{1}{\lim\limits_{s\to0}s\frac{20k(1+0.1s)}{s(s+1)(s+2)(1+0.2s)}}=\frac{1}{\lim\limits_{s\to0}\frac{20k(1+0.1s)}{(s+1)(s+2)(1+0.2s)}}=\frac{1}{10k}$$

정답 | 14 ② 15 ③

$$e_{ss} = \frac{1}{10k}$$

$$0.01 = \frac{1}{10k} \quad \therefore k = \frac{1}{10 \times 0.01} = \frac{1}{0.1} = 10$$

16 그림과 같은 신호흐름선도에서 $\frac{C(s)}{R(s)}$ 는?

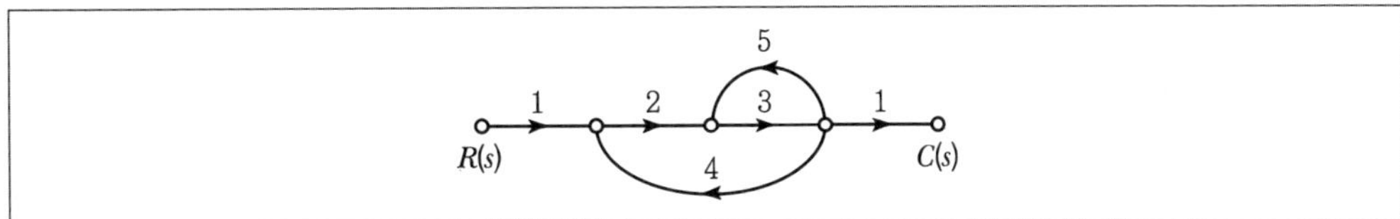

① $-\frac{6}{38}$　② $\frac{6}{38}$

③ $-\frac{6}{41}$　④ $\frac{6}{41}$

해설 $\therefore G(s) = \frac{C}{R} = \frac{\sum 경로}{1-\sum 피드백} = \frac{1\times2\times3\times1}{1-(5\times3+2\times3\times4)} = \frac{6}{1-(15+24)} = -\frac{6}{38}$

17 단위계단 함수 $u(t)$를 z변환하면?

① $\frac{1}{z-1}$　② $\frac{z}{z-1}$

③ $\frac{1}{Tz-1}$　④ $\frac{Tz}{Tz-1}$

해설 **시간함수에 대한 z변환표**

$f(t)$	$F(s)$	$F(z)$
$\delta(t)$	1	1
$u(t)$	$\frac{1}{s}$	$\frac{z}{z-1}$
t	$\frac{1}{s^2}$	$\frac{Tz}{(z-1)^2}$
e^{-at}	$\frac{1}{s+a}$	$\frac{z}{z-e^{-at}}$

정답 16 ① 17 ②

18 그림의 논리회로와 등가인 논리식은?

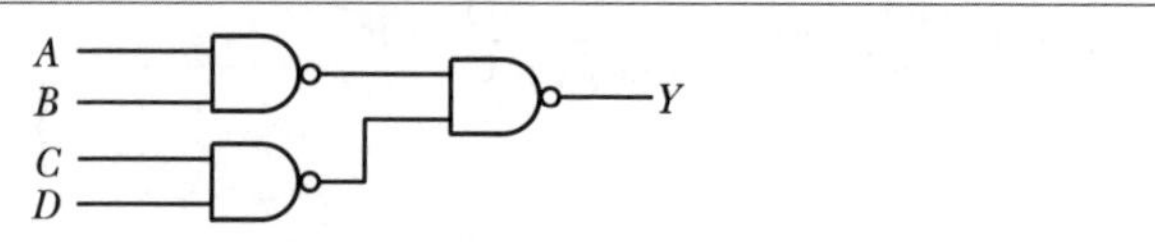

① $Y=A\cdot B\cdot C\cdot D$
② $Y=A\cdot B+C\cdot D$
③ $Y=\overline{A\cdot B}+\overline{C\cdot D}$
④ $Y=(\overline{A}+\overline{B})\cdot(\overline{C}+\overline{D})$

해설 $Z=\overline{\overline{AB}\cdot\overline{CD}}=\overline{\overline{AB+CD}}=AB+CD$ 또는 $Z=\overline{\overline{AB}\cdot\overline{CD}}=\overline{\overline{AB}}+\overline{\overline{CD}}$

19 다음과 같은 상태방정식으로 표현되는 제어시스템에 대한 특성방정식의 근(s_1, s_2)은?

$$\begin{bmatrix}\dot{x}_1\\ \dot{x}_2\end{bmatrix}=\begin{bmatrix}0 & -3\\ 2 & -5\end{bmatrix}\begin{bmatrix}x_1\\ x_2\end{bmatrix}+\begin{bmatrix}1\\ 0\end{bmatrix}u$$

① 1, −3
② −1, −2
③ −2, −3
④ −1, −3

해설 $|sI-A|=\begin{bmatrix}s & 0\\ 0 & s\end{bmatrix}-\begin{bmatrix}0 & -3\\ 2 & -5\end{bmatrix}=\begin{bmatrix}s & 3\\ -2 & s+5\end{bmatrix}=s(s+5)+6=s^2+5+6=(s+2)(s+3)=0$

- 특성방정식 : $s^2+3s+2=0$
- 고유값 : 특성방정식의 근($s=-2$, $s=-3$)

20 주파수 전달함수가 $G(j\omega)=\dfrac{1}{j100\omega}$인 제어시스템에서 $\omega=1.0$[rad/s]일 때의 이득[dB]과 위상각[°]은 각각 얼마인가?

① 20[dB], 90[°]
② 40[dB], 90[°]
③ −20[dB], −90[°]
④ −40[dB], −90[°]

해설
- 이득 $g=20\log|G(j\omega)|=20\log\left|\dfrac{1}{j100\omega}\right|=20\log\left|\dfrac{1}{j100\times1}\right|=20\log\left|\dfrac{1}{100}\right|=-40$[dB]
- 위상각 $\theta=\angle G(j\omega)=\angle\dfrac{1}{j100\omega}=\angle\dfrac{1}{j100\times1}=\angle\dfrac{1}{j100}=-90$[°]

정답 18 ② 19 ③ 20 ④

CHAPTER 07

2022년 제1회 과년도 기출문제

01 $f_3(t)$가 우함수이고 $f_0(t)$가 기함수일 때 주기함수 $f(t)=f_e(t)+f_0(t)$에 대한 다음 식 중 틀린 것은?

① $f_e(t)=f_e(-t)$　　② $f_o(t)=-f_o(-t)$

③ $f_o(t)=\frac{1}{2}[f(t)-f(-t)]$　　④ $f_e(t)=\frac{1}{2}[f(t)-f(-t)]$

해설 ① 우함수는 여현대칭이므로 $f_e(t)=f_e(-t)$

② 기함수는 정현대칭이므로 $f_o(t)=-f_o(-t)$

③ $\frac{1}{2}[f(t)-f(-t)]=\frac{1}{2}[(f_e(t)+f_0(t))-(f_e(-t)+f_0(-t))]$

$=\frac{1}{2}[f_0(t)-f_0(-t)]=\frac{1}{2}[f_0(t)-(-f_0(t))]=f_0(t)$

02 3상 평형회로에 Y결선의 부하가 연결되어 있고, 부하에서의 선간전압이 $V_{ab}=100\sqrt{3}\angle 0[°][V]$일 때 선전류가 $I_a=20\angle -60[°][A]$이었다. 이 부하의 한상의 임피던스[Ω]는? (단, 3상 전압의 상순은 $a-b-c$이다.)

① $5\angle 30[°]$　　② $5\sqrt{3}\angle 30[°]$

③ $5\angle 60[°]$　　④ $5\sqrt{3}\angle 60[°]$

해설 • $V_l=2\sin\frac{\pi}{n}V_p\angle\frac{\pi}{2}\left(1-\frac{2}{n}\right)=\sqrt{3}V_p\angle 30[°]$이므로

$V_p=\frac{V_{ab}}{\sqrt{3}}\angle -30[°]=\frac{100\sqrt{3}\angle 0}{\sqrt{3}}\times 1\angle -30[°]=100\angle -30[°]$

• $Z=\frac{V_p}{I_p}=\frac{V_p}{I_a}=\frac{100\angle -30[°]}{20\angle -60[°]}=5\angle 30[°]$

정답	01 ④　02 ①

03 그림의 회로에서 120[V]와 30[V]의 전압원(능동소자)에서의 전력은 각각 몇 [W]인가? (단, 전압원(능동소자)에서 공급 또는 발생하는 전력은 양수(+)이고, 소비 또는 흡수하는 전력은 음수(−)이다.)

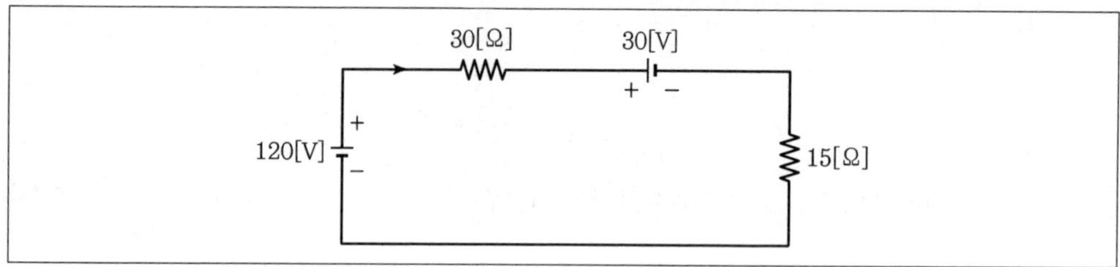

① 240[W], 60[W]
② 240[W], −60[W]
③ −240[W], 60[W]
④ −240[W], −60[W]

해설 • $\sum V = \sum IR$

$120 - 30 = I(30+15)$

$I = \frac{90}{45} = 2$

• $P_{공급} = VI = 120 \times 2 = 240[W]$

• $P_{소비} = -30 \times 2 = -60[W]$

04 각 상의 전압이 다음과 같을 때 영상분전압[V]의 순시치는? (단, 3상 전압의 상순은 $a-b-c$이다.)

$$v_a(t) = 40\sin\omega t[V]$$
$$v_b(t) = 40\sin\left(\omega t - \frac{\pi}{2}\right)[V]$$
$$v_c(t) = 40\sin\left(\omega t + \frac{\pi}{2}\right)[V]$$

① $40\sin\omega t$
② $\frac{40}{3}\sin\omega t$
③ $\frac{40}{3}\sin\left(\omega t - \frac{\pi}{2}\right)$
④ $\frac{40}{3}\sin\left(\omega t + \frac{\pi}{2}\right)$

해설 계산기 사용

$$V_0 = \frac{1}{3}(v_a + v_b + v_c) = \frac{1}{3}[40\sin\omega t + 40\sin(\omega t - 90[°]) + 40\sin(\omega t + 90[°])$$
$$= \frac{1}{3}(40\angle 0[°] + 40\angle -90[°] + 40\angle 90[°]) = \frac{40}{3}\angle 0[°] = \frac{40}{3}\sin\omega t[V]$$

정답 03 ② 04 ②

05 그림과 같이 3상 평형의 순저항부하에 단상전력계를 연결하였을 때 전력계가 W[W]를 지시하였다. 이 3상 부하에서 소모하는 전체 전력[W]은?

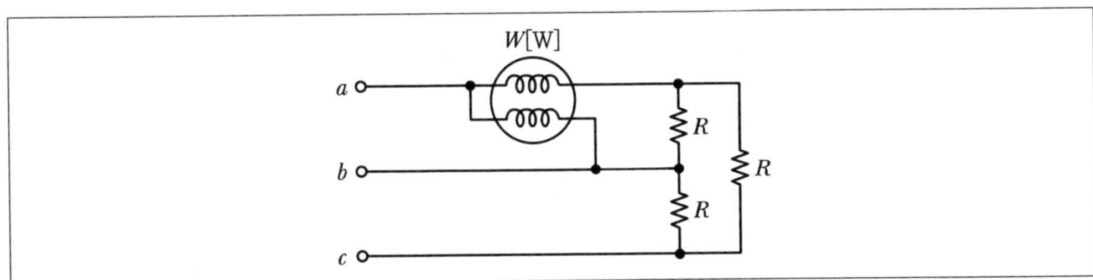

① $2W$
② $3W$
③ $\sqrt{2}\ W$
④ $\sqrt{3}\ W$

해설 **3상 2전력계법**

$P_a = P + jP_r = W + W + \sqrt{3}(W - W)i = 2W$

06 정전용량이 C[F]인 커패시터에 단위임펄스의 전류원이 연결되어 있다. 이 커패시터의 전압 $v_C(t)$는? (단, $u(t)$는 단위계단함수이다.)

① $v_C(t) = C$
② $v_C(t) = Cu(t)$
③ $v_C(t) = \frac{1}{C}$
④ $v_C(t) = \frac{1}{C}u(t)$

해설
- $i(t) = \delta(t)$

  $v_c(t) = \frac{1}{C}\int i(t)\,dt = \frac{1}{C}\int \delta(t)\,dt$ ············ ①식
- ①식을 양변을 라플라스하면

  $V_c(s) = \frac{1}{C}\frac{1}{s}\times 1 = \frac{1}{C}\frac{1}{s}$ ······························ ②식
- ②식을 양변을 역라플라스하면

  $v_c(t) = \frac{1}{C}u(t)$

정답	05 ① 06 ④

07 그림의 회로에서 $t=0$[s]에 스위치(S)를 닫은 후 $t=1$[S]일 때 이 회로에 흐르는 전류는 약 몇 [A]인가?

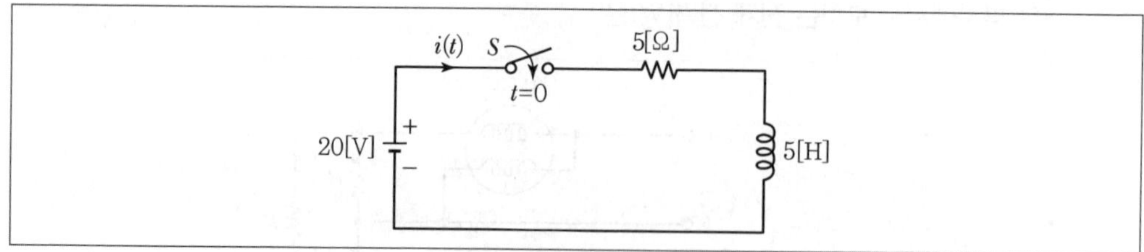

① 2.52
② 3.16
③ 4.21
④ 6.32

해설 **과도시간 동안의 과도전류**

$$i(t)=\frac{E}{R}(1-e^{-\frac{1}{\frac{L}{R}}})=\frac{E}{R}(1-e^{-\frac{R}{L}})=\frac{20}{5}(1-e^{-\frac{5}{5}\times 1})=\frac{20}{5}(1-e^{-1})=2.528[\text{A}]$$

08 순시치전류 $i(t)=I_m\sin(\omega t+\theta_I)$[A]의 파고율은 약 얼마인가?

① 0.577
② 0.707
③ 1.414
④ 1.732

해설 정현파의 파고율$=\dfrac{\text{최댓값}}{\text{실횻값}}=\dfrac{I_m}{\frac{I_m}{\sqrt{2}}}=\sqrt{2}=1.414$

09 그림의 회로가 정저항회로로 되기 위한 L[mH]은? (단, $R=10[\Omega]$, $C=1{,}000[\mu\text{F}]$이다.)

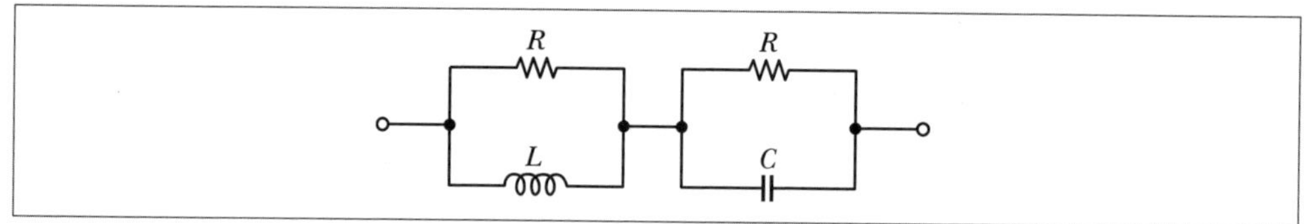

① 1
② 10
③ 100
④ 1,000

해설 정저항 회로조건 $R=\sqrt{\dfrac{L}{C}}$ 에서

$$L=R^2C=10^2\times 1{,}000\times 10^{-6}=10^{-1}\times 10^3\times 10^{-3}=100[\text{mH}]$$

정답 07 ① 08 ③ 09 ③

10 분포정수회로에 있어서 선로의 단위 길이당 저항이 100[Ω/m], 인덕턴스가 200[mH/m], 누설컨덕턴스가 0.5[℧/m]일 때 일그러짐이 없는 조건(무왜형조건)을 만족하기 위한 단위 길이당 커패시턴스는 몇 [μF/m]인가?

① 0.001
② 0.1
③ 10
④ 1,000

해설 무왜형선로(일그러짐이 없는 조건) $RC = LG$ 에서

$$C = \frac{LG}{R} = \frac{200 \times 10^{-3} \times 0.5}{100} = 10^{-3}[\mathrm{F}] = 10^{-3} \times 10^{6} \times 10^{-6}[\mathrm{F}] = 1{,}000[\mu\mathrm{F}]$$

11 $F(z) = \dfrac{(1-e^{-aT})z}{(z-1)(z-e^{-aT})}$ 의 역z변환은?

① $1-e^{-aT}$
② $1+e^{-aT}$
③ $t \cdot e^{-aT}$
④ $t \cdot e^{aT}$

해설
- $R(z) = \dfrac{(1-e^{-aT})z}{(z-1)(z-e^{-aT})}$

  $\dfrac{R(z)}{z} = \dfrac{(1-e^{-aT})}{(z-1)(z-e^{-aT})}$
- 위 식을 부분분수로 변형하면

  $\dfrac{R(z)}{z} = \dfrac{1}{z-1} - \dfrac{1}{z-e^{-aT}}$

  $R(z) = \dfrac{z}{z-1} - \dfrac{z}{z-e^{-aT}}$
- 역z변환하면

  $r(z) = u(t) - e^{-aT} = 1 - e^{-aT}$

12 다음의 특성방정식 중 안정한 제어시스템은?

① $s^3+3s^2+4s+5=0$
② $s^4+3s^3-s^2+s+10=0$
③ $s^5+s^3+2s^2+4s+3=0$
④ $s^4-2s^3-3s^2+4s+5=0$

해설 ② $s^4+3s^3-s^2+s+10=0$: 특성방정식의 모든 계수의 부호가 같아야 한다. $-s^2$ 이 있어 불안정함
③ $s^5+s^3+2s^2+4s+3=0$: 계수 중 어느 하나라도 0이 되어서는 안 된다. s^4 이 없어 불안정함
④ $s^4-2s^3-3s^2+4s+5=0$: 특성방정식의 모든 계수의 부호가 같아야 한다. $-2s^3-3s^2$ 이 있어 불안정함

정답	10 ④ 11 ① 12 ①

13 그림의 신호흐름선도에서 전달함수 $\frac{C(s)}{R(s)}$ 는?

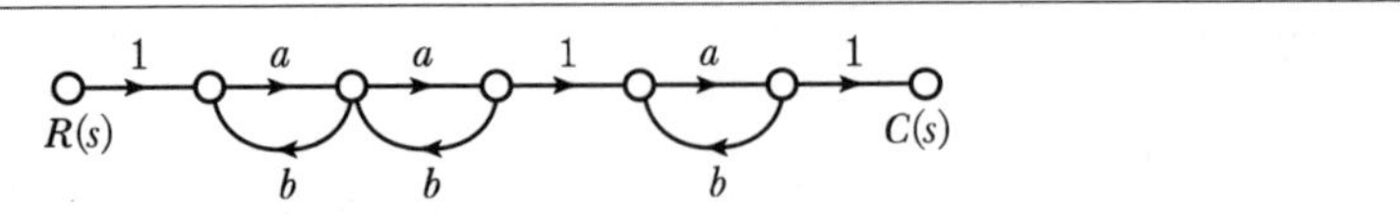

① $\frac{a^3}{(1-ab)^3}$ ② $\frac{a^3}{1-3ab+a^2b^2}$

③ $\frac{a^3}{1-3ab}$ ④ $\frac{a^3}{1-3ab+2a^2b^2}$

해설 전달함수= $\frac{C(s)}{R(s)} = \frac{\Sigma[G(1-loop)]}{1-\Sigma L_1+\Sigma L_2-\Sigma L_3} = \frac{aaa}{1-(ab+ab+ab)+ab\cdot ab+ab\cdot ab} = \frac{a^3}{1-3ab+2a^2b^2}$

- G : 각각의 순방향 경로의 이득 → aaa
- loop : 각각의 순방향 경로에 접촉하지 않는 이득 → 없음
- ΣL_1 : 각각의 모든 폐루프 이득의 곱의 합 → $ab+ab+ab=3ab$
- ΣL_2 : 서로 접촉하고 있지 않은 2개 이상의 L_1의 곱의 합 → $ab\cdot ab+ab\cdot ab=2a^2b^2$
- ΣL_3 : 서로 접촉하고 있지 않은 3개 이상의 L_1의 곱의 합 → 없음

14 그림과 같은 블록선도의 제어시스템에 단위계단함수가 입력되었을 때 정상상태오차가 0.01이 되는 a의 값은?

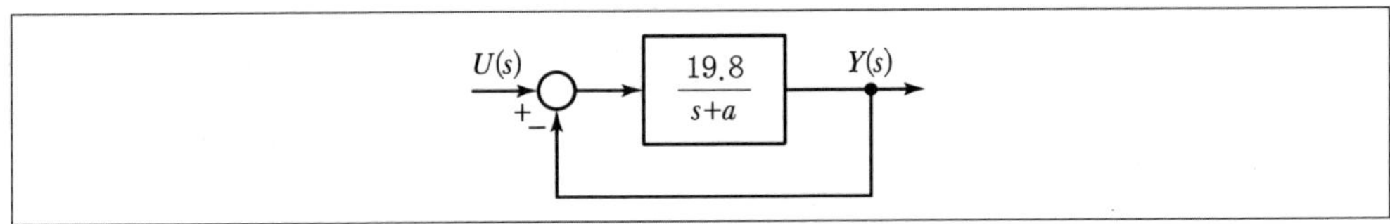

① 0.2 ② 0.6

③ 0.8 ④ 1.0

해설 정상 위치편차 : 입력이 단위계단 $u(t)$일 때 $R(s)=\mathcal{L}[u(t)]=\frac{1}{s}$

$$e_{ss}=\lim_{s\to 0}s\frac{R(s)}{1+G(s)}=\lim_{s\to 0}s\frac{\frac{1}{s}}{1+G(s)}=\frac{1}{\lim_{s\to 0}1+G(s)}=\frac{1}{\lim_{s\to 0}(1+\frac{19.8}{s+a})}=\frac{1}{1+\frac{19.8}{a}}$$

$$0.01=\frac{1}{1+\frac{19.8}{a}} \quad \therefore a=0.2$$

정답 13 ④ 14 ①

15 그림과 같은 보드선도의 이득선도를 갖는 제어시스템의 전달함수는?

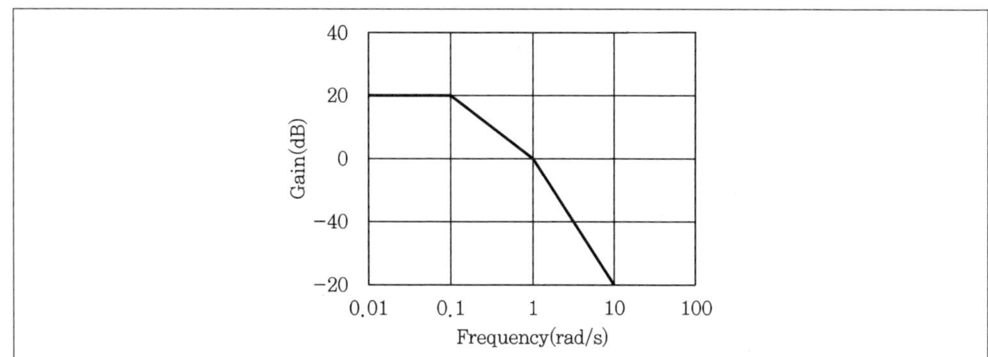

① $G(s)=\dfrac{10}{(s+1)(s+10)}$ ② $G(s)=\dfrac{10}{(s+1)(10s+1)}$

③ $G(s)=\dfrac{20}{(s+1)(s+10)}$ ④ $G(s)=\dfrac{20}{(s+1)(10s+1)}$

해설 $G(s)=\dfrac{10}{(s+1)(10s+1)}$ 의 보드선도 이득곡선은

$$g[\text{dB}]=20\log\left|\frac{10}{(j\omega+1)(j10\omega+1)}\right|=20\log\frac{10}{\sqrt{\omega^2+1}\sqrt{(10\omega)^2+1}}$$

$$=20\log 10-20\log\sqrt{\omega^2+1}-20\log\sqrt{(10\omega)^2+1}$$

- $\omega<0.1$일 때
  $g=20-20\log 1-20\log 1=20[\text{dB}]$
- $0.1<\omega<1$일 때
  $g=20-20\log 1-20\log 10\omega=20-0-20\log 10-20\log\omega=-20\log\omega$이므로 $-20[\text{dB/dec}]$
- $\omega>1$일 때
  $g=20-20\log 1-20\log 10\omega=20-20\log\omega-20\log 10-20\log\omega=-40\log\omega$이므로 $-40[\text{dB/dec}]$

16 그림과 같은 블록선도의 전달함수 $\dfrac{C(s)}{R(s)}$는?

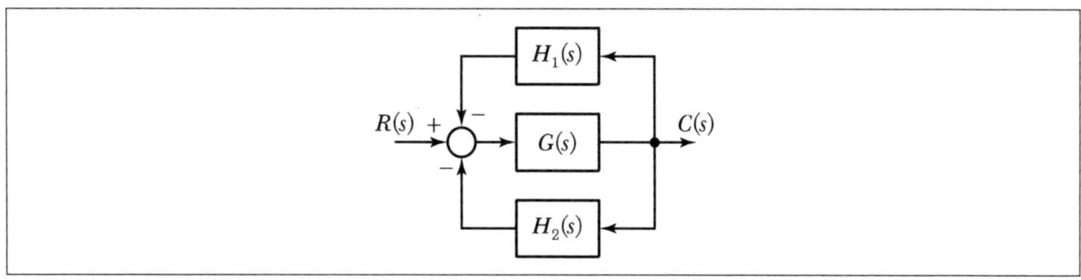

① $\dfrac{G(s)H_1(s)H_2(s)}{1+G(s)H_1(s)H_2(s)}$ ② $\dfrac{G(s)}{1+G(s)H_1(s)H_2(s)}$

③ $\dfrac{G(s)}{1-G(s)(H_1(s)+H_2(s))}$ ④ $\dfrac{G(s)}{1+G(s)(H_1(s)+H_2(s))}$

정답 15 ② 16 ④

해설 $G(s)=\dfrac{C}{R}=\dfrac{\sum 경로}{1-\sum 피드백}=\dfrac{G(s)}{1-(-G(s)H_1(s)-G(s)H_2(s))}=\dfrac{G(s)}{1+G(s)H_1(s)+G(s)H_2(s)}$

17 그림과 같은 논리회로와 등가인 것은?

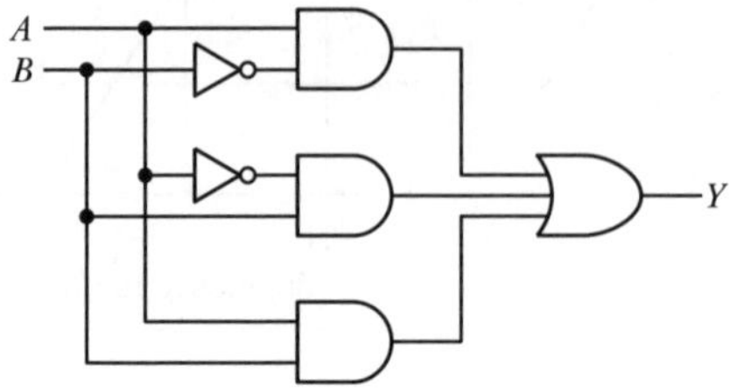

① 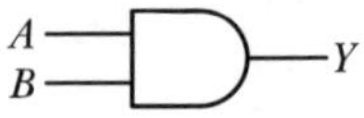

② 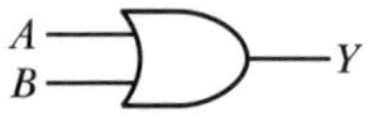

③ 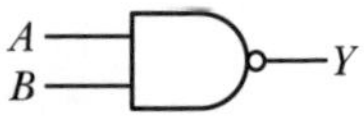

④ 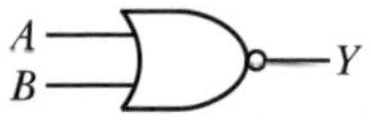

해설 $Y=A\cdot\overline{B}+\overline{A}\cdot B+AB=A\cdot\overline{B}+B(\overline{A}+A)=A\cdot\overline{B}+B=(A+B)\cdot(\overline{B}+B)=A+B$

18 다음의 개루프전달함수에 대한 근궤적의 점근선이 실수축과 만나는 교차점은?

$$G(s)H(s)=\frac{K(s+3)}{s^2(s+1)(s+3)(s+4)}$$

① $\dfrac{5}{3}$

② $-\dfrac{5}{3}$

③ $\dfrac{5}{4}$

④ $-\dfrac{5}{4}$

해설
- 영점의 수 : $s+3=0$ $\therefore s=-3$ (1개)
- 극점의 수 : $s^2(s+1)(s+3)(s+4)=0$ $\therefore s=0,\ 0,\ -1,\ -3,\ -4$(5개)
- 교차점$=\dfrac{\Sigma 극점-\Sigma 영점}{극점의 수-영점의 수}=\dfrac{(-1-3-4)-(-3)}{5-1}=-\dfrac{5}{4}$

정답 17 ② 18 ④

19 블록선도에서 ⓐ에 해당하는 신호는?

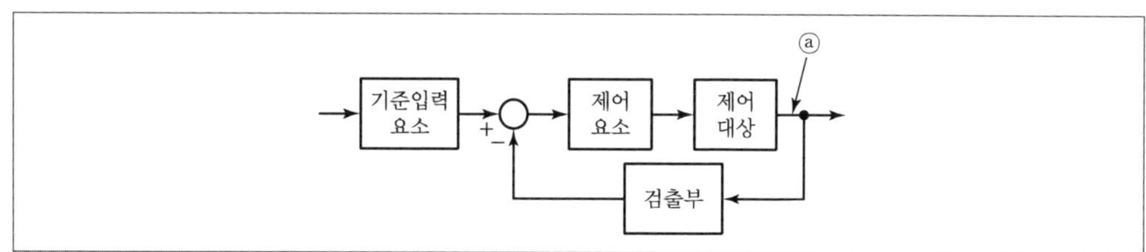

① 조작량 ② 제어량
③ 기준입력 ④ 동작신호

해설 **자동 제어장치의 구성**

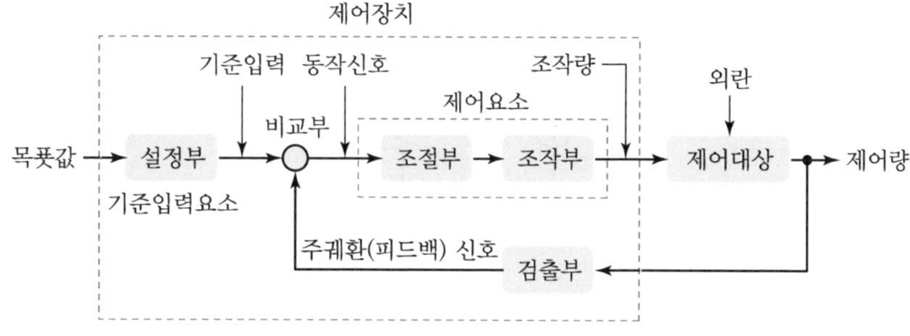

20 다음의 미분방정식과 같이 표현되는 제어시스템이 있다. 이 제어시스템을 상태방정식 $\dot{x} = Ax + Bu$로 나타내었을 때 시스템행렬 A는?

$$\frac{d^3C(t)}{dt^3} + 5\frac{d^2C(t)}{dt^2} + \frac{dC(t)}{dt} + 2C(t) = r(t)$$

① $\begin{bmatrix} 0 & 1 & 0 \\ 0 & 0 & 1 \\ -2 & -1 & -5 \end{bmatrix}$ ② $\begin{bmatrix} 1 & 0 & 0 \\ 0 & 1 & 0 \\ -2 & -1 & -5 \end{bmatrix}$

③ $\begin{bmatrix} 0 & 1 & 0 \\ 0 & 0 & 1 \\ 2 & 1 & 5 \end{bmatrix}$ ④ $\begin{bmatrix} 1 & 0 & 0 \\ 0 & 1 & 0 \\ 2 & 1 & 5 \end{bmatrix}$

해설 $\frac{d^3C(t)}{dt^3} = -2C(t) - \frac{dc(t)}{dt} - 5\frac{d^2C(t)}{dt^2} + r(t)$

정답 19 ② 20 ①

CHAPTER 08

2022년 제2회 과년도 기출문제

01 회로에서 6[Ω]에 흐르는 전류[A]는?

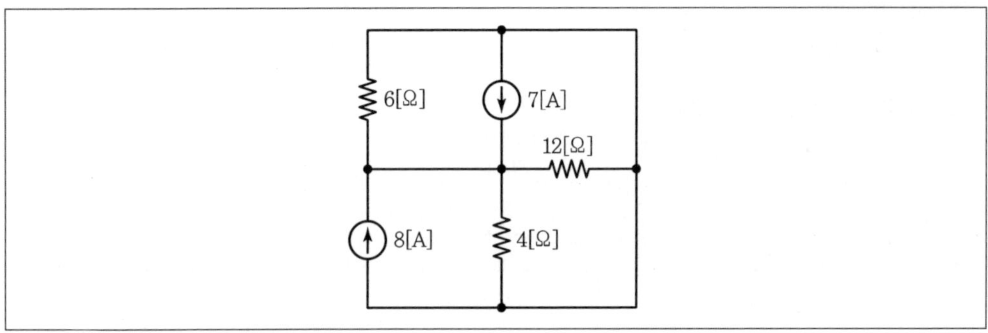

① 2.5 ② 5

③ 7.5 ④ 10

해설 전류의 방향은 같은 방향이므로 $I = I_1 + I_2 = 5[A]$

중첩의 정리

- 8[A] 전류원 개방 : $I_1 = \frac{3}{3+6} \times 7 = \frac{21}{9}[A]\left(\frac{1}{R} = \frac{1}{12} + \frac{1}{4} = \frac{1}{3} \therefore R = 3[\Omega]\right)$
- 6[A] 전류원 개방 : $I_2 = \frac{3}{6+3} \times 8 = \frac{24}{9}[A]\left(\frac{1}{R} = \frac{1}{12} + \frac{1}{4} = \frac{1}{3} \therefore R = 3[\Omega]\right)$
- 전류의 방향은 같은 방향이므로 $I = I_1 + I_2 = 5[A]$

02 $R-L$직렬회로에서 시정수가 0.03[s], 저항이 14.7[Ω]일 때 이 회로의 인덕턴스[mH]는?

① 441 ② 362

③ 17.6 ④ 2.53

해설 시정수 $\tau = \frac{L}{R}$에서

$$L = \tau R = 0.03 \times 14.7 = \frac{441}{1,000} = 441 \times 10^{-3}[H] = 441[mH]$$

정답 01 ② 02 ①

03 상의 순서가 $a-b-c$인 불평형 3상 교류회로에서 각 상의 전류가 $I_a = 7.28\angle 15.95[°][A]$, $I_b = 12.81\angle -128.66[°][A]$, $I_c = 7.21\angle 123.69[°][A]$일 때 역상분전류는 약 몇 [A]인가?

① $8.95\angle -1.14[°]$
② $8.95\angle 1.14[°]$
③ $2.51\angle -96.55[°]$
④ $2.51\angle 96.55[°]$

해설 $I_2 = \frac{1}{3}(I_a + a^2 I_b + aI_c)$

$= \frac{1}{3}(7.28\angle 15.95[°] + 1\angle 240[°] \times 12.81\angle -128.66[°] + 1\angle 120[°] \times 7.21\angle 123.69[°])$

$= 2.506\angle 96.549[A]$

04 그림과 같은 T형 4단자 회로의 임피던스 파라미터 Z_{22}는?

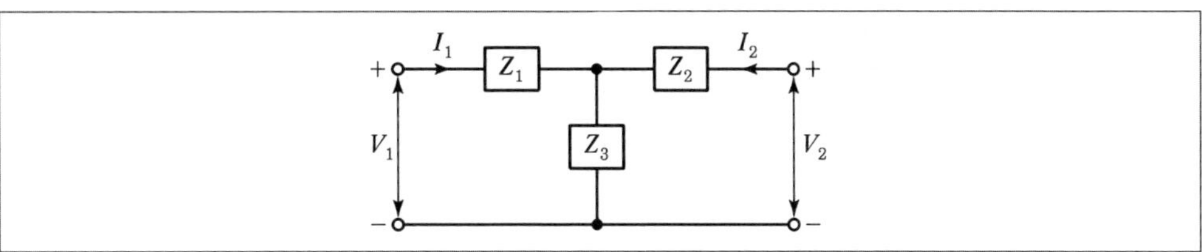

① Z_3
② $Z_1 + Z_2$
③ $Z_1 + Z_3$
④ $Z_2 + Z_3$

해설
- $Z_{11} = \frac{V_1}{I_1}|_{I_2=0} = Z_1 + Z_3$
- $Z_{12} = \frac{V_1}{I_2}|_{I_1=0} = Z_3$
- $Z_{21} = \frac{V_2}{I_1}|_{I_2=0} = Z_3$
- $Z_{22} = \frac{V_2}{I_2}|_{I_1=0} = Z_2 + Z_3$

정답	03 ④ 04 ④

05 그림과 같은 부하에 선간전압이 $V_{ab}=100\angle 30°$[V]인 평형 3상 전압을 가했을 때 선전류 I_a[A]는?

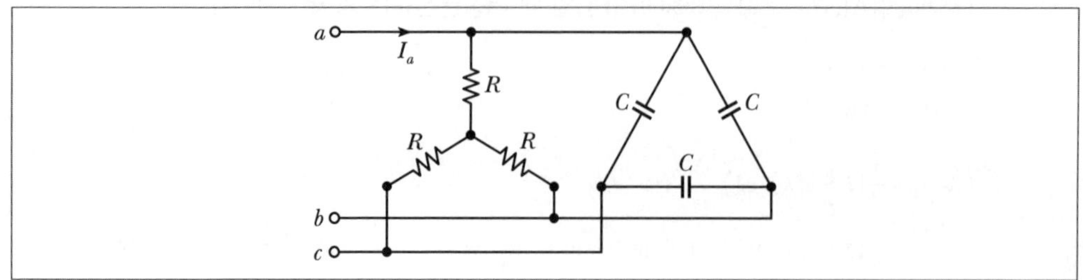

① $\frac{100}{\sqrt{3}}\left(\frac{1}{R}+j3\omega C\right)$ ② $100\left(\frac{1}{R}+j\sqrt{3}\,\omega C\right)$

③ $\frac{100}{\sqrt{3}}\left(\frac{1}{R}+j\omega C\right)$ ④ $100\left(\frac{1}{R}+j\omega C\right)$

해설 • 주어진 그림은 (a)와 같은 회로가 되므로 (a)를 (b)와 같이 Y로 변경하면

$$Z_a=\frac{Z_{ca}\times Z_{ab}}{Z_{ab}+Z_{bc}+Z_{ca}}=\frac{\frac{1}{j\omega C}\times\frac{1}{j\omega C}}{\frac{1}{j\omega C}+\frac{1}{j\omega C}+\frac{1}{j\omega C}}=\frac{1}{j3\omega C}$$

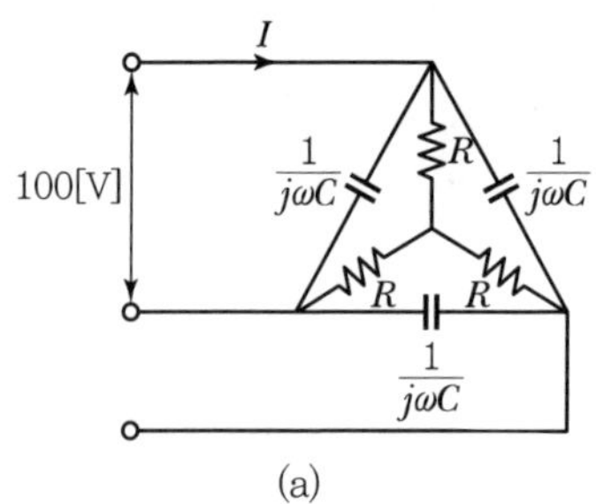

(a)

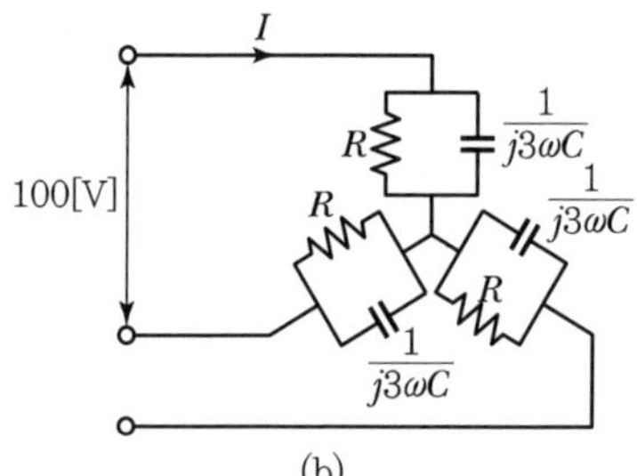

(b)

• $I_a=I=YE=EY=\frac{100}{\sqrt{3}}(\frac{1}{R}+j3\omega C)$

06 분포정수로 표현된 선로의 단위 길이당 저항이 0.5[Ω/km], 인덕턴스가 1[μH/km], 커패시턴스가 6[μF/km]일 때 일그러짐이 없는 조건(무왜형조건)을 만족하기 위한 단위 길이당 컨덕턴스[℧/m]는?

① 1 ② 2

③ 3 ④ 4

해설 무왜형선로(일그러짐이 없는 조건) $RC=LG$ 이므로

$$G=\frac{RC}{L}=\frac{0.5\times 6\times 10^{-6}}{1\times 10^{-6}}=3[℧]$$

정답 05 ① 06 ③

07 그림 (a)의 Y결선회로를 그림 (b)의 △결선회로로 등가변환했을 때 R_{ab}, R_{bc}, R_{ca}는 각각 몇 [Ω]인가? (단, $R_a = 2[\Omega]$, $R_b = 3[\Omega]$, $R_c = 4[\Omega]$)

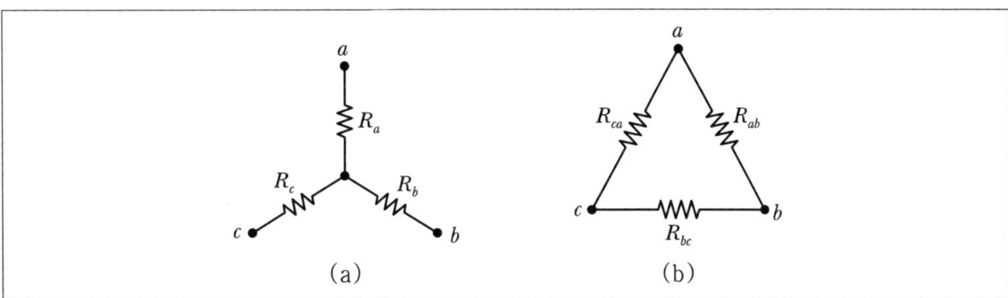

① $R_{ab}=\frac{6}{9}$, $R_{bc}=\frac{12}{9}$, $R_{ca}=\frac{8}{9}$

② $R_{ab}=\frac{1}{3}$, $R_{bc}=1$, $R_{ca}=\frac{1}{2}$

③ $R_{ab}=\frac{13}{2}$, $R_{bc}=13$, $R_{ca}=\frac{26}{3}$

④ $R_{ab}=\frac{11}{3}$, $R_{bc}=11$, $R_{ca}=\frac{11}{2}$

해설

- $R_{ab} = \frac{R_aR_b + R_bR_c + R_cR_a}{R_c} = \frac{2\times3+3\times4+4\times2}{4} = \frac{26}{4} = \frac{13}{2}$
- $R_{bc} = \frac{R_aR_b + R_bR_c + R_cR_a}{R_a} = \frac{2\times3+3\times4+4\times2}{4} = \frac{26}{2} = 13$
- $R_{ca} = \frac{R_aR_b + R_bR_c + R_cR_a}{R_b} = \frac{2\times3+3\times4+4\times2}{3} = \frac{26}{3}$

08 다음과 같은 비정현파 교류전압 $v(t)$와 전류 $i(t)$에 의한 평균 전력은 약 몇 [W]인가?

- $v(t) = 200\sin 100\pi t + 80\sin\left(300\pi t - \frac{\pi}{2}\right)$[V]
- $i(t) = \frac{1}{5}\sin\left(100\pi t - \frac{\pi}{3}\right) + \frac{1}{10}\sin\left(300\pi t - \frac{\pi}{4}\right)$[A]

① 6.414 ② 8.586
③ 12.828 ④ 24.212

해설 주파수가 같은 고조파만이 전력이 유도된다. 5고조파만이 주파수가 같으므로

$$P = V_1I_1\cos\theta_1 + V_2I_2\cos\theta_2$$
$$= \frac{200}{\sqrt{2}}\times\frac{1}{5}\frac{1}{\sqrt{2}}\times\cos(0^\circ - (-60[^\circ])) + \frac{80}{\sqrt{2}}\times\frac{1}{10}\frac{1}{\sqrt{2}}\times\cos(-90[^\circ] - (-45[^\circ]))$$
$$= \frac{200}{\sqrt{2}}\times\frac{1}{5}\frac{1}{\sqrt{2}}\times\cos 60[^\circ] + \frac{80}{\sqrt{2}}\times\frac{1}{10}\frac{1}{\sqrt{2}}\times\cos(-45[^\circ]) = 12.828[\text{W}]$$

정답 07 ③ 08 ③

09

회로에서 $I_1 = 2e^{-j\frac{\pi}{6}}$[A], $I_2 = 5e^{j\frac{\pi}{6}}$[A], $I_3 = 5.0$[A], $Z_3 = 1.0$[Ω]일 때 부하(Z_1, Z_2, Z_3) 전체에 대한 복소전력은 약 몇 [VA]인가?

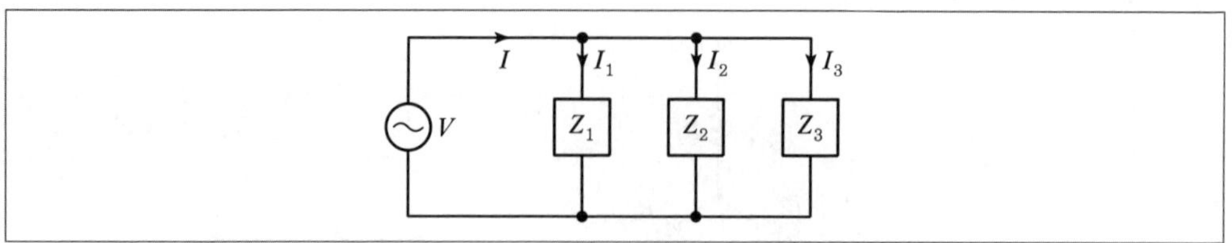

① $55.3 - j7.5$　　② $55.3 + j7.5$

③ $45 - j26$　　④ $45 + j26$

해설
- 병렬일 때는 전압이 같다.
  $V = I_3 Z_3 = 5 \times 1 = 5$
- $I = I_1 + I + I_3 = 2\angle -30[°] + 5\angle 30[°] + 5\angle 0[°] = 11.163\angle 7.722[°]$
- $P_a = VI^* = 5 \times (11.163\angle 7.722[°])^* = 5 \times 11.163\angle -7.722[°] = 55.3 - 7.499$

10

$f(t) = \mathcal{L}^{-1}\left[\dfrac{s^2+3s+2}{s^2+2s+5}\right]$와 같은 식은?

① $\delta(t) + e^{-t}(\cos 2t - \sin 2t)$

② $\delta(t) + e^{-t}(\cos 2t + 2\sin 2t)$

③ $\delta(t) + e^{-t}(\cos 2t - 2\sin 2t)$

④ $\delta(t) + e^{-t}(\cos 2t + \sin 2t)$

해설

$$f(t) = \mathcal{L}^{-1}\left[\frac{s^2+3s+10}{s^2+2s+5}\right] = \mathcal{L}^{-1}\left[1 + \frac{s+5}{s^2+2s+5}\right] = \mathcal{L}^{-1}\left[1 + \frac{s+5}{(s+1)^2+2^2}\right]$$

$$= \mathcal{L}^{-1}\left[1 + \frac{s+1}{(s+1)^2+2^2} + 2\frac{s+1}{(s+1)^2+2^2}\right]$$

$$= \delta(t) + e^{-t}\cos 2t + 2e^{-t}\sin 2t = \delta(t) + e^{-t}(\cos 2t + 2\sin 2t)$$

정답 | 09 ① 10 ③

11 다음 블록선도의 전달함수$\left(\dfrac{C(s)}{R(s)}\right)$는?

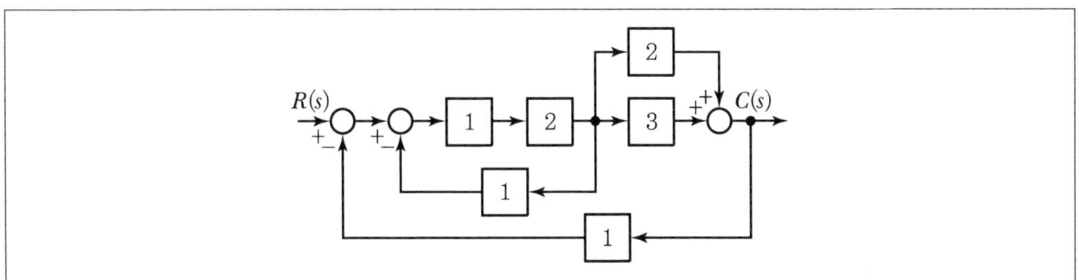

① $\dfrac{10}{9}$　② $\dfrac{10}{13}$

③ $\dfrac{12}{9}$　④ $\dfrac{12}{13}$

해설 **간이식**

$$G(s)=\frac{C}{R}=\frac{\sum 경로}{1-\sum 피드백}=\frac{1\times2\times2+1\times2\times3}{1-(-1\times2\times1-1\times2\times3\times1-1\times2\times2\times1)}=\frac{10}{13}$$

12 전달함수가 $G(s)=\dfrac{1}{0.1s(0.01s+1)}$과 같은 제어시스템에서 $\omega=0.1[\text{rad/s}]$일 때의 이득[dB]과 위상각[°]은 약 얼마인가?

① 40[dB], −90[°]　② −40[dB], 90[°]

③ 40[dB], −180[°]　④ −40[dB], −180[°]

해설
- 이득 $g=20\log|G(jw)|=20\log\left|\dfrac{1}{0.1s(0.01s+1)}\right|=20\log\left|\dfrac{1}{0.1\times0.01s^2+0.1s}\right|$
$=20\log\left|\dfrac{1}{0.1s}\right|=20\log\left|\dfrac{1}{0.1j0.1}\right|=40$
- 위상각 $\theta=\angle G(j\omega)=\angle\dfrac{1}{0.1j\omega}=\angle\dfrac{1}{j0.1\times0.1}=-90[°]$

13 다음의 논리식과 등가인 것은?

$$Y=(A+B)(\overline{A}+B)$$

① $Y=A$　② $Y=B$

③ $Y=\overline{A}$　④ $Y=\overline{B}$

해설 $Y=(A+B)(\overline{A}+B)=A\overline{A}+AB+\overline{A}B+BB=0+AB+\overline{A}B+B=AB+B=B$

정답 11 ② 12 ① 13 ②

14 다음의 개루프 전달함수에 대한 근궤적이 실수축에서 이탈하게 되는 분리점은 약 얼마인가?

$$G(s)H(s) = \frac{K}{s(s+3)(s+8)},\ K \geq 0$$

① -0.93　　② -5.74

③ -6.0　　④ -1.33

해설 • $1+G(s)H(s) = 1+\frac{K}{s(s+3)(s+8)} = 0$

$s(s+3)(s+8)+K=0 \ \therefore\ K=-s(s+3)(s+8)$

$K(\sigma)=-\sigma(\sigma+3)(\sigma+8)=-\sigma^3-11\sigma^2-24\sigma$

$\frac{dK(\sigma)}{d\sigma}=-3\sigma^2-22\sigma-24=0$에서 $3\sigma^2+22\sigma+24=0$

$\therefore\ \sigma=\frac{-11\pm\sqrt{11^2-3\times24}}{3}=-6,\ -1.333$

• 실수축상의 근궤적 범위

$G(s)H(s)$의 극점과 영점으로 실수축을 분할될 때 오른쪽으로 실수축으로

－극점과 영점의 수가 홀수면 그 구간(홀수 구간)에 근궤적이 존재한다.

－극점과 영점의 수가 짝수면 그 구간(짝수 구간)에 근궤적이 존재한다.

$K\geq 0$에 대한 실수축의 구간은 $0\sim-3$, $-8\sim\infty$이므로

-6은 근궤적점이 될 수 없으므로 버린다.

15 $F(z)=\frac{(1-e^{-aT})z}{(z-1)(z-e^{-aT})}$의 역$z$변환은?

① $t\cdot e^{-at}$　　② $a^t\cdot e^{-at}$

③ $1+e^{-at}$　　④ $1-e^{-at}$

해설 • $R(z)=\frac{(1-e^{-aT})z}{(z-1)(z-e^{-aT})}$

$\frac{R(z)}{z}=\frac{(1-e^{-aT})}{(z-1)(z-e^{-aT})}$

• 위 식을 부분분수로 변형하면

$\frac{R(z)}{z}=\frac{1}{z-1}-\frac{1}{z-e^{-aT}}$

$R(z)=\frac{z}{z-1}-\frac{z}{z-e^{-aT}}$

• 역 z변환하면

$r(z)=u(t)-e^{-aT}=1-e^{-aT}$

정답 14 ④ 15 ④

16 기본 제어요소인 비례요소의 전달함수는? (단, K는 상수이다.)

① $G(s)=K$　　② $G(s)=Ks$

③ $G(s)=\dfrac{K}{s}$　　④ $G(s)=\dfrac{K}{s+K}$

해설
- 비례요소 : K
- 미분요소 : Ks
- 적분요소 : $\dfrac{K}{s}$
- 1차 지연요소 : $\dfrac{K}{Ts+1}$
- 2차 지연요소 : $\dfrac{K}{T^2s^2+2\delta Ts+1}$

17 다음의 상태방정식으로 표현되는 시스템의 상태천이행렬은?

$$\begin{bmatrix}\dfrac{d}{dt}x_1\\ \dfrac{d}{dt}x_2\end{bmatrix}=\begin{bmatrix}0 & 1\\ -3 & -4\end{bmatrix}\begin{bmatrix}x_1\\ x_2\end{bmatrix}$$

① $\begin{bmatrix}1.5e^{-t}-0.5e^{-3t} & -1.5e^{-t}+1.5e^{-3t}\\ 0.5e^{-t}-0.5e^{-3t} & -0.5e^{-t}+1.5e^{-3t}\end{bmatrix}$

② $\begin{bmatrix}1.5e^{-t}-0.5e^{-3t} & 0.5e^{-t}-0.5e^{-3t}\\ -1.5e^{-t}+1.5e^{-3t} & -0.5e^{-t}+1.5e^{-3t}\end{bmatrix}$

③ $\begin{bmatrix}1.5e^{-t}-0.5e^{-4t} & 0.5e^{-t}-0.5e^{-4t}\\ -1.5e^{-t}+1.5e^{-4t} & -0.5e^{-t}+1.5e^{-4t}\end{bmatrix}$

④ $\begin{bmatrix}1.5e^{-t}-0.5e^{-4t} & -1.5e^{-t}+1.5e^{-4t}\\ 0.5e^{-t}-0.5e^{-4t} & -0.5e^{-t}+1.5e^{-4t}\end{bmatrix}$

해설
- 상태방정식 $|sI-A|=\begin{bmatrix}s & 0\\ 0 & s\end{bmatrix}-\begin{bmatrix}0 & 1\\ -3 & -4\end{bmatrix}=\begin{bmatrix}s & -1\\ 3 & s+4\end{bmatrix}$
- 상태천이행렬 $\varnothing(s)=\left[(sI-A)^{-1}\right]=\begin{bmatrix}s & -1\\ 3 & s+4\end{bmatrix}^{-1}=\dfrac{1}{\begin{vmatrix}s & -1\\ 3 & s+4\end{vmatrix}}\begin{bmatrix}s+4 & 1\\ -3 & s\end{bmatrix}$

$$=\frac{1}{s^2+4s+3}\begin{bmatrix}s+4 & 1\\ -3 & s\end{bmatrix}=\begin{bmatrix}\dfrac{s+4}{(s+1)(s+3)} & \dfrac{1}{(s+1)(s+3)}\\ \dfrac{-3}{(s+1)(s+3)} & \dfrac{s}{(s+1)(s+3)}\end{bmatrix}$$

- $\varnothing(t)=\mathcal{L}^{-1}\left[(sI-A)^{-1}\right]=\mathcal{L}^{-1}\begin{bmatrix}\dfrac{s+4}{(s+1)(s+3)} & \dfrac{1}{(s+1)(s+3)}\\ \dfrac{-3}{(s+1)(s+3)} & \dfrac{s}{(s+1)(s+3)}\end{bmatrix}$

$$=\begin{bmatrix}1.5e^{-t}-0.5e^{-3t} & 0.5e^{-t}-0.5e^{-3t}\\ -1.5e^{-t}+1.5e^{-3t} & -0.5e^{-t}+1.5e^{-3t}\end{bmatrix}$$

정답 | 16 ① 17 ②

18 제어시스템의 전달함수가 $T(s)=\frac{1}{4s^2+s+1}$ 와 같이 표현될 때 이 시스템의 고유주파수(ω_n[rad/s])와 감쇠율(δ)은?

① $\omega_n=0.25,\ \delta=1.0$　　② $\omega_n=0.5,\ \delta=0.25$

③ $\omega_n=0.5,\ \delta=0.5$　　④ $\omega_n=1.0,\ \delta=0.5$

해설 • 전달함수 $=\frac{C(s)}{R(s)}=\frac{\omega_n^2}{s^2+2\delta\omega_n s+\omega_n^2}$ 로 만든다.

• $\frac{C(s)}{R(s)}=\frac{1}{4s^2+s+1}\times\frac{\frac{1}{4}}{\frac{1}{4}}=\frac{1\times\frac{1}{4}}{(4s^2+s+1)\frac{1}{4}}=\frac{\frac{1}{4}}{s^2+\frac{1}{4}s+\frac{1}{4}}$

• $\frac{\omega_n^2}{s^2+2\delta\omega_n s+\omega_n^2}=\frac{\frac{1}{4}}{s^2+\frac{1}{4}s+\frac{1}{4}}$ 에서

$-\omega_n^2=\frac{1}{4}\quad \therefore \omega_n=\frac{1}{\sqrt{4}}=\frac{1}{2}=0.5$

$-2\delta\omega_n=\frac{1}{4}$ 에서

$2\delta\frac{1}{2}=\frac{1}{4}$

$\therefore \delta=\frac{1}{4}=0.25$

19 그림의 신호흐름선도를 미분방정식으로 표현한 것으로 옳은 것은? (단, 모든 초깃값은 0이다.)

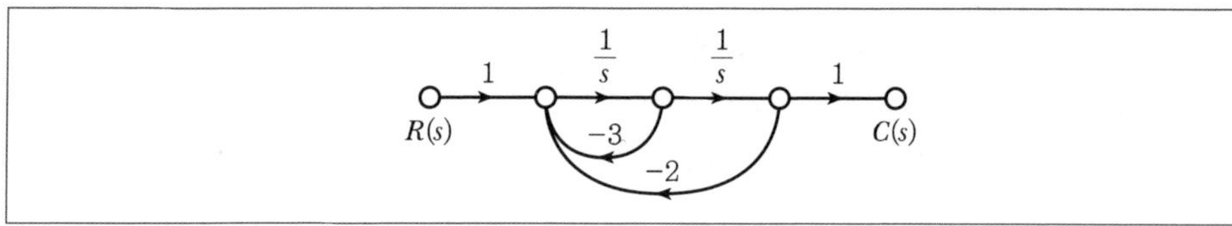

① $\frac{d^2c(t)}{dt^2}+3\frac{dc(t)}{dt}+2c(t)=r(t)$　　② $\frac{d^2c(t)}{dt^2}+2\frac{dc(t)}{dt}+3c(t)=r(t)$

③ $\frac{d^2c(t)}{dt^2}-3\frac{dc(t)}{dt}-2c(t)=r(t)$　　④ $\frac{d^2c(t)}{dt^2}-2\frac{dc(t)}{dt}-3c(t)=r(t)$

해설 • 간이식

$$G(s)=\frac{C(s)}{R(s)}=\frac{1\times\frac{1}{s}\times\frac{1}{s}\times 1}{1-[\frac{1}{s}(-3)+\frac{1}{s}\times\frac{1}{s}\times(-2)]}=\frac{\frac{1}{s^2}}{1+\frac{3}{s}+\frac{2}{s^2}}=\frac{1}{s^2+3s+2}$$

정답 18 ② 19 ①

- $\frac{C(s)}{R(s)} = \frac{1}{s^2+3s+2}$ 에서

  $C(s)(s^2+3s+2) = R(s) \times 1$

  $\frac{d^2c(t)}{dt^2} + 3\frac{dc(t)}{dt} + 2c(t) = r(t)$

20 제어시스템의 특성방정식이 $s^4 + s^3 - 3s^2 - s + 2 = 0$와 같을 때, 이 특성방정식에서 s 평면의 오른쪽에 위치하는 근은 몇 개인가?

① 0 ② 1

③ 2 ④ 3

해설 **루드-훌비쯔 표**

s^4	1	-3	2
s^3	1	-1	0
s^2	$\frac{-3-(-1)}{1} = -2$	$\frac{2-0}{1} = 2$	
s^1	$\frac{2-2}{-2} = 0$		
s^0	2		

- 제1열의 부호 변화가 있어 불안정
- 부호의 변화가 2번 있으므로 불안정 근이 2개

※ 불안정 근은 s 평면의 오른쪽에 위치하는 근

정답 20 ③

CHAPTER 09 2022년 제3회 과년도 기출문제

01 무한장 무손실 전송 선로상의 어떤 점에서 전압이 100[V]였다. 이 선로의 인덕턴스가 7.5[μH/m]이고, 커패시턴스가 0.003[μF/m]일 때 이 점에서 전류는 몇 [A]인가?

① 2　　② 4
③ 6　　④ 8

해설
- $Z_\omega = \sqrt{\dfrac{L}{C}} = \sqrt{\dfrac{7.5\times10^{-6}}{0.003\times10^{-6}}} = \sqrt{\dfrac{7.5}{0.003}} = 50[\Omega]$
- $I = \dfrac{V}{Z_\omega} = \dfrac{100}{50} = 2[\text{A}]$

02 $F(s) = \dfrac{3s+10}{s^3+2s^2+5s}$ 일 때 $f(t)$ 의 최종값은?

① 0　　② 1
③ 2　　④ 8

해설 **최종값 정리**

$$\lim_{t\to\infty} f(t) = \lim_{s\to 0} sF(s) = \lim_{s\to 0} s\,\frac{3s+10}{s(s^2+2s+5)} = \frac{10}{5} = 2$$

03 그림과 같은 평형 3상 회로에서 전원 전압이 V_{ab} = 200[V]이고 부하 한상의 임피던스가 $Z = 4 + j3[\Omega]$인 경우 전원과 부하 사이 선전류 I_a는 약 몇 [A]인가?

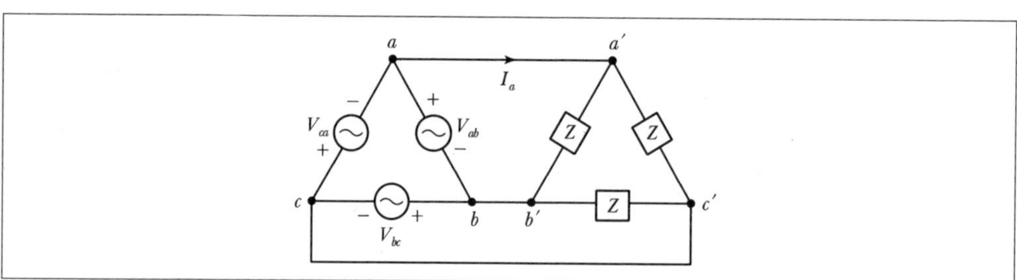

① $40\sqrt{3}\angle 36.87[°]$　　② $40\sqrt{3}\angle -36.87[°]$
③ $40\sqrt{3}\angle 66.87[°]$　　④ $40\sqrt{3}\angle -66.87[°]$

정답 01 ① 02 ③ 03 ④

해설 • 전원 전압이 $V_{ab}=200[V]$이므로 부하의 전압 $V_{a'b'}=200[V]$

부하의 상전류 $I_p=\dfrac{V_p}{Z}=\dfrac{200}{4+j3}=40\angle-36.87[A]$

• $I_l=2\sin\dfrac{\pi}{n}I_p\angle-\dfrac{\pi}{2}\left(1-\dfrac{2}{n}\right)=\sqrt{3}\,I_p\angle-30[°]$이므로

선전류 $I_l=\sqrt{3}\,I_p\angle-30[°]=\sqrt{3}\times40\angle-36.87[°]-30[°]=40\sqrt{3}\angle-66.87[°][A]$

04 다음 회로의 구동점 임피던스를 구하면?

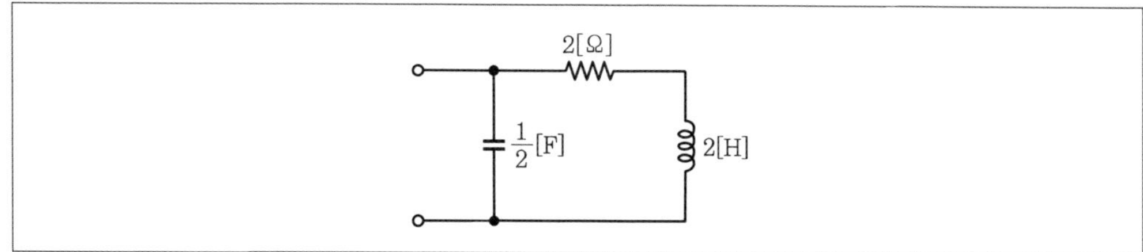

① $\dfrac{2(s+1)}{s^2+s+1}$　　② $\dfrac{2(s+2)}{2s^2+s+1}$

③ $\dfrac{2(s+2)}{2s^2+2s+1}$　　④ $\dfrac{(s+1)}{s^2+s+1}$

해설 • $\dfrac{1}{Z}=\dfrac{1}{\dfrac{1}{sC}}+\dfrac{1}{R+sL}=sC+\dfrac{1}{R+sL}=\dfrac{sC(R+sL)+1}{R+sL}$

• $Z=\dfrac{R+sL}{sC(R+sL)+1}=\dfrac{2+s2}{s\dfrac{1}{2}(2+s2)+1}=\dfrac{2+2s}{s^2+s+1}=\dfrac{2(s+1)}{s^2+s+1}$

05 그림과 같은 부하에 전압 $V=100[V]$의 대칭 3상 전압을 인가할 경우 선전류 dI는?

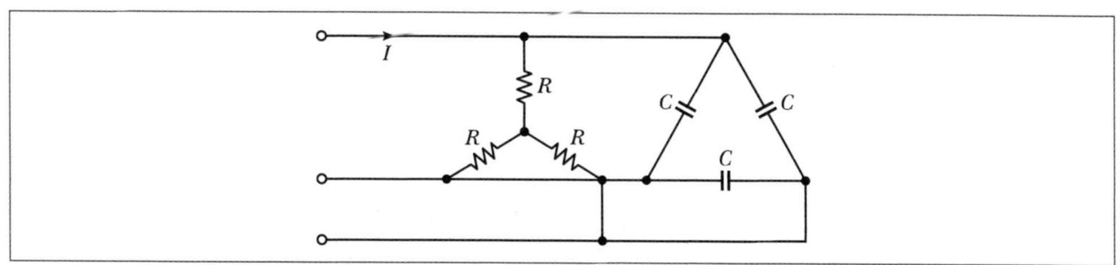

① $\dfrac{100}{\sqrt{3}}\left(\dfrac{1}{R}+j3\omega C\right)$　　② $100\left(\dfrac{1}{R}+j\sqrt{3}\,\omega C\right)$

③ $\dfrac{100}{\sqrt{3}}\left(\dfrac{1}{R}+j\omega C\right)$　　④ $100\left(\dfrac{1}{R}+j\omega C\right)$

정답 04 ① 05 ①

해설 • 주어진 그림은 (a)와 같은 회로가 되므로 (a)를 (b)와 같이 Y로 변경하면

$$Z_a = \frac{Z_{ca} \times Z_{ab}}{Z_{ab} + Z_{bc} + Z_{ca}} = \frac{\frac{1}{j\omega C} \times \frac{1}{j\omega C}}{\frac{1}{j\omega C} + \frac{1}{j\omega C} + \frac{1}{j\omega C}} = \frac{1}{j3\omega C}$$

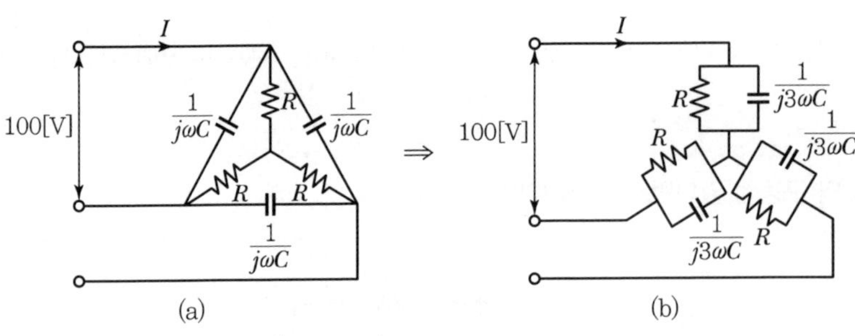

• $I_a = I = YE = EY = \frac{100}{\sqrt{3}}\left(\frac{1}{R} + j3\omega C\right)$

06

R－C직렬회로에 $t=0$일 때 직류전압 10[V]를 인가하면, $t=0.1$초일 때 전류[mA]의 크기는? (단, $R=1{,}000[\Omega]$, $C=50[\mu F]$이고, 처음부터 정전용량의 전하는 없다.)

① 2.25 ② 1.8
③ 1.35 ④ 2.4

해설 **과도시간 동안의 과도전류**

$$i(t) = \frac{E}{R}e^{-\frac{1}{RC}t} = \frac{10}{1{,}000}e^{-\frac{1}{1{,}000 \times 50 \times 10^{-6}} \times 0.1} = 1.35 \times 10^{-3}[A] = 1.35[mA]$$

07

불평형 3상 전류가 $I_a = 15 + j2[A]$, $I_b = -20 - j14[A]$, $I_c = -3 + j10[A]$일 때, 역상분전류 $I_2[A]$를 구하면?

① $1.91 + j6.24$ ② $15.74 - j3.57$
③ $-2.67 - j0.67$ ④ $2.67 - j0.67$

해설 $I_2 = \frac{1}{3}(I_a + a^2 I_b + aI_c)$

$= \frac{1}{3}((15 + j2) + 1\angle 240[°] \times (-20 - j14) + 1\angle 120[°] \times (-3 + j10))$

$= 1.91 + j6.24[A]$

정답 06 ③ 07 ②

08 그림과 같은 회로에서 a, b단자에 나타나는 전압 V_{ab}는 몇 [V]인가?

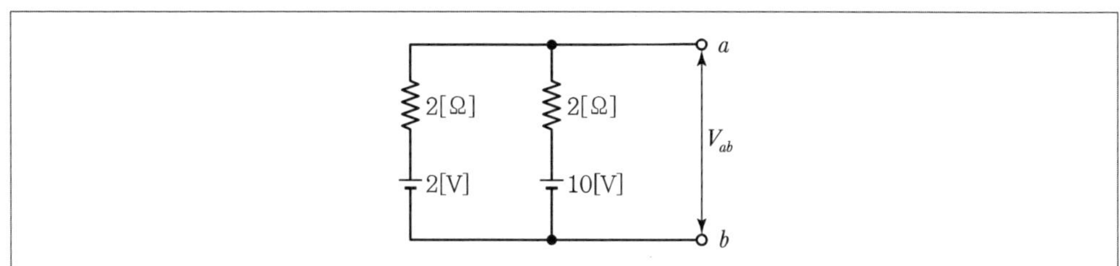

① 10 ② 12
③ 8 ④ 6

해설 **밀만의 정리**

$$V_{ab}=\frac{\frac{1}{Z_1}E_1+\frac{1}{Z_2}E_2}{\frac{1}{Z_1}+\frac{1}{Z_2}}=\frac{\frac{1}{2}\times 2+\frac{1}{2}\times 10}{\frac{1}{2}+\frac{1}{2}}=6[\text{V}]$$

09 다음 왜형파전류의 왜형률을 구하면 얼마인가?

$$i(t)=30\sin\omega t+10\cos 3\omega t+5\sin 5\omega t[\text{A}]$$

① 0.46 ② 0.26
③ 0.53 ④ 0.37

해설 왜형률$=\dfrac{\text{전 고조파의 실횻값}}{\text{기본파의 실횻값}}$

$$=\frac{\sqrt{{I_3}^2+{I_5}^2}}{I_1}=\frac{\sqrt{(10/\sqrt{2})^2+(5/\sqrt{2})^2}}{30/\sqrt{2}}=\frac{\sqrt{10^2+5^2}}{30}=0.3726$$

정답	08 ④ 09 ④

10 $R-L$ 직렬회로에 있어서 서셉턴스는?

① $\dfrac{R}{R^2+X_L^2}$　　② $\dfrac{X_L}{R^2+X_L^2}$

③ $\dfrac{-R}{R^2+X_L^2}$　　④ $\dfrac{-X_L}{R^2+X_L^2}$

해설 $Y=\dfrac{1}{Z}=\dfrac{1}{R+jX_L}=\dfrac{R-jX_L}{(R+jX_L)(R-jX_L)}=\dfrac{R-jX_L}{R^2+X_L^2}=\dfrac{R}{R^2+X_L^2}+j\dfrac{-X_L}{R^2+X_L^2}=G+jB$

$\therefore\ B=\dfrac{-X_L}{R^2+X_L^2}$

11 $G(s)H(s)=\dfrac{K(s+1)}{s(s+2)(s+3)}$ 에서 근궤적의 수는?

① 1　　② 2

③ 3　　④ 4

해설
- 근궤적의 개수는 극점의 수와 영점의 수에서 큰 것과 일치한다.
- 근의 수(P)와 영점수(Z)에서 $Z=1$, $P=3$이므로 근궤적 개수는 3이다.

12 3차인 이산치시스템의 특성방정식의 근이 -0.3, -0.2, $+0.5$로 주어져 있다. 이 시스템의 안정도는?

① 이 시스템은 안정한 시스템이다.
② 이 시스템은 불안정한 시스템이다.
③ 이 시스템은 임계안정한 시스템이다.
④ 위 정보로서는 이 시스템의 안정도를 알 수 없다.

해설 근의 위치가 -0.3, -0.2, $+0.5$로 모두 단위원 내부에 있으므로 안정한 시스템이다.

정답	10 ④　11 ①　12 ①

13 $\overline{A}BC+\overline{A}B\overline{C}+A\overline{B}\,\overline{C}+AB\overline{C}+\overline{A}\,\overline{B}C+\overline{A}\,\overline{B}\,\overline{C}$의 논리식을 간략화하면?

① $A+AC$　　② $A+C$

③ $\overline{A}+A\overline{B}$　　④ $\overline{A}+A\overline{C}$

해설 $\overline{A}BC+\overline{A}B\overline{C}+A\overline{B}\,\overline{C}+AB\overline{C}+\overline{A}\,\overline{B}C+\overline{A}\,\overline{B}\,\overline{C}$

$=(\overline{A}BC+\overline{A}B\overline{C})+(AB\overline{C}+A\overline{B}\,\overline{C})+(\overline{A}\,\overline{B}C+\overline{A}\,\overline{B}\,\overline{C})$

$=\overline{A}B(C+\overline{C})+A\overline{C}(B+\overline{B})+\overline{A}\,\overline{B}(C+\overline{C})=\overline{A}B+A\overline{C}+\overline{A}\,\overline{B}=\overline{A}(B+\overline{B})+A\overline{C}$

$=\overline{A}+A\overline{C}$

14 블록선도의 전달함수가 $\dfrac{C(s)}{R(s)}=10$과 같이 되기 위한 조건은?

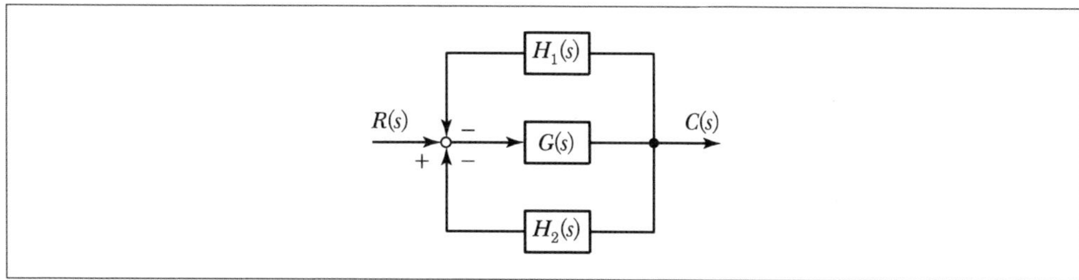

① $G(s)=\dfrac{1}{1-H_1(s)-H_2(s)}$

② $G(s)=\dfrac{10}{1-H_1(s)-H_2(s)}$

③ $G(s)=\dfrac{1}{1-10H_1(s)-10H_2(s)}$

④ $G(s)=\dfrac{10}{1-10H_1(s)-10H_2(s)}$

해설 $\dfrac{C(s)}{R(s)}=\dfrac{\sum 경로}{1-\sum 피드백}=\dfrac{G(s)}{1-(-G(s)H_1(s)-G(s)H_2(s))}=\dfrac{G(s)}{1+[H_1(s)+H_2(s)]G(s)}$

$10=\dfrac{G(s)}{1+[H_1(s)+H_2(s)]G(s)}$

$10+[10H_1(s)+10H_2(s)]G(s)=G(s)$

$10=G(s)-[10H_1(s)+10H_2(s)]G(s)$

$10=[1-10H_1(s)-10H_2(s)]G(s)$

$G(s)=\dfrac{10}{1-10H_1(s)-10H_2(s)}$

정답 13 ④ 14 ④

15 그림과 같은 보드선도의 이득선도를 갖는 제어시스템의 전달함수는?

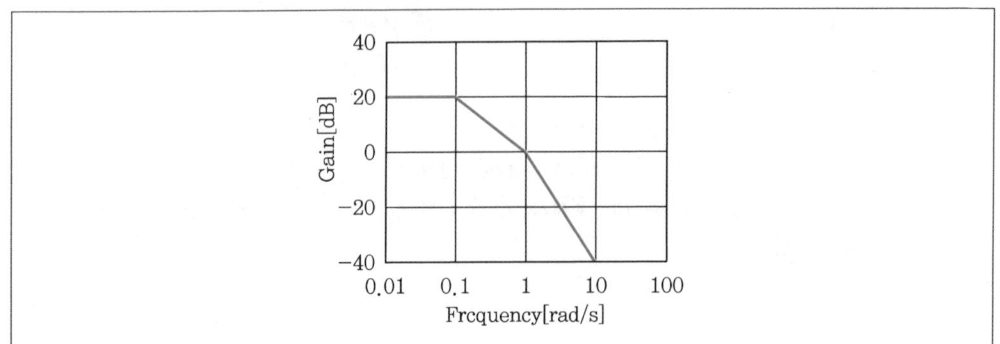

① $G(s)=\dfrac{10}{(s+1)(s+10)}$　② $G(s)=\dfrac{10}{(s+1)(10s+1)}$

③ $G(s)=\dfrac{20}{(s+1)(s+10)}$　④ $G(s)=\dfrac{20}{(s+1)(10s+1)}$

해설 $G(s)=\dfrac{10}{(s+1)(10s+1)}$의 보드선도 이득곡선은

$$g[\text{dB}]=20\log\left|\frac{10}{(j\omega+1)(j10\omega+1)}\right|=20\log\frac{10}{\sqrt{\omega^2+1}\,\sqrt{(10\omega)^2+1}}$$

$$=20\log 10-20\log\sqrt{\omega^2+1}-20\log\sqrt{(10\omega)^2+1}$$

1) $\omega<0.1$일 때

$g=20-20\log 1-20\log 1=20\,[\text{dB}]$

2) $0.1<\omega<1$일 때

$g=20-20\log 1-20\log 10\omega=20-0-20\log 10-20\log\omega=-20\log\omega$이므로 $-20\,[\text{dB/dec}]$

3) $\omega>1$일 때

$g=20-20\log 1-20\log 10\omega=20-20\log\omega-20\log 10-20\log\omega=-40\log\omega$이므로 $-40\,[\text{dB/dec}]$

16 그림과 같은 신호흐름선도의 전달함수는?

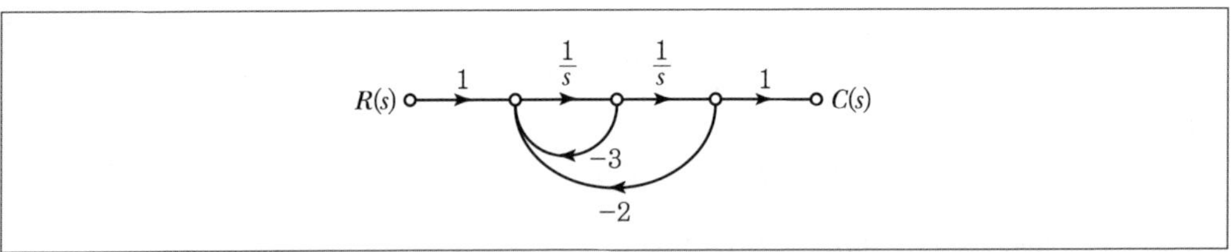

① $\dfrac{d^2c(t)}{dt^2}+3\dfrac{dc(t)}{dt}+2c(t)=r(t)$　② $\dfrac{d^2c(t)}{dt^2}+2\dfrac{dc(t)}{dt}+3c(t)=r(t)$

③ $\dfrac{d^2c(t)}{dt^2}-3\dfrac{dc(t)}{dt}-2c(t)=r(t)$　④ $\dfrac{d^2c(t)}{dt^2}-2\dfrac{dc(t)}{dt}-3c(t)=r(t)$

정답 15 ② 16 ①

해설 1) 간이식

$$G(S)=\frac{C(S)}{R(S)}=\frac{1\times\frac{1}{S}\times\frac{1}{S}\times 1}{1-[\frac{1}{S}(-3)+\frac{1}{S}\times\frac{1}{S}\times(-2)]}=\frac{\frac{1}{S^2}}{1+\frac{3}{S}+\frac{2}{S^2}}=\frac{1}{S^2+3S+2}$$

2) $\frac{C(S)}{R(S)}=\frac{1}{S^2+3S+2}$ 에서

$C(S)(S^2+3S+2)=R(S)\times 1$

$\frac{d^2c(t)}{dt^2}+3\frac{dc(t)}{dt}+2c(t)=r(t)$

17 그림의 제어시스템이 안정하기 위한 K의 범위는?

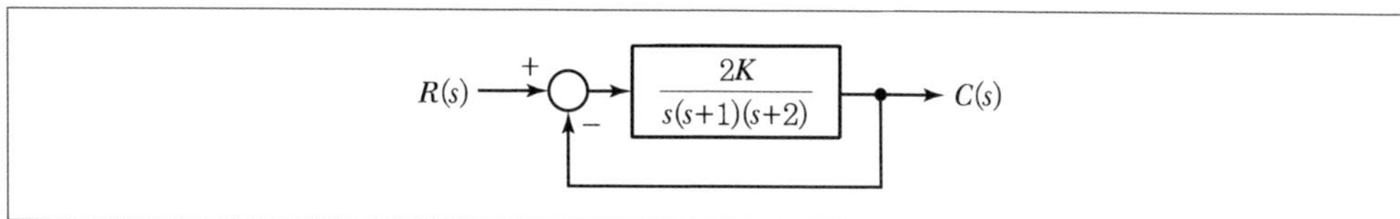

① $0<K<3$　② $0<K<4$

③ $0<K<5$　④ $0<K<6$

해설 1) 전달함수 $\frac{C(s)}{R(s)}=\frac{\sum 경로}{1-\sum 피드백}=\frac{\frac{2k}{s(s+1)(s+2)}}{1-\left(-\frac{2k}{s(s+1)(s+2)}\right)}=\frac{\frac{2k}{s(s+1)(s+2)}}{1+\frac{2k}{s(s+1)(s+2)}}$

$=\frac{2k}{s(s+1)(s+2)+2k}=\frac{2k}{s^3+3s^2+2s+2k}$

특성방정식은 $s^3+3s^2+2s+2k=0$

2) 루드-훌비쯔 표

s^3	1	2
s^2	3	$2k$
s^1	$\frac{6-2k}{3}$	0
s^0	$2k$	

제1열의 부호 변화가 없으려면 $\frac{6-2k}{3}>0$, $2k>0$

$\therefore 0<k<3$

정답 17 ①

18 다음 회로망에서 입력전압을 $V_1(t)$, 출력전압을 $V_2(t)$라 할 때, $\frac{V_2(s)}{V_1(s)}$에 대한 고유주파수 ω_n과 제동비 ζ의 값은? (단, $R=100[\Omega]$, $L=2[\text{H}]$, $C=200[\mu\text{F}]$이고, 모든 초기 전하는 0이다.)

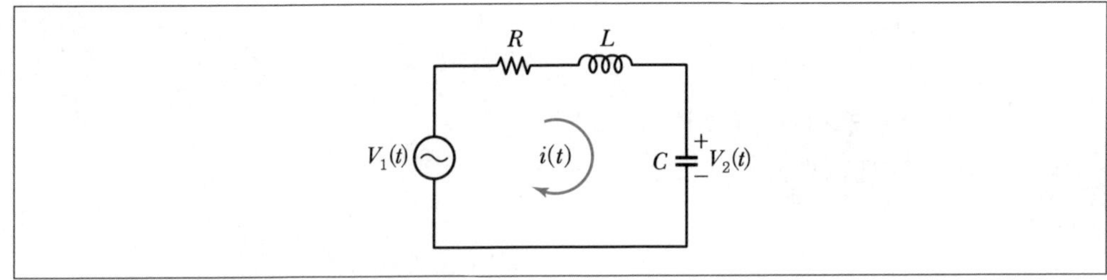

① $\omega_n=50$, $\zeta=0.5$
② $\omega_n=50$, $\zeta=0.7$
③ $\omega_n=250$, $\zeta=0.5$
④ $\omega_n=250$, $\zeta=0.7$

해설 1) $\frac{V_2(s)}{V_1(s)}=\frac{\frac{1}{Cs}}{R+Ls+\frac{1}{Cs}}=\frac{1}{LCs^2+RCs+1}=\frac{\frac{1}{LC}}{s^2+\frac{R}{L}s+\frac{1}{LC}}$

$$=\frac{\frac{1}{2\times200\times10^{-6}}}{s^2+\frac{100}{2}s+\frac{1}{2\times200\times10^{-6}}}=\frac{2,500}{s^2+50s+2,500}$$

2) 전달함수 $=\frac{C(S)}{R(S)}=\frac{\omega_n^2}{S^2+2\zeta\omega_n S+\omega_n^2}$

- 고유각주파주(고유진동수) $\omega_n^2=2,500$, $\omega_n=\sqrt{2,500}=50$
- 감쇠비(제동비) $2\zeta\omega_n=50$

$2\zeta\times50=50$

$\therefore\ \zeta=\frac{1}{2}=0.5$

정답 18 ①

19 다음의 신호선도에서 $Y(s)$를 구하면?

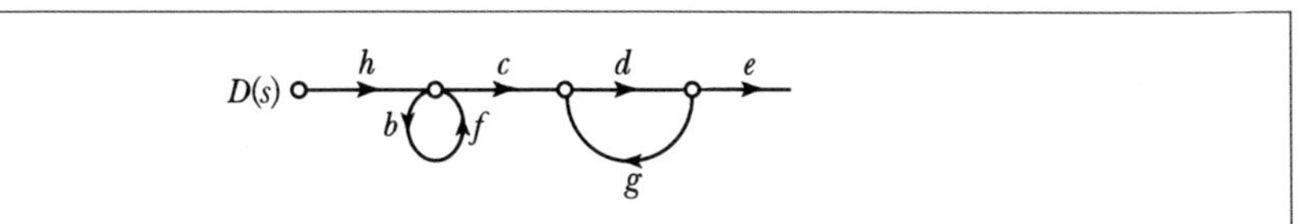

① $\dfrac{cdeh}{1-bf-dg+bdfg}$ ② $\dfrac{abcde+hcde}{1-bf-dg+bfdg}$

③ $\dfrac{cdeh}{1-dg}$ ④ $\dfrac{abcde+hcde}{1-dg}$

해설 전달함수$=\dfrac{C(s)}{R(s)}=\dfrac{\Sigma[G(1-loop)]}{1-\Sigma L_1+\Sigma L_2-\Sigma L_3}=\dfrac{hcde}{1-(bf+dg)+bg\cdot dg}$

- G : 각각의 순방향 경로의 이득 → $hcde$
- loop : 각각의 순방향 경로에 접촉하지 않는 이득 → 없음
- ΣL_1 : 각각의 모든 폐루프 이득의 곱의 합 → $bf+dg$
- ΣL_2 : 서로 접촉하고 있지 않은 2개 이상의 L_1의 곱의 합 → $bf\cdot dg$
- ΣL_3 : 서로 접촉하고 있지 않는 3개 이상의 L_1의 곱의 합 → 없음

20 단위 부궤한 제어시스템의 개루프전달함수 $G(s)$가 다음과 같이 주어져 있다. 이때 다음 설명 중 틀린 것은?

$$G(s)=\frac{\omega_n^2}{s(s+2\zeta\omega_n)}$$

① 이 시스템은 $\zeta=1.2$일 때 과제동된 상태에 있게 된다.

② 이 폐루프시스템의 특성방정식은 $s^2+2\zeta\omega_n s+\omega_n^2=0$이다.

③ ζ값이 작게 될수록 제동이 많이 걸리게 된다.

④ ζ값이 음의 값이면 불안정하게 된다.

해설 제동계수가 작게 되면 제동이 적게 걸린다.

정답 19 ① 20 ③

CHAPTER 10

2023년 제1회 과년도 기출문제

01 V_a, V_b, V_c를 3상 불평형 전압이라 하면 정상전압 V_1은? (단, $a=-\frac{1}{2}+j\frac{\sqrt{3}}{3}$이다.)

① $\frac{1}{3}(V_a+V_b+V_c)$

② $\frac{1}{3}(V_a+aV_b+a^2V_c)$

③ $\frac{1}{3}(V_a+a^2V_b+V_c)$

④ $\frac{1}{3}(V_a+a^2V_b+aV_c)$

해설 $V_1=\frac{1}{3}(V_a+aV_b+a^2V_c)$

02 불평형 전압에서 역상 전압이 50[V]이고 정상 전압이 250[V], 영상 전압이 10[V]라고 할 때 전압의 불평형률은?

① 10

② 15

③ 20

④ 25

해설 $\text{불평형률}=\frac{|V_2|}{|V_1|}\times100=\frac{50}{250}\times100=20[\%]=0.2$

03 전원과 부하가 다 같이 △결선된 3상 평형 회로가 있다. 전원 전압이 200[V], 부하 임피던스가 $6+j8[\Omega]$인 경우 선전류[A]는?

① 20

② $\frac{20}{\sqrt{3}}$

③ $20\sqrt{3}$

④ $10\sqrt{3}$

해설 전원과 부하가 다 같이 △결선이므로 상전류 I_p는

$I_p=\frac{V}{Z}=\frac{200}{\sqrt{6^2+8^2}}=20[\text{A}]$

$\therefore I_l=\sqrt{3}I_p=20\sqrt{3}=34.6[\text{A}]$

※ $I_\ell=I_p=\frac{V_p}{Z}=\frac{200}{6+j8}=20\angle-53.1[\text{A}]$

$\therefore I_l=\sqrt{3}I_p=\sqrt{3}\times20=20\sqrt{3}=34.6[\text{A}]$

정답	01 ② 02 ③ 03 ③

04 다음과 같은 펄스의 라플라스 변환은 어느 것인가?

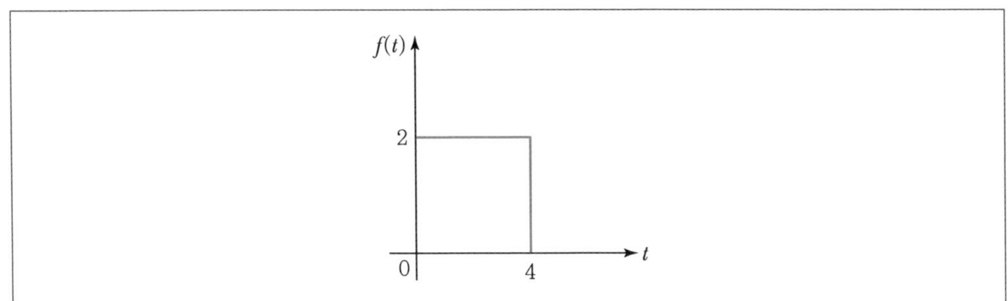

① $\frac{2}{s}(1+e^{-4s})$　　② $\frac{4}{s}(1-e^{2s})$

③ $\frac{2}{s}(1-e^{-4s})$　　④ $\frac{4}{s}(1-e^{-2s})$

해설 **시간 지연정리**

- $f(t)=2u(t)-2u(t-4)$
- $F(s)=\mathcal{L}[f(t)]=\mathcal{L}[2u(t)]-\mathcal{L}[2u(t-4)]=2\frac{1}{s}-2\frac{1}{s}e^{-4s}=\frac{2}{s}(1-e^{-4s})$

05 선로의 임피던스 $Z=R+j\omega L[\Omega]$, 병렬 어드미턴스가 $Y=G+j\omega C[℧]$일 때 선로의 저항과 컨덕턴스가 동시에 0이 되었을 때 전파정수는?

① $\sqrt{j\omega LC}$　　② $j\omega\sqrt{LC}$

③ $j\omega\sqrt{\frac{L}{C}}$　　④ $j\omega\sqrt{\frac{C}{L}}$

해설 $\gamma=\sqrt{ZY}=\sqrt{(R+j\omega L)(G+j\omega C)}=\sqrt{j\omega L\cdot j\omega C}=j\omega\sqrt{LC}$

06 그림에서 10[Ω]의 저항에 흐르는 전류는?

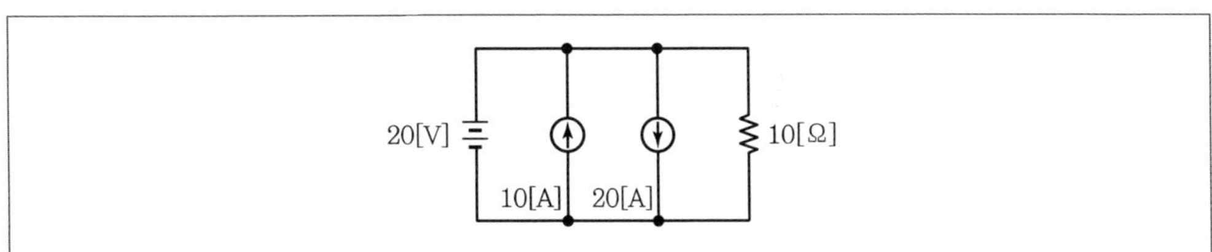

① 2[A]　　② 12[A]

③ 30[A]　　④ 32[A]

정답 04 ③ 05 ② 06 ①

해설 **중첩의 정리**

- 전압원 단락(전류원 개방) : $I_1 = \frac{V}{R} = \frac{20}{10} = 2[\text{A}]$
- 전류원 개방(전압원 단락)
  - $I_2 = \frac{0}{0+10} \times 10 = 0[\text{A}]$
  - $I_3 = \frac{0}{0+10} \times 20 = 0[\text{A}]$

$\therefore\ I = I_1 + I_2 + I_3 = 2+0+0 = 2[\text{A}]$

07

R_1, R_2 저항 및 인덕턴스 L의 직렬회로가 있다. 이 회로의 시정수는?

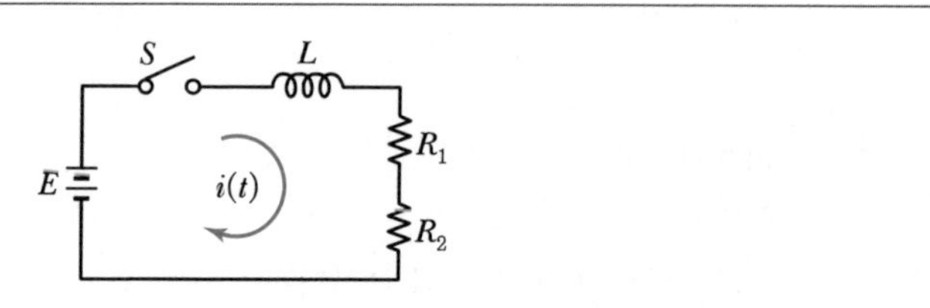

① $\frac{L}{R_1+R_2}$　　② $\frac{R_1+R_2}{L}$

③ $\frac{-L}{R_1+R_2}$　　④ $-\frac{R_1+R_2}{L}$

해설 R_1+R_2를 R이라 하면 $R-L$ 직렬회로와 같다.

$\therefore \tau = \frac{L}{R} = \frac{L}{R_1+R_2}$

08

$v = 10+100\sqrt{2}\sin\omega t + 50\sqrt{2}\sin(3\omega t+60) + 60\sqrt{2}\sin(5\omega t+30)[\text{V}]$인 전압을 $R-L$ 직렬회로에 가할 때 제3고조파 전류의 실횻값[A]은? (단, R = 8[Ω], ωL = 2[Ω]이다.)

① 1　　② 3

③ 5　　④ 7

해설
- $Z_3 = R + j3\omega L = 8 + j3\times 2 = 8 + j6 = 10\angle 36.87$
- $V_3 = \frac{50\sqrt{2}}{\sqrt{2}} = 50[\text{V}]$
- $I_3 = \frac{V_3}{|Z_3|} = \frac{50}{10} = 5[\text{A}]$

정답 07 ① 08 ③

09 단상 전력계 2개로 3상 전력을 측정하고자 한다. 이때 전력계의 지시가 각각 700[W], 1,400[W]를 가리켰다고 한다. 피상전력은 약 몇 [VA]인가?

① 2,425 ② 2,771
③ 2,873 ④ 2,974

해설 **계산기 사용**

$P_a = P + jP_r = P_1 + P_2 + \sqrt{3}(P_1 - P_2)i = 1{,}400 + 700 + j\sqrt{3}(1{,}400 - 700) = 2{,}424.87\angle 30[\text{VA}]$

- 유효전력 : $P = 1{,}400 + 700 = 2{,}100[\text{W}]$
- 역률 : $\cos\theta = \cos 30 = 0.866$

10 기전력 E, 내부저항 r인 전원으로부터 부하저항 R_L에 최대 전력을 공급하기 위한 조건과 그때의 최대 전력 P_m은?

① $R_L = r,\ P_m = \dfrac{E^2}{4r}$ ② $R_L = r,\ P_m = \dfrac{E^2}{3r}$

③ $R_L = 2r,\ P_m = \dfrac{E^2}{4r}$ ④ $R_L = 2r,\ P_m = \dfrac{E^2}{3r}$

해설 최대전력조건은 $r = R_L$이므로

- $I = \dfrac{E}{r + R_L} = \dfrac{E}{r + r} = \dfrac{E}{2r}$
- $P = I^2 r = \left(\dfrac{E}{2r}\right)^2 \cdot r = \dfrac{E^2}{4r}$

11 $s^3 + 4s^2 + 2s + K = 0$에서 시스템이 안정하기 위한 K의 범위는?

① $0 < K < 8$ ② $-8 < K < 0$
③ $1 < K < 8$ ④ $-1 < K < 8$

해설 **루드-훌비쯔 표**

s^3	1	2
s^2	4	K
s^1	$\dfrac{8-K}{4}$	0
s^0	K	

제1열의 부호 변화가 없으려면 $\dfrac{8-K}{4} > 0,\quad K > 0$

$\therefore 0 < K < 8$

정답 09 ① 10 ① 11 ①

12 $G(s)H(s) = \dfrac{K}{s(s+4)(s+5)}$ 에서 근궤적의 개수는?

① 1　　② 2
③ 3　　④ 4

해설 근궤적의 개수는 극점의 수와 영점의 수에서 큰 것과 일치한다. 근의 수(P)와 영점수(Z)에서 $Z=0$, $P=3$이므로 근궤적 개수는 3이다.

13 z 변환 함수 $\dfrac{z}{z-e^{-at}}$ 에 대응되는 시간함수는?

① te^{-at}　　② $\sum_{n=0}^{\infty} \delta(t-nT)$
③ $1-e^{-at}$　　④ e^{-at}

해설

$f(t)$	$F(s)$	$F(z)$
e^{-at}	$\dfrac{1}{s+a}$	$\dfrac{z}{z-e^{-at}}$

14 그림과 같은 블록선도에서 전달함수는?

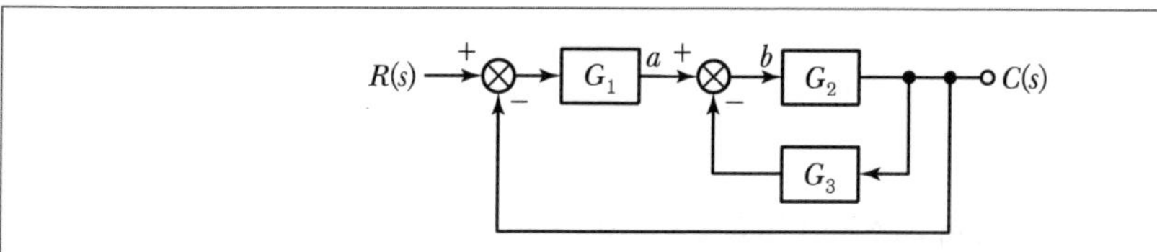

① $G(s) = \dfrac{G_1 G_2}{1-G_1 G_2 - G_2 G_3}$　　② $G(s) = \dfrac{G_1 G_3}{1-G_1 G_2 - G_2 G_3}$

③ $G(s) = \dfrac{G_1 G_3}{1+G_1 G_2 + G_2 G_3}$　　④ $G(s) = \dfrac{G_1 G_2}{1+G_1 G_2 + G_2 G_3}$

해설 **간이식**

$$G(s) = \frac{C}{R} = \frac{\sum 경로}{1-\sum 피드백} = \frac{G_1 G_2}{1-(-G_1 G_2 - G_2 G_3)} = \frac{G_1 G_2}{1+G_1 G_2 + G_2 G_3}$$

정답 12 ③ 13 ④ 14 ④

15 1차 지연요소의 전달함수는?

① K
② Ks
③ $\frac{K}{s}$
④ $\frac{K}{1+TS}$

해설
- 비례요소 : K
- 미분요소 : Ks
- 적분요소 : $\frac{K}{s}$
- 1차 지연요소 : $\frac{K}{Ts+1}$
- 2차 지연요소 : $\frac{K}{T^2s^2+2\delta Ts+1}$

16 단위 피드백 제어계에서 개루프 전달함수 $G(s)$가 다음과 같이 주어지는 계의 단위계단 입력에 대한 정상 편차는?

$$G(s)=\frac{6}{(s+1)(s+3)}$$

① $\frac{1}{2}$
② $\frac{1}{3}$
③ $\frac{1}{4}$
④ $\frac{1}{6}$

해설 $e_{ss}=\lim_{s\to 0}S\frac{R(s)}{1+G(s)}$ 에서 입력이 단위계단 입력이 $R(s)=\frac{1}{s}$ 이므로

$$e_{ss}=\lim_{s\to 0}S\frac{R(s)}{1+G(s)}=\lim_{s\to 0}S\frac{\frac{1}{S}}{1+G(s)}=\frac{1}{\lim_{s\to 0}(1+G(s))}$$

$$=\frac{1}{\lim_{s\to 0}(1+\frac{6}{(s+1)(s+3)})}=\frac{1}{1+2}=\frac{1}{3}$$

정답 15 ④ 16 ②

17 다음의 논리회로를 간단히 하면?

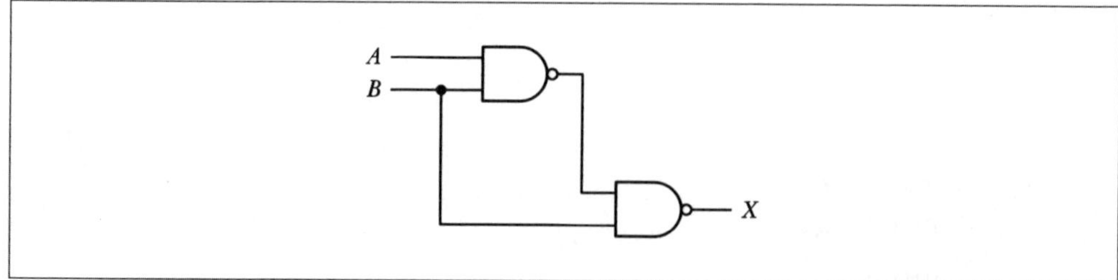

① $\overline{A}+B$　　② $A+\overline{B}$

③ $\overline{A}+\overline{B}$　　④ $A+B$

해설 드모르간 정리에 의하여

$$X=\overline{\overline{AB}\,B}=\overline{\overline{AB}}+\overline{B}=AB+\overline{B}=(A+\overline{B})(B+\overline{B})=A+\overline{B}$$

18 아래 신호흐름선도의 전달함수 $\left(\frac{C}{R}\right)$를 구하면?

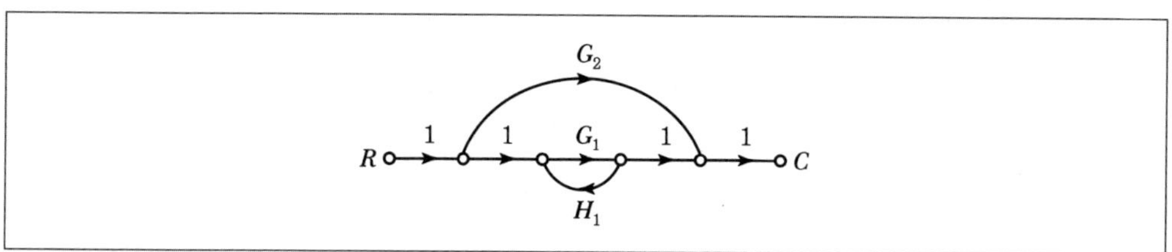

① $\dfrac{C}{R}=\dfrac{G_1+G_2}{1-G_1H_1}$　　② $\dfrac{C}{R}=\dfrac{G_1+G_2}{1-G_1H_1-G_2H_2}$

③ $\dfrac{C}{R}=\dfrac{G_1+G_2(1-G_1H_1)}{1-G_1H_1}$　　④ $\dfrac{C}{R}=\dfrac{G_1G_2}{1-G_1H_1}$

해설 전달함수 $=\dfrac{C(s)}{R(s)}=\dfrac{\Sigma[G(1-loop)]}{1-\Sigma L_1+\Sigma L_2-\Sigma L_3}$

$$=\frac{G_1(1-0)+G_2(1-G_1H_1)}{1-G_1H_1+0-0}=\frac{G_1+G_2(1-G_1H_1)}{1-G_1H_1}$$

- G : 각각의 순방향 경로의 이득 → G_1, G_2
- loop : 각각의 순방향 경로에 접촉하지 않는 이득 → G_1H_1
- ΣL_1 : 각각의 모든 폐루프 이득의 곱의 합 → G_1H_1
- ΣL_2 : 서로 접촉하고 있지 않은 2개 이상의 L_1의 곱의 합 → 없음
- ΣL_3 : 서로 접촉하고 있지 않는 3개 이상의 L_1의 곱의 합 → 없음

※ $G(s)=\dfrac{C}{R}=$ 경로1 + 경로2 $=\dfrac{G_2}{1-0}+\dfrac{G_1}{1-G_1H_1}=\dfrac{G_1+G_2(1-G_1H_1)}{1-G_1H_1}$

정답 17 ② 18 ③

19 다음과 같은 미분방정식으로 표시되는 계의 계수 행렬 A는 어떻게 표시되는가?

$$\frac{d^2c(t)}{dt^2}+3\frac{dc(t)}{dt}+2c(t)=r(t)$$

① $\begin{bmatrix} -2 & -3 \\ 0 & 1 \end{bmatrix}$

② $\begin{bmatrix} 0 & 1 \\ -3 & -2 \end{bmatrix}$

③ $\begin{bmatrix} 0 & 1 \\ -2 & -3 \end{bmatrix}$

④ $\begin{bmatrix} -3 & -2 \\ 1 & 0 \end{bmatrix}$

해설 1) $x_1(t)=c(t)$라 놓으면 $x_2(t)=\frac{d}{dt}x_1(t)=\frac{d}{dt}c(t)=\dot{x}_1(t)$

2) $x_3(t)=\frac{d}{dt}x_2(t)=\frac{d}{dt}\left(\frac{d}{dt}x_1(t)\right)\equiv\frac{d}{dt}\left(\frac{d}{dt}c(t)\right)=\frac{d}{dt}x_2(t)=\dot{x}_2(t)$

그러므로 주어진 식은 $\frac{d^2c(t)}{dt^2}=-2c(t)-3\frac{dc(t)}{dt}+r(t)$

$\dot{x}_2(t)=-2x_1(t)-3x_2(t)+r(t)$

3) $\dot{x}_1(t)=0x_1(t)+x_2(t)+0r(t)$

$\dot{x}_2(t)=-2x_1(t)-3x_2(t)+r(t)$

$$\therefore \begin{bmatrix} \dot{x}_1(t) \\ \dot{x}_2(t) \end{bmatrix}=\begin{bmatrix} 0 & 1 \\ -2 & -3 \end{bmatrix}\begin{bmatrix} x_1(t) \\ x_2(t) \end{bmatrix}+\begin{bmatrix} 0 \\ 1 \end{bmatrix}r(t)$$

20 벡터 궤적의 임계점 $(-1,\ j0)$에 대응하는 보드선도 상의 점은 이득이 A[dB], 위상이 B도 되는 점이다. A, B에 알맞은 것은?

① $A=0$[dB], $B=-180$[°]

② $A=0$[dB], $B=0$[°]

③ $A=1$[dB], $B=0$[°]

④ $A=1$[dB], $B=180$[°]

해설 **안정도 판별**

- 벡터 궤적 : 임계점 $(-1,\ j0)$
- 보드선도 : 이득 0[dB], 위상 −180[°]

정답 19 ③ 20 ①

CHAPTER 11

2023년 제2회 과년도 기출문제

01 한 상의 임피던스 $Z=6+j8[\Omega]$인 △부하에 대칭 선간전압 200[V]를 인가할 때 3상 전력은 몇 [W]인가?

① 2,400 ② 3,600
③ 7,200 ④ 10,800

해설 **계산기 사용**

$$P_a=3\frac{V^2}{Z}=3\times\frac{200^2}{6+j8}=7,200-9,600j$$

02 각상 전압이 $V_a=40\sin\omega t$, $V_b=40\sin(\omega t-90[°])$, $V_c=40\sin(\omega t+90[°])$일 때 영상 대칭분의 전압은?

① $\frac{40}{3}\cos\omega t$ ② $\frac{40}{3}\sin\omega t$

③ $\frac{40}{3}\sin(\omega t-90[°])$ ④ $\frac{40}{3}\cos(\omega t+90[°])$

해설 $V_a=40\angle 0[°]$, $V_b=40\angle-90[°]$, $V_c=40\angle 90[°]$

$$V_0=\frac{1}{3}(V_a+V_b+V_c)=\frac{1}{3}(40\angle 0[°]+40\angle-90[°]+40\angle 90[°])=\frac{40}{3}\angle 0[°]=\frac{40}{3}\sin\omega t$$

03 회로에서 7[Ω]의 저항 양단의 전압은 몇 [V]인가?

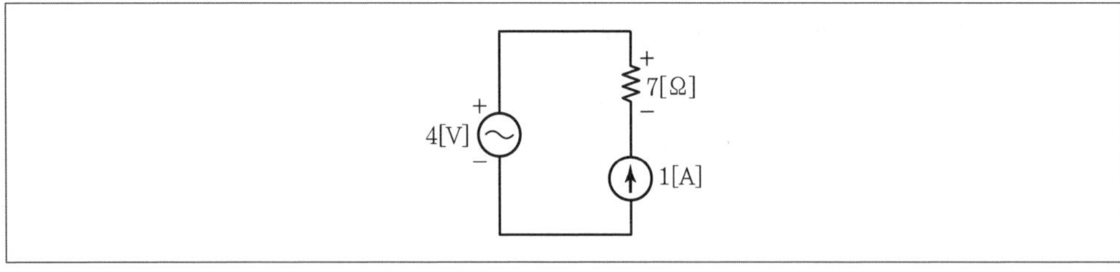

① 7 ② −7
③ 4 ④ −4

정답 01 ③ 02 ② 03 ②

해설 **중첩의 정리**

- 전압원 단락(전류원 개방) : $V_1 = IR = -1\times 7 = -7[V]$

  전류원 존재 시에만 전류가 흐르게 되므로 7[Ω]에 걸리는 전압은 7[V]이다. 그런데, 전류원의 방향과 V의 방향이 반대이므로 $V=-7[V]$가 된다.
- 전류원 개방 : $V_2 = IR = 0\times 7 = 0[V]$

$\therefore\ V_{ab} = V_1 + V_2 = -7+0 = -7[V]$

04

$R-C$ 직렬회로에 직류전압 $V[V]$가 인가되었을 때, 전류 $i(t)$에 대한 전압방정식[KVL]이 $V = Ri(t) + \dfrac{1}{C}\int i(t)dt[V]$이다. 전류 $i(t)$의 라플라스 변환인 $I(s)$는? (단, C에는 초기 전하가 없다.)

① $I(s) = \dfrac{V}{R}\dfrac{1}{s-\dfrac{1}{RC}}$

② $I(s) = \dfrac{C}{R}\dfrac{1}{s+\dfrac{1}{RC}}$

③ $I(s) = \dfrac{V}{R}\dfrac{1}{s+\dfrac{1}{RC}}$

④ $I(s) = \dfrac{R}{C}\dfrac{1}{s-\dfrac{1}{RC}}$

해설 **실미분 정리, 실적분 정리**

양변을 라플라스하면 $\dfrac{V}{s} = RI(s) + \dfrac{1}{C}\dfrac{1}{s}I(s)$

공통인수를 묶으면 $\dfrac{V}{s} = I(s)\left(R+\dfrac{1}{Cs}\right)$

$$I(s) = \frac{V}{s}\frac{1}{R+\dfrac{1}{Cs}} = \frac{V}{s}\frac{Cs}{RCs+1} = \frac{V}{sRC}\frac{Cs}{s+\dfrac{1}{RC}} = \frac{V}{R}\frac{1}{s+\dfrac{1}{RC}}$$

05

3대의 단상변압기를 △결선 변압기 한 대가 고장으로 제거되고 V결선으로 한 경우의 공급할 수 있는 전력과 고장전 전력과의 비율[%]은 얼마인가?

① 86.6
② 75.0
③ 66.7
④ 57.7

해설 **출력비**

$$\frac{P_v}{P_\triangle} = \frac{\sqrt{3}\,V_pI_p}{3\,V_pI_p} = \frac{1}{\sqrt{3}} = 0.577$$

정답 | 04 ③ 05 ④

06 그림과 같은 T형 4단자 회로의 4단자 정수 중 B의 값은?

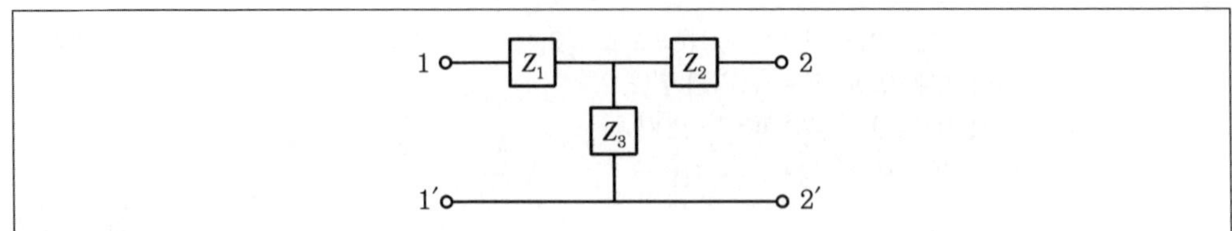

① $\dfrac{Z_3+Z_1}{Z_3}$ ② $\dfrac{Z_1Z_2+Z_2Z_3+Z_3Z_1}{Z_3}$

③ $\dfrac{1}{Z_3}$ ④ $\dfrac{Z_3+Z_2}{Z_3}$

해설
- $A=1+\searrow=1+\dfrac{Z_1}{Z_3}=1+\dfrac{Y_3}{Y_1}$
- $B=Z_1+\dfrac{Z_1Z_2}{Z_3}+Z_2=\dfrac{Z_1Z_2+Z_2Z_3+Z_3Z_1}{Z_3}$
- $C=Y_3=\dfrac{1}{Z_3}$
- $D=1+\swarrow=1+\dfrac{Z_2}{Z_3}$

07 단상 전력계 2개로 3상 전력을 측정하고자 한다. 전력계의 지시가 각각 500[W], 300[W]를 가리켰다고 한다. 이때 부하의 역률은 약 몇 [%]인가?

① 70.7 ② 87.7

③ 89.2 ④ 91.8

해설 $\cos\theta=\dfrac{P_1+P_2}{2\sqrt{P_1^2+P_2^2-P_1P_2}}=\dfrac{500+300}{2\sqrt{500^2+300^2-500\times300}}=0.918$

※ 계산기 사용

$P_a=P+jP_r=P_1+P_2+j\sqrt{3}(P_1-P_2)$

$=500+300+j\sqrt{3}(500-300)=871.779\angle 23.41[\text{VA}]$

역률 : $\cos\theta=\cos 23.41=0.9176=91.76[\%]$

정답 06 ② 07 ④

08 단위길이당 인덕턴스가 L[H/m]이고, 단위길이당 정전용량이 C[F/m]인 무손실선로에서의 진행파 속도[m/s]는?

① $\sqrt{LC}$ ② $\frac{1}{\sqrt{LC}}$

③ $\sqrt{\frac{C}{L}}$ ④ $\sqrt{\frac{L}{C}}$

해설 $v=\frac{\omega}{\beta}=\frac{\omega}{\omega\sqrt{LC}}=\frac{1}{\sqrt{LC}}$[m/s]

09 다음과 같은 비정현파 기전력 및 전류에 의한 유효전력[W]은? (단, 전압 및 전류의 순시 식은 다음과 같다.)

$$v=100\sqrt{2}\sin(wt+30[°])+50\sqrt{2}\sin(5wt+60[°])[\text{V}]$$
$$i=15\sqrt{2}\sin(3wt+30[°])+10\sqrt{2}\sin(5wt+30[°])[\text{A}]$$

① $250\sqrt{3}$ ② 1,000

③ $1{,}000\sqrt{3}$ ④ 2,000

해설 주파수가 같은 고조파만이 전력이 유도된다.

$$P=V_5I_5\cos\theta_5=\frac{50\sqrt{2}}{\sqrt{2}}\times\frac{10\sqrt{2}}{\sqrt{2}}\times\cos(60[°]-30[°])$$
$$=50\times10\times\cos30[°]=250\sqrt{3}[\text{W}]$$

※ $P_a=V_5I_5^*=\frac{50\sqrt{2}}{\sqrt{2}}\angle60[°]\times(\frac{10\sqrt{2}}{\sqrt{2}}\angle30[°])^*$

$$=50\angle60[°]\times10\angle30[°]=433+j250=250\sqrt{3}+j250[\text{VA}]$$

10 $f(t)=\sin t+2\cos t$를 라플라스 변환하면?

① $\frac{2s}{s^2+1}$ ② $\frac{2s+1}{(s+1)^2}$

③ $\frac{2s+1}{s^2+1}$ ④ $\frac{2s}{(s+1)^2}$

해설 $F(s)=\mathcal{L}[f(t)]=\mathcal{L}[\sin t]+\mathcal{L}[2\cos t]=\frac{1}{s^2+1}+2\cdot\frac{s}{s^2+1}=\frac{2s+1}{s^2+1}$

($\because$ $\mathcal{L}[\sin\omega t]=\frac{\omega}{s^2+\omega^2}$이므로 $\mathcal{L}[\sin t]=\frac{1}{s^2+1^2}$가 된다.)

정답	08 ② 09 ① 10 ③

11 제어시스템의 정상상태 오차에서 포물선 함수 입력에 의한 정상상태 오차를 $K_s = \lim_{s \to 0} s^2 G(s) H(s)$로 표현된다. 이때 K_s를 무엇이라고 부르는가?

① 위치오차 상수　　② 속도오차 상수
③ 가속도오차 상수　　④ 평면오차 상수

해설
- 위치편차 상수 $K_p = \lim_{s \to 0} G(s)$
- 속도편차 상수 $K_v = \lim_{s \to 0} sG(s)$
- 가속도편차 상수 $K_a = \lim_{s \to 0} s^2 G(s)$

12 잔류 편차(off set)가 있는 제어계는?

① 비례 제어계(P 제어계)　　② 적분 제어계(I 제어계)
③ 비례 적분 제어계(PI 제어계)　　④ 비례 적분 미분 제어계(PID 제어계)

해설 **제어계의 종류 및 특징**
- 비례제어(P동작 : Proportional)
  - 잔류편차(off-set) 발생
  - 정상오차 수반
- 적분제어(I동작 : Integral)
  - 잔류편차 (off-set) 제거
- 미분제어(D동작 : Derivative)
  - 오차가 커지는 것을 미리 방지
- 비례 · 적분제어(PI동작)
  - 잔류편차(off-set) 제거
  - 정상특성 개선에 쓰임
- 비례 · 미분제어(PD동작)
  - 진상요소이므로 응답 속응성의 개선
  - 진동억제
- 비례 · 적분 · 미분제어(PID동작)
  - 정상특성과 응답속응성을 동시에 개선
  - 뒤진-앞선 회로의 특성과 같으며 정상 편차, 응답, 속응성 모두가 최적임

정답 11 ③ 12 ①

13 단위 계단함수의 라플라스변환과 z 변환함수는?

① $\frac{1}{s}$, $\frac{1}{z}$

② s, $\frac{z}{z-1}$

③ $\frac{1}{s}$, $\frac{z}{z-1}$

④ s, $\frac{z}{z-1}$

해설 시간함수에 대한 z변환표

$f(t)$	$F(s)$	$F(z)$
$\delta(t)$	1	1
$u(t)$	$\frac{1}{s}$	$\frac{z}{z-1}$
t	$\frac{1}{s^2}$	$\frac{Tz}{(z-1)^2}$
e^{-at}	$\frac{1}{s+a}$	$\frac{z}{z-e^{-at}}$
$\sin\omega t$	$\frac{\omega}{s^2+\omega^2}$	$\frac{z\sin\omega T}{z^2-2z\cos\omega T+1}$
$\cos\omega t$	$\frac{s}{s^2+\omega^2}$	$\frac{z(z-\cos\omega T)}{z^2-2z\cos\omega T+1}$

14 그림과 같은 신호흐름선도에서 전달함수 $\frac{C(s)}{R(s)}$ 는?

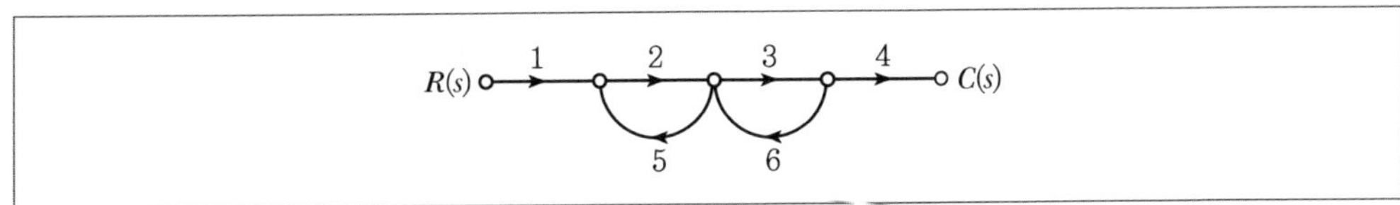

① $-\frac{8}{9}$

② $\frac{4}{5}$

③ 180

④ 10

해설 간이 전달함수 계산법

$$G(s)=\frac{C}{R}=\frac{\sum 경로}{1-\sum 피드백}=\frac{1\times2\times3\times4}{1-(2\times5+3\times6)}=-\frac{24}{27}=-\frac{8}{9}$$

정답 13 ③ 14 ①

15 다음 특정방정식 중에서 안정된 시스템인 것은?

① $s^4+3s^3-s^2+s+10=0$
② $2s^3+3s^2+4s+5=0$
③ $s^4-2s^3-3s^2+4s+5=0$
④ $s^5+s^4+2s^3+4s+3=0$

해설 ① 특성방정식의 모든 계수의 부호가 같아야 한다. → $-s^2$ 이 있어 불안정
③ 특성방정식의 모든 계수의 부호가 같아야 한다. → $-2s^3-3s^2$이 있어 불안정
④ 계수 중 어느 하나라도 0이 되어서는 안 된다. → s^2이 없어 불안정

16 상태방정식 $\dot{x}(t)=Ax(t)+Bu(t)$에서 $A=\begin{bmatrix}0 & 1\\-2 & -3\end{bmatrix}$, $B=\begin{bmatrix}0\\1\end{bmatrix}$일 때, 고유값은?

① −1, −2
② 1, 2
③ −2, −3
④ 2, 3

해설 $\frac{d}{dt}x(t)=Ax(t)+Bu(t)=\begin{bmatrix}0 & 1\\-2 & -3\end{bmatrix}x(t)+\begin{bmatrix}0\\1\end{bmatrix}u(t)$

$|sI-A|=\begin{bmatrix}s & 0\\0 & s\end{bmatrix}-\begin{bmatrix}0 & 1\\-2 & -3\end{bmatrix}=\begin{bmatrix}s & -1\\2 & s+3\end{bmatrix}$

$=s(s+3)+2=s^2+3s+2=(s+1)(s+2)=0$

- 특성방정식 : $s^2+3s+2=0$
- 고유값 : 특성방정식의 근($s=-1,\ s=-2$)

17 어떤 제어시스템의 $G(s)H(s)$가 $\frac{K(s+1)}{s^2(s+2)(s+3)}$인 교차점을 구하면?

① $-\frac{4}{3}$
② $\frac{4}{3}$
③ $-\frac{3}{4}$
④ $\frac{3}{4}$

해설 1) 영점의 수 : $(s+1)=0\ \therefore s=-1$ (1개)
극점의 수 : $s^2(s+2)(s+3)=0\ \therefore s=0,\ 0,\ -2,\ -3$ (4개)
2) 교차점 $=\frac{\Sigma 극점-\Sigma 영점}{극점의 수-영점의 수}=\frac{(-2-3)-(-1)}{4-1}=\frac{-5+1}{3}=-\frac{4}{3}$

정답 15 ② 16 ① 17 ①

18 회로의 전압비 전달함수 $H(j\omega) = \dfrac{V_c(j\omega)}{V(j\omega)}$ 는?

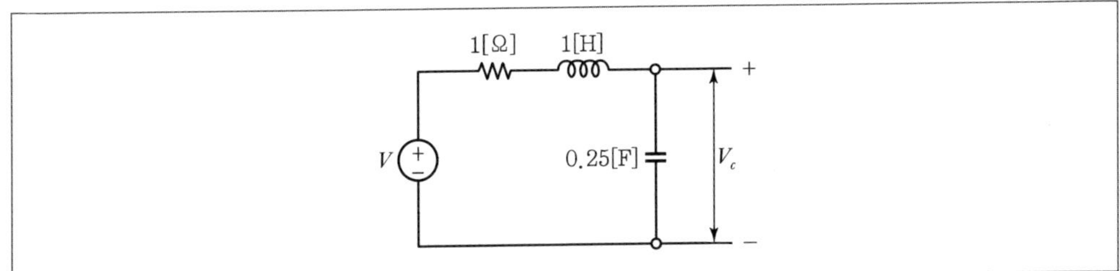

① $\dfrac{2}{(j\omega)^2 + j\omega + 2}$

② $\dfrac{2}{(j\omega)^2 + j\omega + 4}$

③ $\dfrac{4}{(j\omega)^2 + j\omega + 4}$

④ $\dfrac{1}{(j\omega)^2 + j\omega + 1}$

해설 $H(s) = \dfrac{\dfrac{1}{Cs}}{R + Ls + \dfrac{1}{Cs}} = \dfrac{1}{LCs^2 + RCs + 1}$

$= \dfrac{1}{1 \times 0.25\, s^2 + 1 \times 0.25 s + 1} = \dfrac{1}{0.25 s^2 + 0.25 s + 1} \times \dfrac{4}{4}$

$= \dfrac{4}{s^2 + s + 4} = \dfrac{4}{(j\omega)^2 + j\omega + 4}$

19 $G(s) = \dfrac{1}{s(s+1)}$ 에서 $w = 10$[rad/sec]일 때 이득[dB]은?

① 40

② 20

③ −20

④ −40

해설 1) 이득

$g = 20\log|G(jw)| = 20\log\left|\dfrac{1}{jw(jw+1)}\right| = 20\log|\dfrac{1}{(j\omega)^2 + j\omega}|$에서 $j10^2 \gg j10$이므로

$g = 20\log|\dfrac{1}{(j\omega)^2 + j\omega}| = 20\log|\dfrac{1}{(j\omega)^2} = 20\log|\dfrac{1}{(j10)^2} = 20\log\dfrac{1}{10^2} = -40$

2) 위상각

$\theta = \angle G(j\omega) = \angle \dfrac{1}{(j\omega)^2} = -180[°]$

20 논리식 $L = \overline{x}\,\overline{y} + \overline{x}\,y + x\,y$ 를 간단히 하면?

① $x + y$

② $\overline{x} + y$

③ $x + \overline{y}$

④ $\overline{x} + \overline{y}$

해설 $L = \overline{xy} + \overline{x}y + xy = \overline{x}(\overline{y} + y) + xy = \overline{x} + xy = (\overline{x} + x)(\overline{x} + y) = \overline{x} + y$

정답 18 ③ 19 ④ 20 ②

CHAPTER 12

2023년 제3회 과년도 기출문제

01 저항 $R[\Omega]$ 3개를 Y로 접속한 회로에 200[V]의 3상 교류전압을 인가 시 선전류가 10[A]라면 이 3개의 저항을 △로 접속하고 동일 전원을 인가 시 선전류는 몇 [A]인가?

① 10　② $10\sqrt{3}$

③ 30　④ $30\sqrt{3}$

해설 $I_Y = \frac{1}{3} I_\triangle$, $10 = \frac{1}{3} I_\triangle$

$\therefore I_\triangle = 10 \times 3 = 30[A]$

02 대칭 3상 전압이 a상 $V_a[V]$, b상 $V_b = a^2 V_a[V]$, c상 $V_c = a V_a[V]$일 때 a상을 기준으로 한 대칭분 전압 중 정상분 V_1은 어떻게 표시되는가?

① $\frac{1}{3} V_a$　② V_a

③ $a V_a$　④ $a^2 V_a$

해설 $V_1 = \frac{1}{3}(V_a + a V_b + a^2 V_c) = \frac{1}{3}(V_a + a^3 V_a + a^3 V_a = \frac{1}{3} V_a(1 + a^3 + a^3) = V_a$

03 평형 3상 회로에서 임피던스를 △결선에서 Y결선으로 하면, 소비 전력은 몇 배가 되는가? (단, 선간전압은 일정하다.)

① 3배　② 6배

③ $\frac{1}{3}$배　④ $\frac{1}{6}$배

해설 $P_\triangle = 3P_Y$

$\therefore P_Y = \frac{1}{3} P_\triangle$

정답 01 ③ 02 ② 03 ③

04 다음 회로의 임피던스가 R이 되기 위한 조건은?

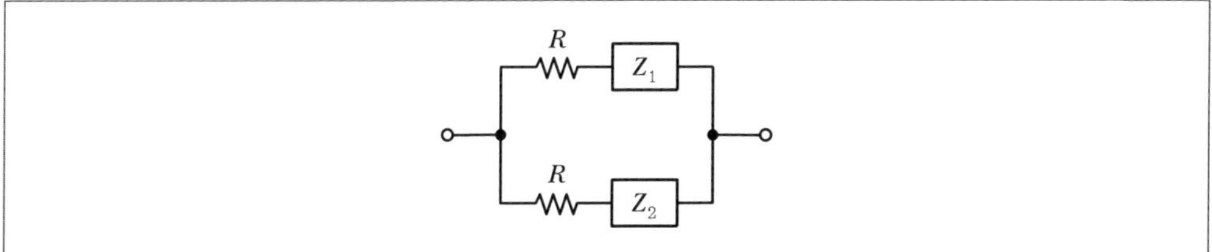

① $Z_1 Z_2 = R$
② $\dfrac{Z_2}{Z_1} = R$
③ $Z_1 Z_2 = R^2$
④ $\dfrac{Z_2}{Z_1} = R^2$

해설 정저항회로 : $R^2 = Z_1 Z_2 = j\omega L \cdot \dfrac{1}{j\omega C} = \dfrac{L}{C}$

$\therefore R = \sqrt{\dfrac{L}{C}}$

05 4단자 정수 A, B, C, D 중에서 전류이득의 차원을 가진 정수는?

① A
② B
③ C
④ D

해설 $\begin{bmatrix} V_1 \\ I_1 \end{bmatrix} = \begin{bmatrix} A & B \\ C & D \end{bmatrix} \begin{bmatrix} V_2 \\ I_2 \end{bmatrix}$ $\begin{cases} V_1 = A V_2 + BI_2 \\ I_1 = CC_2 + DI_2 \end{cases}$

- $A = \dfrac{V_1}{V_2} |_{I_2 = 0}$: 전압이득
- $B = \dfrac{V_1}{I_2} |_{V_2 = 0}$: 임피던스 차원
- $C = \dfrac{I_1}{V_2} |_{I_2 = 0}$: 어드미턴스 차원
- $D = \dfrac{I_1}{I_2} |_{V_2 = 0}$: 전류이득

정답 04 ③ 05 ④

06 4단자 정수를 구하는 식 중 옳지 않은 것은?

① $A=\left(\frac{V_1}{V_2}\right)_{I2=0}$ ② $B=\left(\frac{V_2}{I_2}\right)_{V2=0}$

③ $C=\left(\frac{I_1}{V_2}\right)_{I2=0}$ ④ $D=\left(\frac{I_1}{I_2}\right)_{V2=0}$

해설 $\begin{bmatrix} V_1 \\ I_1 \end{bmatrix}=\begin{bmatrix} A\,B \\ C\,D \end{bmatrix}\begin{bmatrix} V_2 \\ I_2 \end{bmatrix}$ $\begin{cases} V_1 = A\,V_2 + BI_2 \\ I_1 = CC_2 + DI_2 \end{cases}$

- $A=\frac{V_1}{V_2}|_{I_2=0}$: 전압이득
- $B=\frac{V_1}{I_2}|_{V_2=0}$: 임피던스 차원
- $C=\frac{I_1}{V_2}|_{I_2=0}$: 어드미턴스 차원
- $D=\frac{I_1}{I_2}|_{V_2=0}$: 전류이득

07 직렬로 유도 결합된 회로이다. 단자 $a-b$에서 본 등가 임피던스 Z_{ab}를 나타낸 식은?

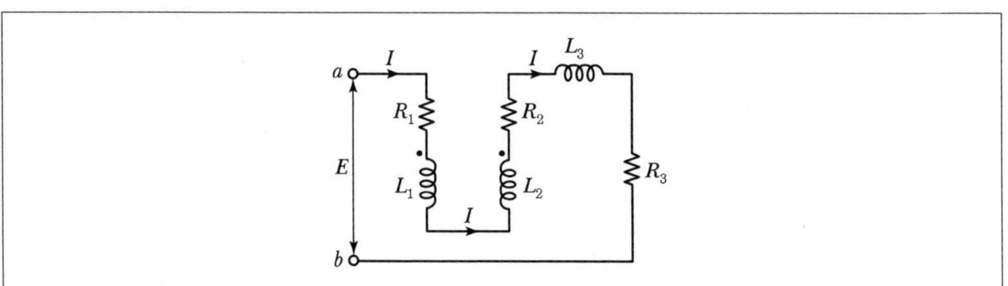

① $R_1+R_2+R_3+jw(L_1+L_2-2M)$

② $R_1+R_2+jw(L_1+L_2+2M)$

③ $R_1+R_2+R_3+jw(L_1+L_2+L_3+2M)$

④ $R_1+R_2+R_3+jw(L_1+L_2+L_3-2M)$

해설 [그림]을 펼쳐보면, [그림]은 차동접속이다.

정답 06 ② 07 ④

08

$R-L$ 직렬회로에 순시치 전압 $v(t)=20+100\sin\omega t+40\sin(3\omega t+60[°])+40\sin 5\omega t$[V]를 가할 때 제5고조파 전류의 실횻값 크기는 약 몇 [A]인가? (단, $R=4[\Omega]$, $\omega L=1[\Omega]$이다.)

① 4.4　　② 5.66
③ 6.25　　④ 8.0

해설
- $Z_3=R+j5\omega L=4+j5\times1=4+j5=\sqrt{41}\angle 51.3$
- $V_5=\dfrac{40}{\sqrt{2}}=20\sqrt{2}$[V]
- $I_5=\dfrac{V_5}{|Z_5|}=\dfrac{20\sqrt{2}}{\sqrt{41}}=4.417$[A]

09

어떤 회로에 $e=50\sin(wt+\theta)$[V]를 인가했을 때 $i=4\sin(wt+\theta-30[°])$[A]가 흘렀다면 무효 전력 [Var]은?

① 50　　② 57.7
③ 86.6　　④ 100

해설 $P=VI\cos\theta=\dfrac{50}{\sqrt{2}}\times\dfrac{4}{\sqrt{2}}\times\cos 30=50\sqrt{3}=86.6$[W]

※ $P_a=\dfrac{50}{\sqrt{2}}\times\left(\dfrac{4}{\sqrt{2}}\angle-30\right)^*=\dfrac{50}{\sqrt{2}}\times\dfrac{4}{\sqrt{2}}\angle+30=86.6+50i$

10

$e^{-2t}\cos 3t$의 라플라스 변환은?

① $\dfrac{s+2}{(s+2)^2+3^2}$　　② $\dfrac{s-2}{(s-2)^2+3^2}$

③ $\dfrac{s}{(s+2)^2+3^2}$　　④ $\dfrac{s}{(s-2)^2+3^2}$

해설 **복소 추이 정리**

$F(s)=\mathcal{L}\left[e^{-2t}\cos 3t\right]=\dfrac{s}{s^2+\omega^2}\Big|_{s\to s+2}=\dfrac{s+2}{(s+2)^2+3^2}=\dfrac{s+2}{s^2+4s+13}$

정답 08 ① 09 ③ 10 ①

11 그림과 같은 블록선도의 제어시스템에서 속도편차 상수 K_v는 얼마인가?

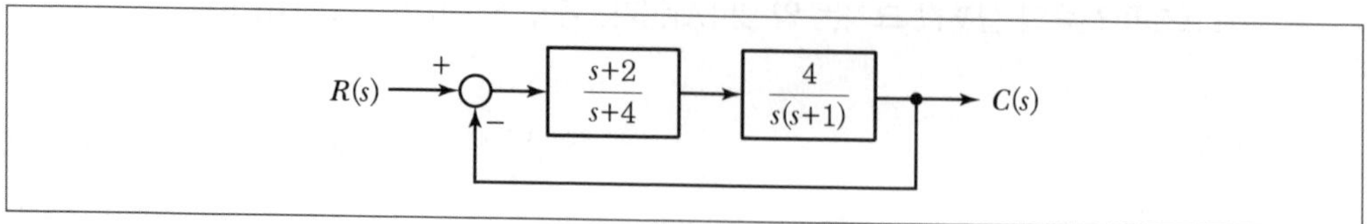

① 0
② 0.5
③ 2
④ ∞

해설 1) 정상속도 편차 : 입력이 단위속도 $tu(t)$일 때 $R(s)=\mathcal{L}[tu(t)]=\frac{1}{s^2}$

$$e_{ss}=\lim_{s\to 0}s\frac{R(s)}{1+G(s)}=\lim_{s\to 0}s\frac{\frac{1}{s^2}}{1+G(s)}=\lim_{s\to 0}\frac{1}{s(1+G(s))}$$

$$=\lim_{s\to 0}\frac{1}{s+sG(s)}=\frac{1}{\lim\limits_{s\to 0}sG(s)}=\frac{1}{K_v}\ (K_v : \text{속도편차 상수})$$

2) $G(s)=\frac{s+2}{s+4}\times\frac{4}{s(s+1)}=\frac{4(s+2)}{s(s+1)(s+4)}$

$$K_v=\lim_{s\to 0}sG(s)=\lim_{s\to 0}s\frac{4(s+2)}{s(s+1)(s+4)}=\lim_{s\to 0}\frac{4(s+2)}{(s+1)(s+4)}=\frac{8}{4}=2$$

12 w가 0에서 ∞까지 변화하였을 때 $G(jw)$의 크기와 위상각을 극좌표에 그린 것으로 이 궤적을 표시하는 선도는?

① 근궤적도
② 나이퀴스트 선도
③ 니콜스 선도
④ 보드 선도

해설 **나이퀴스트 선도(벡터궤적)**

w가 0에서 ∞까지 변화하였을 때 $G(jw)$의 크기와 위상각을 복소평면 상에 그린 것

13 다음 그림과 같은 제어계가 안정하기 위한 K의 범위는?

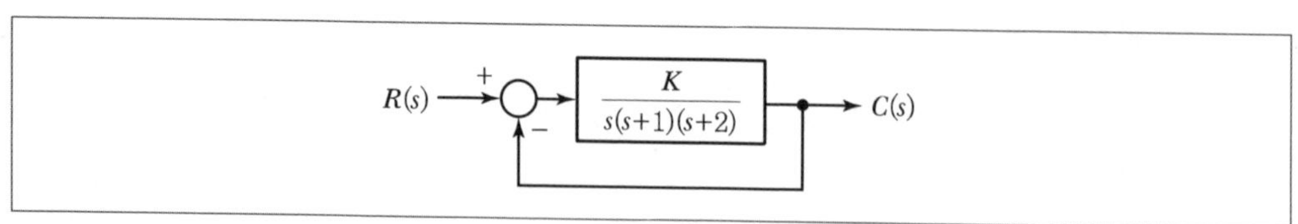

① $0<K<6$
② $1<K<5$
③ $-1<K<6$
④ $-1<K<5$

정답 11 ③ 12 ② 13 ①

해설 1) 특성 방정식은 $1+G(s)H(s)=1+\dfrac{K}{s(s+1)(s+2)}=0$

정리하면 $s(s+1)(s+2)+K=s^3+3s^2+2s+K=0$

2) 루드-훌비쯔 표

s^3	1	2
s^2	3	K
s^1	$\dfrac{6-K}{3}$	0
s^0	K	

제1열의 부호 변화가 없어야 안정하므로

안정조건은 $6-K>0$, $K>0$

3) 정리하면 $K<6$, $K>0$

$\therefore 0<K<6$

14 샘플러의 주기를 T라 할 때 s 평면상의 모든 점은 식 $z=e^{sT}$에 의하여 z 평면상에 사상된다. s 평면의 좌반 평면상의 모든 점은 z 평면상 단위원의 어느 부분으로 사상되는가?

① 내점
② 외점
③ 원주상의 점
④ z 평면 전체

해설
- s 평면의 좌반 평면은 안정이다.
- z 평면
  - 안정 : 단위원 내부
  - 불안정 : 단위원 외부
  - 임계 : 단위원 상

15 그림과 같은 신호흐름 선도에서 $\dfrac{C}{R}$를 구하면?

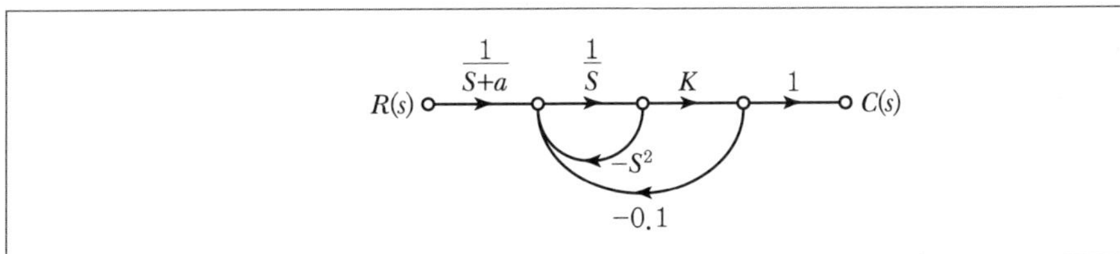

① $\dfrac{C(S)}{R(S)}=\dfrac{K}{(S+a)(S^2+S+0.1K)}$

② $\dfrac{C(S)}{R(S)}=\dfrac{K(S+a)}{(S+a)(S^2+S+0.1K)}$

③ $\dfrac{C(S)}{R(S)}=\dfrac{K}{(S+a)(-S^2-S+0.1K)}$

④ $\dfrac{C(s)}{R(s)}=\dfrac{K(S+a)}{(S+a)(-S^2-S+0.1K)}$

정답 14 ① 15 ①

해설 **간이식**

$$G(s)=\frac{C}{R}=\frac{\sum 경로}{1-\sum 피드백}$$

$$=\frac{\frac{1}{S+a}\times\frac{1}{S}\times K}{1-\left[\frac{1}{S}(-S^2)+\frac{1}{S}K\times(-0.1)\right]}=\frac{\frac{1}{S+a}\times\frac{1}{S}\times K}{1+\frac{S^2}{S}+\frac{0.1K}{S}}=\frac{\frac{K}{(S+a)S}}{\frac{S^2+S+0.1K}{S}}$$

$$=\frac{K}{(S+a)(S^2+S+0.1K)}$$

16

$G(s)=\dfrac{1}{s(s+10)}$ 에서 $w=0.1$ 인 정현파 입력을 주었을 때 보드선도의 이득[dB]은?

① −40
② −20
③ 0
④ 20

해설 1) 이득

$$g=20\log|G(jw)|=20\log\left|\frac{1}{jw(jw+10)}\right|=20\log\left|\frac{1}{(jw)^2+jw\times 10}\right|$$

$$=20\log\left|\frac{1}{(j0.1)^2+j0.1\times 10}\right|=20\log\left|\frac{1}{(j0.1)^2+j1}\right|$$

$1\gg 0.1^2$ 이므로

$$g=20\log\left|\frac{1}{(j0.1)^2+j1}\right|=20\log\left|\frac{1}{j1}\right|\equiv 20\log\frac{1}{1}=0[\text{dB}]$$

2) 위상각

$$\theta=\angle G(j\omega)=\angle\frac{1}{j1}=-90[°]$$

17

전달함수가 $\dfrac{C(S)}{R(S)}=\dfrac{1}{3S^2+4S+1}$ 인 제어계는 다음 중 어느 경우인가?

① 과제동
② 부족제동
③ 임계제동
④ 무제동

해설 1) 전달함수 $=\dfrac{\mathrm{C(S)}}{\mathrm{R(S)}}=\dfrac{\omega_n^2}{\mathrm{S}^2+2\delta\omega_n\mathrm{S}+\omega_n^2}$ 로 만든다.

2) $$\frac{C(S)}{R(S)}=\frac{1}{3S^2+4S+1}\times\frac{\frac{1}{3}}{\frac{1}{3}}=\frac{1\times\frac{1}{3}}{(3S^2+4S+1)\frac{1}{3}}=\frac{\frac{1}{3}}{S^2+\frac{4}{3}S+\frac{1}{3}}$$

정답	16 ③ 17 ①

3) $\dfrac{\omega_n^2}{S^2+2\delta\omega_n S+\omega_n^2}=\dfrac{\frac{1}{3}}{S^2+\frac{4}{3}S+\frac{1}{3}}$ 에서

① $\omega_n^{\ 2}=\dfrac{1}{3}\quad \therefore \omega_n=\dfrac{1}{\sqrt{3}}$

② $2\delta\omega_n=\dfrac{4}{3}$ 에서 $2\delta\dfrac{1}{\sqrt{3}}=\dfrac{4}{3}$

$\therefore \delta=\dfrac{4\times\sqrt{3}}{2\times 3}=1.15$ 이므로 $\delta>1$ 인 과제동(비제동)이다.

18 다음 논리회로의 출력은?

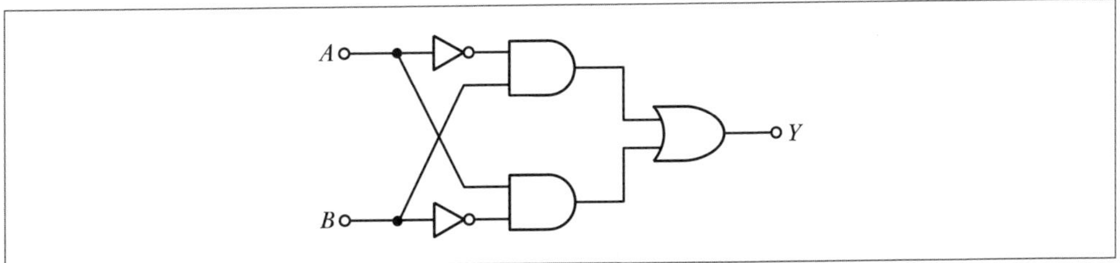

① $Y=A\overline{B}+\overline{A}B$

② $Y=\overline{A}\,\overline{B}+\overline{A}B$

③ $Y=A\overline{B}+\overline{A}\,\overline{B}$

④ $Y=\overline{A}+\overline{B}$

해설 exclusive OR(**배타적논리회로**)

$X=A\overline{B}+\overline{A}B$

19 자동제어의 분류에서 제어량의 종류에 의한 자동제어의 분류가 아닌 것은??

① 프로세스 제어

② 서보 기구

③ 자동 조정

④ 추종 제어

해설
- 제어량의 종류에 의한 분류
  - 프로세스 제어(process control) : 온도, 유량, 압력, 레벨(level), 효율
  - 서보기구(servo mechanisrm) : 물체의 위치, 각도(자세, 방향)
  - 자동조정(automatic regulation) : 회전수, 전압, 주파수, 힘, 전류
- 추종제어(추치제어)는 목푯값에 의한 분류이다.

20 다음 임펄스 응답 중 안정한 계는?

① $c(t)=1$

② $c(t)=\cos wt$

③ $c(t)=e^{-t}\sin wt$

④ $c(t)=2t$

해설 안정은 반드시 e^{-at}가 있다.

정답	18 ① 19 ④ 20 ③

MEMO

전기기사 핵심완성 시리즈
6. 제어공학

초판발행	2024년 2월 5일
편 저	김명규
발 행 인	정용수
발 행 처	예문사
주 소	경기도 파주시 직지길 460(출판도시) 도서출판 예문사
T E L	031) 955-0550
F A X	031) 955-0660
등록번호	11-76호
정 가	18,000원

• 이 책의 어느 부분도 저작권자나 발행인의 승인 없이 무단 복제하여 이용할 수 없습니다.
• 파본 및 낙장은 구입하신 서점에서 교환하여 드립니다.

홈페이지 http://www.yeamoonsa.com

ISBN 978-89-274-5302-4 [13560]